华中师范大学出版基金丛书
学术著作系列

本书是华中师范大学“中央高校基本科研业务费专项资金”课题“中华大学在重庆”的最终成果

中华大学在重庆

周挥辉　董中锋　编著

华中师范大学出版社

新出图证(鄂)字10号

图书在版编目(CIP)数据

中华大学在重庆/周挥辉,董中锋编著. —武汉:华中师范大学出版社,2019.9

ISBN 978-7-5622-8818-3

Ⅰ.①中… Ⅱ.①周… ②董… Ⅲ.①中华大学—校史 Ⅳ.①G649.287.19

中国版本图书馆CIP数据核字(2019)第220770号

中华大学在重庆

©周挥辉 董中锋 编著

责任编辑:张 华 **责任校对:**肖绪旭

封面设计:罗明波 **编 辑 室:**幼教与职训中心

电 话:027-67867317

出版发行:华中师范大学出版社有限责任公司

社址:湖北省武汉市珞喻路152号 **邮编:**430079

电话:027-67863426/67863280(发行部) 027-67861321(邮购)

传真:027-67863291

网址:http://press.ccnu.edu.cn **电子信箱:**press@mail.ccnu.edu.cn

印刷:湖北恒泰印务有限公司 **督印:**王兴平

字数:270千字

开本:710mm×1000mm 1/16 **印张:**19.25

版次:2020年2月第1版 **印次:**2020年2月第1次印刷

定价:58.00元

欢迎上网查询、购书

中华大学西迁的精神和意义（序）

全面抗战爆发以后，日军对中国高校的破坏越来越多，破坏的程度也越来越严重。据统计，从1937年7月7日至1938年8月底，全国108所高校有84％遭到破坏，23％被迫停办。为了保存中国教育的火种，国民政府教育部于1937年8月19日发出《战区内学校处置办法》的密令，布置战区学校内迁等事项，规定战区学校“于战事发生或迫近时，量予迁移”。武汉地区学校的内迁，始于1938年。中华大学于是年年初动议西迁，秋季方成行。中华大学先是迁至宜昌后坪，复课仅三周后，武汉沦陷，宜昌告急，遂再迁重庆南岸下龙门浩禹王庙，借庙宇为校舍。中华大学在重庆办学，条件异常艰苦，直到1946年秋季才返回被日军破坏得满目疮痍的武昌老校舍。中华大学西迁办学八年，于烽火连天的岁月中弦歌不辍，成绩斐然，给后人留下了一笔宝贵的教育遗产和精神财富，值得我们永远珍视和铭记。

中华大学这段曲折的历史，本应具有丰富的档案资料，本应在校史上可以浓墨重彩地书写一笔，但由于种种原因，现存的档案资料非常有限，许多当事人早已故去，迫使我们不得不通过多种途径、利用有限资料甚至是“边角余料”进行追寻、追忆和追怀。

一、历史的追寻

在某种程度上说，历史是一种追寻，一种永远无法还原的追寻。从理论上讲，历史虽然无法还原，但通过努力，可以达到最接近于真实的程度。而事实上，历史上的许多时期，由于各种各样的原因，本应留下的档案没有留下，本应存在的资料不复存在，这不仅给历史留下了诸多遗憾，而且给后人书写历史造成了种种困难。中华大学西迁重庆的那段历史就是如此。

由于战乱和时代因素，中华大学西迁重庆以及在重庆办学的历史资料所剩无几，当事人也没留下多少文字，所以对这段历史的书写，多是一个大致的描述，少有具体的档案材料呈现。造成这种状况的原因大概有三：第一，条件所限。在那战火纷飞的岁月里，连生存都困难，何谈保存资料档案？加之从武汉到重庆，当时可谓山高水长、道阻且艰，能将人员和设备运抵重庆并坚持办学都实属不易，何来专人记录与保管？第二，日军炸毁。1938 年秋，战火逼近武汉，中华大学在武汉卫戍司令万耀煌和民生公司总经理卢作孚的帮助下，包了两只大木船，满载学校的档案、图书和仪器设备西迁宜昌。在宜昌复课仅三周，武汉沦陷，中华大学再迁重庆，启程不久，存放在宜昌的 600 余件物品毁于日军轰炸。第三，运动被毁。据陈时的孙女陈家益说，抗战期间，中华大学的档案先被安放在重庆南岸觉林寺中，抗战胜利后运回武昌。1952 年院系调整，中华大学解体，档案不知所终。陈时家中所存史料书籍，乃至名人字画，因历次运动，或处理丢弃，或遗失殆尽。

学校迁移是一件大事，其决策过程必定慎重而艰难，但中华大学西迁史料很少，现在有案可稽的是《教育通讯》上一则短短的消息：“武昌私立中华大学与华中大学顷决定迁移校址。中华大学，已在宜昌上游后坪地方，觅定校址，该校校长陈时，日来正筹备一切迁移手续。华中大学为美教会主办，决定移往桂林，刻亦派员前往寻觅校址。”[①] 除此之外，中华大学西迁的过程，主要靠后人回忆，或从相关资料中获得零星史迹。

在重庆办学八年，中华大学虽步履维艰，有时连生存都难以为继，然在民族大义面前，全校师生不言放弃，勇往直前，创下了后人难以想象的业绩。遗憾的是，这段可歌可泣的历史，没有多少详实的史料呈现。经过查找，有两篇介绍和描述中华大学的文章，系当时的当事人所写，也发表在当时的刊物上，虽有个人色彩，但对学校的整体描述真实可感，是中华

① 《中华大学及华中大学决迁移校址开课》，《教育通讯（汉口）》，1938 年第 16 期，第 4—5 页。

大学在重庆不可多得的资料。

关于校舍和生活处境，跃卿在《重庆南岸禹王庙内的中华大学》一文就有介绍。该文发表于1940年，写作于中华大学迁入重庆的第二年。从行文看，作者是中华大学的在校学生。且看他的介绍：

在重庆南岸禹王庙的后面，有那么一栋新建的楼房，若是初到此地来的客人，很不容易找到这座房子，临街的一个大门，那就是禹王庙鄂中里了。正学校出入的孔道，当你由鄂中里进来后，又会使你发怔；开头碰见的，就是棺材铺，必须再向里走，然后方能看到一蓝漆的长牌子，上面是“武昌中华大学”六个白字，挂在矮门的旁边，若不是有这个牌子来指示着，那你也许会把这个地方，认作一个私人的住宅了。

论起这个学校，在湖北武昌的时候，百分之九十以上的学生，是湖北籍贯。自从搬到重庆以后，于是又参加了一些不同省份的同学，一共有两百多人，都聚集在这古老的禹王庙内——今日校址的所在地。全校所有的房屋，不足五十间，其中还有一部分是以前当作难民收容所的临街竹房子。在外表上看起来，谁也不会料想到，在这么一个地方里，竟有几百个为创造将来的建国柱梁啊！

……

庙里的房子分作教室、办公室，以及男女宿舍，至于那几间临街的竹房子，乃是化学系的实验室，因为是靠街的缘故，所以每当做起实验的时候，化学的气味，从实验室里传出来，送进行人的鼻孔里，会使他们怀疑、猜想，这是在干什么的。好奇心的驱使，终于伫足而立，凑近实验室的窗户外边，竟作壁上观了。虽然是廿世纪的科学时代，在新都南岸的人们，对于这些作实验的，还不知在做些什么事。就是因为是一个科学时代，为了战争的影响，竟在竹房子里做实验所，那才更是笑话呢。

逢到上课的时候，一年级的新生，大多数是在一起合班，除掉很少几门课程外，所以彼此都是常常见面，就连师生见面的机会也很多，总是在这区区地方打转么。合班上课，最感觉得讨厌的，要算占位子了，若是等到摇铃以后才去，那只好坐在后面，看不见，听不清，若你又是一个近视眼，或者听觉有点毛病，那才叫作急瞎人哪！晚上自习，也是在课堂里，也有电灯，就是光线不很充足，然而比起那用植物油灯学校的学生，又算是幸福多了。

……

我们住的宿舍，是统舱式的，一个房子里总是挤满了人，所以课堂以外就是宿舍，宿舍以外就是课堂。没有运动场，大多数同学，除上课外，多留在宿舍里，或说说谈谈，或吹拉弹唱，形成了特殊热闹的氛围。①

一年以后，即 1941 年，超群在《抗战中的中华大学》一文中对中华大学的院系设置、人数、校舍、设备、生活、课外活动、党团组织、救国工作、校址环境等均作了介绍。与前一年跃卿的介绍相比，有些情况有所变化。从行文来看，超群也是当时中华大学的在校学生，他眼中的中华大学此时是这番的情景：

本校之人数，约达三百人，可谓大学中之人数最少者，各院系中以商学院为最多，文学院次之，理学院最少，各系之人数以会计专修科之人数为最多。以籍贯而言，湖北籍为最多，本季新增华侨数位，尤为难得。同学之年龄最幼者为十八岁，最高者为二十八岁。平均男女生之年龄约在二十二岁。

……

① 跃卿：《重庆南岸禹王庙内的中华大学》，《学生之友》，1940 年第 1 卷第 7 期，第 30—31 页。

现在我们校舍是利用禹王庙，因为感到庙宇太小，而且年来人数大增，致校舍不够应用，于民国二十八年冬乃建筑临时校舍两幢，一幢是二层楼房，除了一部分作男生宿舍外，办公室及图书馆，均设于此。还有一幢是平房，建筑在山上，用作国防及普及化学之实验室，整个校舍尚感不敷，尤以本季新生突增，校舍更成了问题。

……

关于设备，本校在武昌时，除普通应有设备以外，有图书馆、科学馆、体育馆、气象测验所、商品陈列所、学校银行及校友俱乐部等。抗战爆发后，幸而我们图书及仪器大部都由武昌原校迁出，所以一切都足够应用，现在有中文书籍约一万册以上，内有外文书约三千多册，杂志也有万册以上，各种专门书籍也不少，还有实验器具，及仪器非常够用，其他关于运动器具也在购买之中。

……

生活在这里，只有紧张、朴素、清洁，每个人都感到在抗战的今日，只有吃苦努力来磨练自己，每天除了上课的时间，很难找到究闲的时间。

每当那急迫的号角声，冲破了夜的沉静，晨曦色降临了大地，我们早已在穿衣穿鞋。整理内务，是每天必修的课程，习惯成自然，要不了五分钟，内务工作已完成了，动作是熟练而敏捷。

走廊前，草坪上，石块旁，临时成了盥洗室，这里用水很困难，常闹水荒，并且水总是黄色的，所以一般新生们，他们直视洗脸为畏途。

早操是每天必有的课程，在雄壮的号音下，这一群……不断的往山坡上爬，在那高地的草坪上，每个人找那大自然的地形，迅速的，听着体育教授的指导，练习着健身操，我们的校长、教务长都亲自参加。

伙食，在现在成了一个大问题……我们的饭厅里，是没有凳子设备的，都是站着吃，肚饿了大家忘记了一切，狼吞虎咽，吃得津津有味，我们的教授们同样的与我们共甘苦，这点可以说算是我们学校的特色。[①]

这些材料，生动地展现了当时中华大学的校园情景，非常难得。同时，该文也可以算作是那段历史资料的补充，与其他零星材料一起，让我们对那段波澜壮阔的历史有一个更加深切的认识。

二、精神的追忆

历史一旦成为过去，就难以完完全全地“复原”。而当历史档案缺失的时候，要追寻历史的真实，追忆不失为一种较好的方式。

历史史实可以追忆，隐含在历史史实里的精神也可以追寻。对于精神的追忆，我们既可以从后人的回忆中呈现，也可以从零散的史料中获得，还可以从当事人当时的文字中领略。抗战期间的中华大学在经历了诸多坎坷和劫难之后，档案资料虽已丢失，但中华大学的师生在艰难困苦面前不屈不挠、顽强拼搏、坚持不懈、忠诚刚毅的精神却传承了下来。

抗战期间，重庆虽然是大后方，但条件非常艰苦。“由于急剧膨胀的人口和敌人对物质的封锁，后方人民生活难达温饱，饿死街头、卖儿鬻女者比比皆是。除此之外，敌机不断的袭扰和轰炸，使后方民众终日处于紧张恐怖的氛围中，过着跑警报、躲防空洞的生活，时时饱受着失去亲人、无家可归的痛苦，肉体和心灵遭受双重煎熬。”[②] 西迁重庆的中华大学就是在这种处境下办学，其艰辛可想而知。

重庆市档案馆现存一份1945年1月中华大学教职员工购买煤炭的名册，即《有限责任中华大学员生消费合作社请购煤炭社员名册》[③]。那时煤炭供应紧张，需要计划。该名册所载，在中华大学，无论是校长、教授还是普

① 超群：《抗战中的中华大学》，《民意（汉口）》，1941年第164期，第11—12页。
② 苏智良等编：《中国抗战内迁实录》，上海人民出版社，2015年，第344页。
③ 民国档案，档案号：0021000200200404000000l，重庆市档案馆藏。

通员工，每人供应风煤 80 斤。另外，学校理发部购烟煤 2000 斤，为“烧水用”。把家属加在一起，全校共 183 人。校长陈时家里人口最多，一共 15 口人。教务长严士佳家里 4 口人，教授余家菊家里 7 口人。仅从这一点生活必需品的供应就可以看出，生活异常艰苦。就是在这种情况下，陈时率领师生克服了重重困难，学校得以支撑下来。中华大学的校友张希文回忆说：“1942 年秋，我因病赴重庆寻医，顺便去中华大学看望陈校长，目睹母校值抗战后期，处境更为困窘，校舍简陋，经济拮据，告贷无门，陈校长仿佛当年的武训，四处化缘来支持中华大学的危局，加上日寇飞机频繁轰炸，生命朝不保夕，但全校师生意气风发，孜孜不倦地潜心攻读。1945 年 8 月，日寇投降，次年春季，陈校长排除万难，又将中华大学复员迁回武汉。这 8 年中，陈校长历尽千辛万苦。他那种坚忍不拔的毅力和苦撑危局的坚强意志，是与他抗日救国、培育学子的一贯思想分不开的。”① 此外，中华大学的一批名师如严士佳、邹昌炽、方宗汉等不计报酬，他们与校长陈时一道，“风雨同舟数十载，含辛茹苦为英才”。就连门卫郑文启老师傅，从中华大学的校牌挂起到最后摘下，他都坚守在自己的岗位上。

与老师一样，中华大学的学生们也没有被艰难所困。他们贫困，甚至饥寒交迫，但他们没有垂头丧气，而是精气神十足。一边是战火连天，一边是弦歌不辍。对此，超群记下了中华大学的那个历史场景：

> 在另个角落里——觉林寺，成了学生们谈心的场所，三三两两，在树荫下，池塘旁，低头私语。
>
> 薄雾笼罩着山巅，这里已散漫了许多男女用功学生，树荫下，石凳上，操场里，早已响起读书的声音。他们深怕浪费了宝贵的光阴。
>
> 星期六、星期日的晚上，寝室里热闹得很，抗战歌声传播在每个角落，京调也是同学们的拿手好戏。在另一个角落里，有一大伙不愿做亡

---

① 张希文：《忆矢志教育救国的陈时校长》，娄章胜、郑昌琳主编：《陈时教育思想与实践》，华中师范大学出版社，2001 年，第 189—190 页。

国奴隶的青年流浪者，在谈着沦陷后家乡的消息，谈到游击队的活跃，敌人贪生怕死的丑态，大家笑了，愉快兴奋的情绪流露在每个的脸孔上。

……

这里除了上课及自修以外，课外的活动非常的活跃，生气勃勃的各种组织先后的在出现着，什么迎新会哪，级会、科学会、研究会、沧浪剧团、国剧研究社，以及湖北同乡会、安徽同乡会、湖南同乡会、浙同乡会等，还有壁报方面，已出的有现代春秋，及中文系的“新语”都按期出刊了，还有其他的各种组织，其中国剧研究社，不但组织严密，且人才济济，大概不久将出现重庆作一次公演，还有山河文艺社已成立了。

每个星期，总有团体在教室里开会，商讨一切，研究一切，态度非常的庄严，而情绪又是那么热烈，他们抓住了现实，握住了真理，在这种的集体场合里，一方面可以使教授与同学可以打成一片，一方面与同学之间可以增进友谊的联络。

……

在这神圣的抗战期间里，我们知道我们是负有重大的使命，我们不埋怨这个时代所赐予的痛苦，也丝毫不留恋着过去甜蜜温暖的美梦，为了祖国，为了民族，我们这一群除了上课读书以外，我们决不放弃这神圣的救国工作。

学校当局也是极力的提倡，除成立暑假的乡村宣传工作队，寒假的兵役宣传，以及妇女工作队等以外，每逢纪念日的时候，同学们都争先恐后的到各地去参加救国工作，如贴壁报、街头演讲、演街头剧，如这次防空节，我们大都动员了，做街头宣传，我们分了若干队，地点在南岸一带，做防空节的宣传，轮渡码头、觉林寺、米市街头——成了我们宣传的良好地带，因为我们态度的和蔼、通俗口吻的说明，这次宣传会收得很大的效果！①

① 超群：《抗战中的中华大学》，《民意（汉口）》，1941年第164期，第11—12页。

几十年过去了，我们仍可以从当事人的这些文字中感受到学生们的自信、责任和情怀，感受到那个时代的精神力量。正如陈平原先生所说：“战火纷飞中，中国大学顽强地生存、抗争、发展，其中蕴涵着某种让后人肃然起敬的神秘力量。”[①] 这种神秘力量，不是别的，正是我们常说的民族精神。

三、意义的追怀

历史已成过去，意义留在当代。中华大学西迁重庆，无论是从教育史的角度来看，还是从社会史的角度来看，其贡献均应得到充分肯定。它作为特殊历史背景下的高等教育，既有看得见的人才培训、学术研究、社会服务，又有看不见的精神力量。在硝烟弥漫的岁月，在动荡不安的年代，中华大学的师生毅然决然地走上了教育救国的战场，其历史意义不可小觑。它保存了民族教育的火种、赓续了学术文化的根脉、培养了国家急需的人才，更重要的是它蕴涵了中华民族的精神和抗战必胜的信念，饱含了大学生生不息的精神。中华大学之所以没有被炸垮，之所以能弦歌不辍，一方面得益于全校师生员工的同心协力，得益于陈时校长的勉力坚持，另一方面还有社会各界的大力支持，是共同努力的结果。

中华大学西迁重庆以后，仍坚持自己的办学理念。陈时一贯主张“尊师重道，教授治校，唯才是举，宁缺毋滥”，并确定了“成德、达材、独立、进取”的八字校训。中华大学的规模虽然不大，但根据“兼容并蓄，发展个性，崇尚自然”的教育思想，陈时采取专职和兼职相结合的方式，建立了一支实力雄厚的师资队伍。中华大学西迁重庆之后，陈时利用抗日后方的有利条件，聘请了郭沫若到中华大学教甲骨文，卢前教中国文学史，太虚法师教佛学，张君劢教魏晋玄学，还聘请邹韬奋、邓初民、陶行知、杨杰、冯玉祥、邵力子、范长江、李公朴等名流到中华大学讲学，使中华大学成为一个“民主讲坛”。

1945 年 9 月，中华大学克服重重困难，陆续迁回武昌。此时的中华大学

① 陈平原：《抗战烽火中的中国大学》，北京大学出版社，2015 年，第 4 页。

校园，被日军破坏得满目疮痍、破乱不堪，百分之六十的校舍被毁，一半的图书资料受损。在这种情况下，陈时率领师生员工一起动手，恢复建设。当年10月就举行了招收新生考试，11月即在旧校舍开课。到1947年，中华大学有教职员工106人，学生1165人。无论是教师还是学生，人数都超过了抗战前的水平。有人作过统计，并列出《湖北部分高校情况对照表》①：

学校名	院系设置	人数
武汉大学	6院20系8研究所	1808
中华大学	3院8系1专科	1165
湖北师范学院	7系1科	763
华中大学	3院8系	537
省立农学院	4系	432
体育师范专科学校	2专科	388

从对照表可以看出，中华大学的人数在武汉的高校中居第二位。中华大学之所以在劫难之后获得发展，必定有它内在的动力。正如当年中央大学的校长罗家伦所说："我认清敌人可以炸毁的是我们的物质，炸不毁的是我们的意志！炸得毁的是我们建设的结果，炸不毁的是我们建设的经验！"②中华大学也是如此。

中华大学西迁的许多场景和细节，现在已无法重现，为此，我们将散落在报刊杂志的文字和存在于档案里的零星材料集合起来，加以阐发，或多或少可以还原一些当时的情景。这种运用零散材料、回忆资料和相关档案，按照一定的内在逻辑进行整体发掘，虽不及史家专业，但意蕴独特、内涵独具，其中有历史，有精神，更有意义。

① 熊贤军：《湖北教育史》上卷，湖北教育出版社，1999年，第45页。

② 罗家伦：《炸弹下长大的中央大学——从迁校到发展》，《教育杂志》第31卷第7号，第63页，1941年7月10日。

MU LU

目录

第一章　中华大学西迁的背景

一、七七事变后高等教育遭受的摧残和破坏

（一）全国高校遭到的摧残和破坏

日本对中国教育的摧残和破坏由来已久，甚至可以追溯到其幕府统治时期。彼时，日本所谓的一些政治“有识之士”就定下了“收琉球”“取台湾”“割取易取的朝鲜和中国”的侵略策略。而欲取一国，除“武力”之外，必先以“文治”，而“文治”的最有效之方法就是对其教育进行破坏和渗透。不过他们早期对中国教育的破坏还算比较“文明”，其主要策略就是积极在中国开设教育机构，以培养侵略中国的骨干队伍，另外就是在中国创办媒体机构，进一步对中国进行文化渗透和宣传引诱。如 19 世纪末日本在中国创办的“东亚同文书院”等教育机构、创办的《汉报》《济南报》《盛京时报》等报纸就是这一时期的产物。

随着甲午战争中国的战败，晚清政府与日本签订了丧权辱国的《马关条约》，日本占领台湾以后，立即在台湾分步疯狂实施“殖民教育”，企图通过教育全面“同化”台湾人民，使台湾成为其以后侵略整个中国的“示范基地”。

1915 年，日本帝国主义强迫袁世凯接受卖国的“二十一条”。日本在中

国东北地区的殖民奴化教育变本加厉，其手法仍然是在中国的土地上开办学校，订立相关教育规则，培养侵略中国的各类人员。至“九一八”事变前，日本殖民者通过不断“努力”，已在中国东北地区基本建立了一个教育行政管理机构相当完整、教育制度基本一致的殖民主义教育和殖民奴化教育体系。

1931 年 9 月 18 日，日本侵略者终于暴露了其蓄谋已久的狼子野心，密谋制造了“九一八”事变（又称柳条湖事件），正式发动了侵华战争。战争一开始，他们就对我国东北原有的学校等文化教育机构进行了疯狂的摧残和破坏，对广大的爱国知识分子进行残酷的镇压和杀害。“九一八”事变前，东北有各类高等学校 13 所，其中东北大学已发展成为全国著名的高校之一。“九一八”事变后，日本侵略者严令东北所有学校一律停办，进行“整顿”。除高等教育外，初等教育、乡村师范教育以及各类专修科式的学校也概不例外。他们的所谓“停办整顿”，说白了就是为全面的殖民奴化教育作准备。

除对东北教育文化机构的变相摧残和破坏外，日本侵略者还通过发动“一·二八”淞沪战争，对当时文化教育重镇——上海的教育进行疯狂的摧残与掠夺，时任交通大学校长的黎照寰先生说：“自日军犯境，淞沪沦为战区，所有各大学或遭炮火轰击而毁坏无余，或为敌军所占领，虽房屋仅存，而书籍、木器供其炊薪。”据有关史料记载，当时中央大学商学院及医学院、暨南大学、同济大学、交通大学、复旦大学、劳动大学、中国公学、上海法学院、东吴大学法学院、大厦大学及附中、持志学院及附中 14 校，在淞沪之战中均遭到严重破坏。在全面发动侵华战争之前，日本侵略者对关内教育主权的侵犯，相对于东北地区来说甚至有过之而无不及，他们打着“亲善”“亲仁善邻”等口号，通过开办学校、修改教科书、增加日语课程、增派日本教师等手法，在华北大肆进行所谓“建设东亚新秩序”的奴化教育。

1937 年 7 月 7 日，日本侵略者寻找借口，在卢沟桥悍然向中国军队开火，发动了全面侵华战争，中华民族进入全面抗战时期。战争伊始，日军武力所至，必对我国文化教育机构极尽破坏之能事，他们妄图既从军事上彻底征服中国，也从精神上彻底摧毁中国人的斗志。对中国的文教机构，尤其是对当时发展势头良好的中国高等教育机构，侵略者直接使用烧杀抢掠的暴行进行摧残和破坏，如对与中华大学有着良好关系，位于天津的著名的私立南开大学，日军就深怀嫉恨。1937 年 9 月 28 日，日军对天津发动了全面进攻，南开大学随即遭到日军炮火的猛烈轰炸，教学楼、学生宿舍无一幸免。次日下午，日军派飞机专门飞到南开大学上空，将一面显眼的红色旗子投掷到学校办公楼——秀山堂上方，指引日军炮火进行目标式打击，使南开大学的办公楼、学生宿舍、图书馆先后起火燃烧，化为灰烬。即便这样，日军还于 30 日下午，再派骑兵百十人、汽车数辆闯进南开大学，于校园各处教学设施抢劫掠夺，并放火烧毁，其邻近的南开中学、小学亦未有幸免。

日寇除连续三天对南开大中小学进行全面彻底的破坏外，天津的其他高等教育机构同样也遭到洗劫和霸占，如北洋工学院被日军霸占作为营地，学校的仪器设备等被破坏殆尽；河北水产专科学校被日本人改造成其军械制造厂；河北省立工业学校被日军改作伤兵医院；河北省立女子师范学院被迫分拆而流浪办学。

随着日本侵略者的不断深入和推进，在华东地区、华中地区、华南地区，他们同样采用狂轰滥炸、烧杀抢掠、强占豪夺的方式对高等教育机构肆无忌惮地破坏。如在华东地区的上海，“八一三”淞沪会战爆发后，日军出动百余架飞机进行定点轰炸，上海多数学校几成废墟，其中复旦大学损坏尤为严重，其体育馆、部分学生宿舍等建筑成了瓦砾场；1938 年 5 月中旬，日军攻占厦门的过程中，对厦门大学进行狂轰滥炸，致使美丽的厦门大学几成一片废墟；在华中地区的长沙，日军于 1938 年 4 月 10 日对湖南大学进行了空袭，该校图书馆、科学仪器馆、第五学生宿舍毁于一旦，学生被炸死 2 人，工友被炸死 1 人，师生伤 40 余人；在华南地区，1938 年 6 月

8日日军进攻广州时，空袭岭南大学，先以机枪扫射，再以炸弹轰炸，致使该校关闭，师生流亡他乡。

七七事变后，日寇对我国教育事业的破坏，如1937年11月15日北大校长蔡元培等102位高校校长和著名学者联名发表的声明所言："诚所谓中国三十年建设之不足，而日本一日毁之有余也。日方此种举动，每以军事必要为藉口，殊不知此种教育机关，分布各地，往往距军事区域非常辽远，且绝与军事无关。日人之蓄意破坏，殆即以其为教育机关而毁坏之，且毁坏之使其不能复兴，此外皆属遁辞耳。"①

（二）武汉地区高校遭到的摧残与破坏

1937年12月13日，日军占领南京并制造了惨绝人寰的大屠杀，30余万人死在日寇的刀枪下。同时，日军还大肆进行文化掠夺和摧毁，他们成立所谓的"占领地区图书文献接收委员会"，大肆抢掠和破坏中华文化，占领区文化教育机构是其抢掠的重点对象。1937年11月，国民政府已西迁重庆。由于武汉独特的地理位置，有九省通衢的交通优势，所以国民政府重要的行政机构和军事机构仍在武汉，使武汉实际上成为当时全国政治、经济、军事的中心，因而当时中国的军事力量集中保卫武汉。12月13日，国民政府军事委员会拟订了保卫武汉的作战计划。日军在占领南京后，即开始研究攻打武汉的计划，由于当时各方面条件的限制，其计划暂时搁置。

经过精心的策划和准备后，1938年1月4日，日机首次空袭汉口、汉阳，投炸弹80余枚，平民死6人，伤26人，多处房屋毁坏。随后，日机不断对武汉进行空袭，武汉三镇的中小学校全部停课，不少学生随家人四处避难。

1938年5月，日军攻陷徐州后，进一步扩大侵略范围，华中派遣军司令官畑俊六指挥第2军、第11军共约140个大队25万兵力对武汉展开进

① 高平叔：《蔡元培全集》第7卷，中华书局，1989年，第191页。

攻，由冈村宁次指挥日军第 11 军 5 个半师团沿长江两岸主攻武汉；东久迩宫稔彦王指挥第 2 军 4 个半师团沿大别山北麓助攻。6 月 15 日，日本政府召开会议，认为“只要攻占武汉、广州，就能支配中国”，遂决定发动武汉会战。1938 年 6 月 20 日，日本海军从安庆溯江而上（图 1-1）。

图 1-1 1938 年 6 月 20 日，日本海军从安庆溯江而上

武汉会战打响后，超过 100 万的中国军队浴血奋战。战场沿长江两岸，并横跨安徽省、河南省、浙江省及湖北省四省。战役共进行了 4 个半月，是整个抗日战争中时间最长、规模最大和最有名的战役。

7 月 26 日，九江失陷，武汉的形势进一步恶化。

在进行军事抵抗的同时，国民政府还着力做了三件大事：一是将上海、武汉、大冶等长江中下游地区大批近代工矿企业，利用武汉会战赢得的宝贵时间，加紧内迁。二是安置大量的难民。三是将武汉及东部地区的公立和私立大中学校迁往后方安全地带。1 月至 8 月，由于日机对武汉的狂轰滥炸，武汉地区的教育机构遭到破坏和摧残前所未有。据不完全统计，公立专科以上学校，如武昌国立武汉大学及省立农专两校，受破坏损失按当时物价计 1905000 元（图书仪器大部分皆已运出，损失较少）；私立专科以上学校，如武昌私立中华大学、华中大学、文华图书馆学专科学校、武昌艺术专科学校等，各校受破坏损失按当时物价计超100万元（中华大学、华中大学及武昌艺术专科学校三校图书、仪器、药品等无大损失，文华图书馆学专科学校大量珍本图书未能于武汉沦陷前运出，为敌所劫夺，损失在15万元以上）。其他因停课、临时搬迁、老师流失等则损失更大。

二、高校应对策略及举措

（一）国民政府教育应对策略

客观地讲，国民政府早期对日本侵略者的企图，对他们亡我民族根基的野心准备是不足的。甚至在“九一八”事变发生后，日本侵略者对东北地区文化教育事业进行广泛奴化活动时，政府仍未高度警觉，他们还在妄想“以空间换时间”，进行所谓“攘外必先安内”的措施。尽管教育界有识之士早有呼吁，要国民政府警惕，如南开大学张伯苓先生在1936年初就曾著文：“默查敌寇野心欲望无穷，而教育事业不可一日终止，故即决定在渝另建中学。”张伯苓先生不仅洞悉日本侵略者的意图，而且已有行动。七七事变终于打碎了国民政府的幻想。事变发生一月之后，国民政府教育部终于出台了《总动员时督导教育工作办法纲领》。但遗憾的是这个“纲领”在明知各沦陷区文教机构已遭日寇严重破坏的情况下，还要求“战争发生时，全国各地各级学校及其他文化机关力持镇静，以就地维持课务为原则”，这不能不说是该“纲领”的一大失误，以致七七事变发生后，我国教育蒙受了极其惨重的损失。

实际上，“我国教育从彷徨到坚定，这中间差不多经过了一年。在这彷徨和混乱的一年中，我国教育所蒙受的损失极其惨重，在此期间大多数学校都无法维持原状，以致学生人数顿减……单就学生数来看，已经足以显露出教育在这一时期的退步和困窘，至于教育机关的财产损失，其数额的庞大，那更是无法统计了”[①]。

除“力持镇静，就地维持课务”外，《总动员时督导教育工作办法纲领》中的其他措施，诸如“比较安全区域内之学校尽可能范围内设法扩充容量收容战区学生”“各级学校之训练应力求切合国防需要，但课程之变更仍须遵照部定之范围”“各级学校之教职员暨中等以上学校之学生得就其本地成立战时后方服务团体，但须严格遵照部定办法，不得以任何名义妨害学校之秩序”“中央及各省市教育经费在战时仍应照常发给，战区内学校经费得为财政紧急处分，酌量变更用途”等，还算是比较切合战时的实际形势[②]。

1938 年 3 月 7 日，国民党元老陈立夫在重庆宣誓就任国民政府教育部长。在这个非常时期，陈立夫就任此职务颇有天将降大任之意，后来国民政府在教育政策的制定上、在教育措施的实施上，应该说是比较科学和明智的，从某种程度上讲，陈立夫是有贡献的。在重庆上任不久，陈立夫就发表了重要的《告青年书》，他说：“今后教育之根本方针，须德智兼备，文武合一，农工并重，教育与政治措施、经济计划及社会生活实况尤须贯通，并与其他主管机关取得密切联系，庶能学以致用，人尽其才，同时并应注重乡土教育，认识本国国情，适应国防生产之需要。男女教育尤应有别，俾发挥母性优美之特质，建立家庭良好之基础。大学教育，应根据国家各种需要作有计划之实施，对于政治、经济、法律、教育各科，尤应注重质量之提高与本国教材之充实，俾能具备管理之技能与经验，而适应我国由农业而入工业化阶段之需要；专科学校，应以养成各种生产技能人才以应地方经济实况之需要为主要目的；中等教育，应注重地方自治及各种职业之中级干部人员；小学教育，以养成良好公民为主要目的；社会教育，应充分利用社会现有之各种组织以施教，务使目标明显而单纯，用各种方法以达德智体三育之普及，尤宜注重沟通家庭与社会之关系，以发挥社教

① 汪家正：《抗战期间教育设施的总清算》，《东方杂志》第 42 卷第 17 号，1946 年 9 月。

② 余子侠、冉春：《抗日战争时期中国教育研究》，团结出版社，2015 年，第 91 页。

之效能。”① 简而言之，陈立夫的这番关于战时教育总体方向及各级教育目标的主张，可以用“战时须作平时看”这七个字来加以概括，将教育工作的重心不容置疑地放到了维持稳定正常教学秩序上面，同时为配合国民政府的抗战建国策略，对各级教育的具体目标也作了明确的规定与说明，从而为稍后正式出台的战时教育方针奠定了基调。值得注意的是，虽然陈氏力持“战时须作平时看”的主张，但战争的残酷毕竟不同于“平时”，面对抗战初期沦陷区教育受到严重破坏，流亡师生亟待救援的现实情况，也急需相应的紧急应变措施，故在就职之际他也旋即表示：“目前所有教育工作应作最紧要而迫切的事务，例如成立临时中学、中小学教师战时服务团及战区学生之救济等。今后对学生之思想行为、生活习惯等项应特别注意，以期适合战时之需要。”同时在他的主持下，教育部在当月成立了“战时教育问题研究委员会”，陈氏本人与教育部次长及各司司长、参事都兼任该会的当然委员，谋划战争特殊环境下教育的应对措施。可以说，陈立夫的整体思路是稳中求变，当然“稳”只是相对的，“变”却是绝对的，面对当时的非常环境，他也考虑到了战时教育的特殊性和实际需要，其提出的诸如设立临时中学、教师战时服务团等主张，也在抗战中一一成为教育部具体的战时应对措施②。

是年 4 月初，国民党在武汉召开了临时全国代表大会，这次大会是为检查国民党自身工作，应对当时复杂的局面，明确今后任务和行动方针而召开的一次紧急会议。这次会议上制定并颁布了《中国国民党抗战建国纲领》，其中对教育方针有四点说明。如：一、改订教育制度及教材，推行战时教程，注重于国民道德之修养，提高科学之研究与扩充其设备；二、训练各种专门技术人员，予以适当之分配，以应抗战需要；三、训练青年，俾能服务于战区与农村；四、训练妇女，俾能服务于社会事业，以增加抗战力量。这四点声明都强调了学校及社会教育应服务于抗战的实际需要，

---

① 《陈部长谈今后教育方针》，《教育通讯》第 1 卷第 1 期，1938 年 3 月。

② 余子侠、冉春：《抗日战争时期中国教育研究》，团结出版社，2015 年，第 93—94 页。

显示出整体教育在战时应具有一些非常特征。同时，在这次会上还通过了《各级教育实施方案纲要》的具体说明。其基本精神即是“九大方针”“十七要点”。“九大方针”包括：“一、三育并进；二、文武合一；三、农村需要与工业需要并重；四、教育目的与政治目的一贯；五、家庭教育与学校教育密切联系；六、对文史哲艺，以科学方法加以整理发扬，以立民族之自信；七、对自然科学，依据需要迎头赶上，以应国防与生产之急需；八、对社会科学，取人之长补己之短，以求一切适合国情；九、对于各级学校教育力求目标之明显，并谋各地平均发展；对于义务教育，依照原定期限以达普及；对于社会教育与家庭教育力求有计划实施。”“十七要点”是对上述方针的具体说明和细化，包括可酌情变通现行学制；通盘计划学校之迁移和设置；特别重视师资训练；彻底整理各级学校各科教材及中小学教学科目；制定各级学校训育标准；整理体育教材，使之与军训、童训取得联贯；严格管理，中等以上学校一律实行军事管理办法；筹集并逐年增加教育经费，学校建筑只求朴实合用；重视各级督学工作之联系与效能；设立全国最高学术审议机关；改订留学制度；中小学应注意女生的家庭教育；督促改进边疆与华侨教育；确定社会教育制度；实施社会教育制度；实施建设与教育合作的办法，尽量推行职业补习教育以及对留学教育、边疆教育、华侨教育等也提出了相应的措施。可以说，这个纲要基本遵循了“战时须作平时看”的指导原则。用陈立夫自己的话说，即是“教育为立国之本，整个国力之构成有赖于教育，在平时然，在战时亦然……非战时教育之必有异于平时也”[①]。

根据《各级教育实施方案纲要》的要求，国民政府教育部门稍后又根据“纲要”拟定了具体的实施方案，其方案也是沿着“战时须作平时看”的整体思路进行的，其要旨大致体现在如下三个方面：一是为了适应抗战御侮的需要，在一定程度上集中教育方面的物力、财力供应与智力支持，注意战时国防知识的传授和应战人员的培养，同时也对严格教育管理、提

① 《陈教长就职　发表今后教育方针》，《大公报》，1938 年 3 月 8 日。

高教育质量有所强调；二是为了实现教育事业稳定持续的发展，保证中国教育事业的现代化进程不致因战争而中断，力求尽可能地减小战争所带来的损失和负面影响，并且企望利用战争期间对全国教育进行一定的整顿和调整；三是为了战后重建和发展的需要，在对相关教育目标和措施进行调整时，既考虑到战时抗敌的亟需，也放眼于更长远的建设人才的培养，对于全面抗战开始后，国民政府应对抗战需要颁布的《各级教育实施方案纲要》等政策的意义，诚如余子侠教授等学者所言，尽管国民政府当局在制订这些计划时，不无借机对教育领域加强控制和监督的考虑，但是不可否认的是，这些条文或政策的具体内容，不仅汇集了当时教育工作者和专家学者们的经验及智慧，更重要的是它能够从战争期间的实际形势出发，有利于促进全国教育有计划、有秩序的稳定发展，对中国教育现代化进程的维系发挥了重要的支持作用，从而能够成为抗战时期全国教育工作的指南。

"战时须作平时看"的教育方针在国民政府召开的第三次全国教育会议上得到了进一步体现和加强。1939 年 3 月 2 日，国民政府第三次全国教育会议在重庆开幕，国民党总裁蒋介石，国民政府主席林森以及国民政府要人孔祥熙、居正、于右任等都出席了会议，蒋介石还发表了训词。此次教育会议后，"战时须作平时看"的教育方针作为战时教育总方针进一步被固定下来，也确实被贯彻到了整个抗战的过程中。当然，由于战争的不可预知性和残酷性，国民政府教育部在其政策的实施过程中不断进行了修订和调整，但其基本原则和精神始终没有变化。

（二）全面抗战初期高校应变政策及措施

全面抗战爆发后，中国的高等教育何去何从，这是政府也是民众都关心的问题。由于高校学生已是成人，可以直接参加御敌作战。事实上，战争爆发不久，一些大学生中的热血男儿纷纷投笔从戎，奔赴前线。于是一些教育界人士认为应当实施"战时教育制度"，将"高中以上学校与战事无关者予以改组或停办，员生应征入伍"。1937 年 12 月，日寇攻占南京后，这种呼声更为激烈，但国民政府有识之士认识到抗战将是长久的，最后的胜利一定属于中华民族。而当时中国的大学教育还不发达，每一万国民当中仅有一名大学生，与英美等教育发达国家相差太远，为抗战建国计，原有教育必须维持。更何况当时我国有4亿人口，并无征收大学生入伍的必要。陈立夫在重庆接任教育部长后，于1938年3月发表了《告青年书》，昭告广大青年学生遵从规定，留守校园，接受正规教育之余，参加适应战时需要的特别训练。之后，国民政府教育部根据《中国国民党抗战建国纲领》及《战时各级教育实施纲要》，确定了高等教育在战时发展的大致方向："大学教育应为研究高深学术，培养能治学、治事、治人之通才与专才教育。其学院之设施，应以国家之需要为对象"，"专科学校教育应为培养各业专门技术人才之教育，应由省市视需要在企业之附近地区设立各种专科学校，以造就各项事业应用之专门人才"。但是，战争开始以后，日寇对中国文化教育的摧残大大出乎人们的意料，侵略者的目标首先是摧毁我教育机构，妄图迫使我从精神上屈服于他们。在经过了短时间的彷徨和观望后，1937年8月，国民政府颁布了《战区内学校处理办法》，对各级各类学校战时的应变和调整作出了初步的部署。其要求如下："各省市教育厅局如其主管区域辖有战区，应酌情形分别在左列之措置，于其辖区内或辖境外比较安全之地区，择定原有学校，即速尽量扩充或布置简单临时校舍，以为必要时收容战区学生授课之用，不得延误；受外敌轻微袭击时仍应力持镇定，维持课务，必要时得以短期修课；于战事发生或逼近时，量予迁移，其方式得以各高校为单位或混合各校各年级学生统筹支配暂行归并，或暂行附设于它校，暂时关闭。"[①] 该文件的出台，标志着国民政府各级各类学校，尤其是高校内迁政策的形成。1938年，国民政府还专门成立了"全国战时教育协会"，具体负责全国高校的迁移重建工作。据统计，在全面抗战后的八年间相继加入迁移队伍的全国高校达100余所，其中华北、华中、华南等

① 中国第二历史档案馆：《中华民国史档案资料汇编》第五辑第二编，江苏古籍出版社，1997年，第3页。

地多数高校迁入西部各省，也有少数高校迁入上海租界和香港等地，还有一些高校反复迁移于本省偏僻较安全地区。这种克服千难万险为保卫民族文化教育火种的大迁移运动，无论对于沦陷区教育元气的保存，还是对于西部等地区教育的提携和发展，都有重大的历史意义和现实意义。

战争时期，大规模的大学整体迁移，情况非常复杂，迁移的时间、地点、过程、方式方法等都不可能以决策者的意识为转移，甚至还往往出乎其意料。随着战争的发展，从当时高校迁移的时间看，大致可分为三个阶段，即全面抗战爆发初期、抗战中期和后期。

第一阶段为1937年8月至1939年初，其时华北、华东、华南、华中大片国土，北平、天津、上海、广州、武汉等相继失守，这个时期迁移的高校主要集中在这些地区，也是战前我国高等教育机构密集和发达的地区。这一时期迁校数量约56所。

从1937年8月开始，除燕京大学、辅仁大学等少数教会大学外，华北地区大部分高校相继走上内迁的漫漫长路，一些内迁至西北，一些内迁至湖南、湖北，一些内迁至云南、贵州、广西、四川。淞沪会战打响后，上海市内高校多就近迁入上海英美租界。国立北平大学、国立北平师范大学、国立北平工学院等迁往陕西、甘肃两省；国立北京大学、国立清华大学、私立南开大学迁往湖南；国立山东大学、国立中央大学、国立武汉大学、复旦大学、山东省立医学专科学校、私立齐鲁大学等迁往四川。

第二阶段为1940年下半年至1943年春。这个时期迁校数量约为21所。其时高校迁移的整体情况与前段有所不同，大多为抗战前期已迁移高校的再迁移。主要原因是日本与英美等国关系恶化，特别是1941年太平洋战争爆发后，英美等盟国对日本宣战，这些国家在中国的租界旋即被日军占领，因而战争初期迁入租界的高校不得不再次走上内迁的道路。如先期迁入上海租界的交通大学、沪江大学，滞留北京的燕京大学等，原迁广西、云南的私立同济大学、朝阳大学等都再次走上了迁移的道路。

第三阶段为1943年夏至1945年抗战结束。这个时期迁校数量约为21

所。其时，日军为打通中国大陆交通线，发动了豫湘桂战役，相继占领了河南、湖北大部，广东、福建、湖北、江西、浙江等省的游击区亦丧失甚多，因而迫使抗战初期迁往这些省份偏僻地区的高校不得不再次寻找新的“净土”。如先期迁到贵州和广西的北平铁道学院、私立湘雅医学院、私立大夏大学、私立华侨工商学院等。

抗战时期高校大迁移因战争情况复杂变化可大致分为以上三个阶段，而从其迁移的路线和地区方面看，其主要是通过陆路和水路迁往内地后方，其中大多数高校最终迁移到了西部地区，具体区域大体集中于以下几个地方：一是以重庆、昆明、贵阳、成都为中心的城区；二是以广西、粤西北、湘西、湘南为区域的南部和中南山区；三是以浙西、浙南、赣中、赣南、闽中、闽南等为区域的东部山区；四是以陕西、甘肃东部、关中为主的西北地区。

为进一步说明高校西迁的时间过程和西迁的区域地点，下面列举当时部分著名的高校西迁情况加以说明：

国立东北大学：原址辽宁沈阳，1931 年“九一八”事变后迁至北平，1937 年迁往河南开封，5 月改为国立，6 月再迁至陕西西安，1938 年 3 月又迁往四川三台。

私立燕京大学：原址北平，战争开始时滞留北平，1942 年迁往四川成都。

国立山东大学：原址山东青岛，1937 年 10 月迁往四川万县，1938 年并入国立中央大学。

私立齐鲁大学：原址山东济南，1938 年秋迁往四川成都。

国立同济大学：原址上海，1937 年 8 月迁入上海租界，9 月迁往浙江金华，11 月迁往江西赣州，1938 年 7 月迁往广西贺县，1939 年初迁往云南昆明，不久再迁往四川南溪。

私立复旦大学：原址上海，战争开始后与上海私立大夏大学合办，

1938 年 4 月独立后迁往四川重庆，1942 年初改为国立。

国立交通大学：原址上海，战争开始后迁入上海租界，1940 年秋在重庆设立分校，1941 年其分校改为校本部。

私立金陵大学：原址南京，1937 年 11 月迁往四川成都。

国立中央大学：原址南京，1937 年 8 月迁往四川重庆。

国立武汉大学：原址武汉，1938 年 4 月迁往四川乐山。

私立华中大学：原址武汉，1938 年 7 月迁往广西桂林，1939 年春迁往云南大理。

私立湘雅医学院：原址长沙，1938 年 6 月迁往贵州贵阳，1940 年 8 月改为国立，1944 年 12 月迁往四川重庆。

国立浙江大学：原址杭州，七七事变后迁往浙江建德，1937 年 12 月再迁至江西吉安，不久又迁往江苏泰和，1938 年 7 月第四次迁至广西宜山，1940 年 2 月五迁至贵州遵义，不久第六次迁至贵州湄潭。

国立北京大学：原址北平，1937 年 8 月迁往湖南长沙，与国立清华大学、私立南开大学联合成立长沙临时大学，1938 年 4 月迁往云南昆明，改为国立西南联合大学。

国立中山大学：原址广州，1938 年迁往广东罗定，后迁往云南澄江，1940 年夏迁回广东坪石。

国立湖南大学：原址长沙，1938 年迁往湘西辰溪。

湖北省立农业专科学校：原址武汉，1938 年迁往鄂西恩施，后改组成立湖北省立农学院。

省立山西大学：原址太原，1938 年春停办，1939 年 12 月迁往陕西三原，1941 年 11 月迁往宜川，1943 年 2 月迁回山西吉县，4 月改为国立，7 月复迁宜川。

省立河南大学：原址河南开封，1938 年 8 月各学院分别集中于河南镇平，1939 年 5 月迁往河南嵩县，1942 年改为国立，后迁往淅川，1945 年春迁往陕西宝鸡。

全面抗战八年的高校内迁过程中，有一个现象需要加以说明，那就是某些在抗战前省立或者私立的高校不少改为国立。这是因为国民政府一直以来有意加强对全国各大学的控制，在各大学内迁的过程中趁机将其改为国立，尽管国民政府教育部在操作过程中遇到了不少阻力，甚至抵制，但终因时局的原因，特别是办学经费的原因，一些省立、私立高校不得不甚至是自愿改为“国立”，毕竟这样可以获得办学经费上的保障。如私立厦门大学、私立南开大学、私立复旦大学、私立焦作工学院、私立湘雅医学院、私立大夏大学教育学院、省立湖南大学、省立山西大学、省立河南大学等便是如此。私立中华大学在西迁途中也曾有意将学校改为国立，但因种种原因而未成功。

还有一个现象也非常突出，那就是各高校在内迁过程中的合并办学或联合办学现象。合并办学一般是两所高校因性质或系科相似相近而合并组成一所新的大学；联合办学是两所以上类别相近的大学或学院联合组成一所新的大学。他们或是自愿联合，或是因国府教育部指示而联合，但不管是何因素而联合，其根本原因还是日寇对我高校的破坏，使各校在迁移过程中要么因校舍问题，要么因图书、仪器设备问题，要么因师资问题等，只有通过联合起来进行各方资源的充分利用方可使学校得以续办。这其中最为典型的是国立西南联合大学（图 1-2）和国立西北联合大学，现将两校联合情况介绍如下：

国立西南联合大学：联合的学校有北京大学、清华大学、南开大学，联合时间为 1937 年 11 月。

七七事变后，平津告急。8 月 28 日，国民政府教育部分别致函南开大学校长张伯苓、清华大学校长梅贻琦、北京大学校长蒋梦麟，指定三人分任长沙临时大学筹备委员会委员，三校合并组成长沙临时大学。

9 月 10 日，教育部发布第 16696 号令，宣布正式建立长沙临时大学。由是三校先后迁往长沙，并于 11 月 1 日在长沙成立临时大学并开学上课。但不到两个月，南京失守，武汉、长沙告急，在日寇不断进逼下，长沙临时大学于 1938 年 2 月西迁至昆明，4 月 2 日正式改名国立西南联合大学。

图 1-2 国立西南联合大学校门

当年 7 月 1 日，云南大学改为国立，其教育系并入西南联合大学，由是西南联合大学新设师范学校，其时，西南联合大学共有文、理、工、法、师范 5 个学院，26 个系，2 个专修科，1 个先修班，学生总数 3000 余人。在长沙时期，临时大学设有南岳分校；在昆明时期，联合大学设有蒙自分校，后于 1941 年初又在四川叙永设过分校。抗战胜利后，该校于 1946 年 5 月 4 日结束“联大”历史，三校分别复员平津，留在昆明的师范学院于是年 8 月独立定名为“国立昆明师范学院”。

国立西北联合大学：联合的学校有北平大学、北平师范大学、北洋工学院、河北省立师范学院，联合的时间为 1937 年 11 月。

1937 年 8 月，为了保存抗战期间中国高等教育事业，《国民政府教育部设立临时大学计划纲要草案》出台：“政府为使抗战中战区内优良师资不致无处效力，各校学生不致失学，并为非常时期训练各种专门人才以应国家需要起见，特选定适当地点筹设临时大学若干所。”9 月 10 日，教育部发布第 16696 号令指示，“以北平大学、北平师范大学、北洋工学院和北平研究院等院校为基干，设立西安临时大学”。当年 11 月，由先后西迁西安的前三校在西安合组临时大学；1938 年 4 月临时大学再迁南郑后改名国立西北联合大学。河北省立女子师范学院停办后，大部师生于 1939 年 9 月并入西北联大，其家政系为合办，其他各系师生转联合大学各系。至 1938 年 7 月 7 日,教育部令联合大学作出第一次分离，分立工、农两院，另组国立西北工学院和国立西北农学院。1939 年 8 月 8 日，联合大学受命作出第二次分离，将西北联合大学改名为国立西北大学，同时分立师范学院和医学院，另组国立西北师范学院和国立西北医学院。

从以上两校联合的情况看，抗战中中国高校组织情况的复杂，也正是这样非常时期的非常办法使中国高校得以存续，甚至在艰难的“离合”中还发展壮大了，这不能不说是世界高等教育发展史上的一个奇迹。

总之，抗战中的中国高校内迁运动是人类历史上一次空前的文化大转移，是中华民族为保存文明火种不得不进行的一场艰难迁徙，在漫漫长途跋涉中，中国的高等教育付出了沉重的代价，不少学者甚至付出了生命，但从另一个方面看，也取得了意想不到的收获：

一是保存了中华民族的文化精髓。抗日战争爆发后，随着日军对中国文化教育机构肆意摧残和破坏，其险恶用心昭然若揭，日寇不只是为掠夺中国的物质财富，他们是企图毁灭我民族的精神财富和文化传统，消灭我民族文化精神精英，企图使中华文明“断流”。正是由于有识之士明白了日寇的狼子野心，各高等教育机构才战胜了千难万险，进行了万里征途跋山涉水的大转移，才得以保存了各高校的基本实力，保护了大批文化精英，由此也保存了中华民族最终战胜日本帝国主义的精神火种和人才资本。

二是内迁高校直接参与了抗战事业，促进了中华民族抗战事业的胜利。这表现在内迁高校为战时需要，及时调整学科专业方向，增加了相关与抗战需要相结合的专业技术课程，为抗战培养急需之人才。如西南联合大学工学院就增开了“堡垒工程”“军用结构”“兵器学”等国防课程；金陵大学就增设了电化、汽车专修科、电机工程和电焊工程训练组；中华大学就增开了“国防化学”课程以及战时急需的“会计专修科”。为方便与英美等联军合作，不少大学还临时增设了“外语专修科”。除此之外，内迁高校无一例外地参与了抗战的宣传或救护工作，这些学校在内迁的途中或在“落脚”的地方，教师、学生多走上街头，利用所学所长，以演讲、演出、标语、画报等形式积极宣传抗战，鼓舞士气，凝聚民心。在救护方面，那些医护类内迁高校表现最为突出，他们多组织慰劳队、救护队直接到前线或后方医院参与救护伤兵。不仅如此，每年都有一批大学生踊跃参军，奔赴前线英勇杀敌。如西南联合大学先后就有 700 多人加入青年军空军和战时翻译员队伍，同济大学也有近 400 人参军杀敌，其他内迁高校因规模大小也有相当热血学子参军入伍，他们或奔赴战场，或利用所长为抗战服务。

三是内迁高校把文明火种播撒边陲，有力地促进了西部贫困落后地区文化教育事业的发展。抗战前，由于区域条件的限制，中国西部欠发达地区教育落后，高等教育机构相比东部沿海地区是“两重天地”，极不平衡。其高校内迁前的陕、甘、新、川、康、滇、贵、黔、桂及湘西、青海，总计高校只 10 所左右，而且整体学术水平不高，较与同期之上海一市的 25 所高校相比，甚是令人感叹。高校内迁之后，这些地区的高教事业发生了翻天覆地的变化，尤其是川、滇等省，一时高校聚集，重庆和成都还成为了战时中国文教中心，以上省份战时驻扎高校就有 60 多所，重庆一地有高校 30 所。内迁高校在这些地区办学多则七八年，少则一两年，他们在当地办子弟学校，办夜校，广纳地方子弟，教授当地居民，把现代文明的种子播撒在西部广袤的大地上。不仅如此，战后这些大学复员原址，为答谢该地区人民在战争中对他们无私接纳和帮助，他们还纷纷为西部地区作了慷慨的“遗留”，如西南联合大学就将其师范学院留在昆明而组建了“昆明师范学院”，复旦大学校友在重庆旧址上建设了“相辉学院”，东北大学复员后建设了“川北大学”，以及中央工校、辅成学院、正阳学院最后都成了西部地区的“高等学校”，华中大学复员武昌时也将附中留在了大理。这些回馈，不仅使西部地区的高等教育事业有了质的飞跃，而且还保障了战后这些地区的高教事业有良性的现代化进程，这无疑是具有历史意义和现实意义的。

第二章　中华大学西迁的过程

一、武汉地区高校西迁的举措和过程

1937 年 11 月 11 日，历时三个月的淞沪会战，上海失守。12 月 13 日，日寇攻陷南京并在南京制造了惨绝人寰的大屠杀。日寇在疯狂掠夺物质财富的同时，对我文化教育恣意破坏，或轰炸或烧杀或抢掠。由于上海、南京相继失守后，武汉成为实际上的战时国民政府政治、军事、文化中心，所以武汉又成为日寇主要攻击的下一个目标。如何吸取北方、上海高校惨遭日军破坏的沉痛教训，是摆在武汉地区各高校决策者面前的头等大事。其时，国立武汉大学最先采取了行动。

1938 年 2 月 21 日，武汉大学召开第 322 次校务会议，商讨迁校事宜。会议决定拟将一至三年级暂迁四川乐山，并计划暑假后酌情再迁贵州贵阳。该迁校方案获教育部批准后，学校第 323 次校务会议决定成立迁校委员会，杨瑞六教授任该委员会委员长，并决定在重庆、宜昌两地分别设立迁校办事处，先将部分重要的图书、精密仪器运往四川。1938 年 4 月，学校部分师生先迁乐山上课。同年 7 月，王星拱校长带领 600 多名师生及员工西迁乐山。为此，国民政府教育部特拨经费 3 万元给予武汉大学办理迁校事宜。

1938 年 12 月 11 日，日寇轰炸宜昌，炸毁武汉大学西迁途中停泊的船只，140 余箱珍贵图书资料和精密设备被毁。1939 年 2 月 4 日，运往万县的

50余箱精密仪器全都毁于战火。1939年8月19日，日寇狂炸乐山，加上1940年3月4日武汉大学存放在汉口的图书被日寇洗劫一空，损失图书总计5万册。到1940年4月，武汉大学全校图书只剩下10万册。可见，武汉大学当时迁校之困难和沿途损失之惨重。

武汉大学迁至乐山后，为保存师资力量，1939年以后，学校陆续增聘了近百名教授，例如叶圣陶、朱光潜、高亨、孙祥平、朱君允、杨东莼、燕树棠、梁百先等就是这个时期聘的名教授，同时学校还尽力从应届毕业的本科生、研究生中挑选品学兼优者作为教师的新生力量。此外，学校还先后派遣多名教授出国学习和开展合作研究。

在物质条件极其有限的情况下，武汉大学师生克服重重困难，在乐山进行了为期8年的办学活动，为中国中部这一重要的国立大学保存了力量。

随着武汉大学的西迁，武汉地区其他大学亦先后行动起来，开始内迁，如私立医药技术专门学校1938年迁往四川重庆；私立武昌艺术专科学校1938年8月首迁湖北宜都，1938年春再迁四川江津；私立武昌文华图书馆学专科学校1938年夏迁四川重庆；湖北省立农业专科学校1938年迁鄂西恩施。由于教会大学华中大学新中国成立后与私立中华大学等校合并组成了华中师范学院，在此，本书对私立华中大学的西迁办学作些比较详细的介绍，又因为华中大学与中华大学同为私立大学，其西迁的过程还有相似的艰辛和苦难。

华中大学西迁经过是这样的：

1937年12月底，华中大学几次召开关于学校搬迁的校评议会，由于此时该校韦卓民校长正在英国和美国讲学，有关会议是黄溥代校长主持召开的。华中大学对西迁问题显得比较理性，经过反复讨论，最后决定：一、不急于搬迁；二、学校1938年6月的毕业典礼和学位授予仪式照常举行；三、如果日寇逼近武汉，学校则立即搬迁；四、搬迁地点宜在西南地区，并派教师打前站；五、搬迁前争取中国基督教校董事会的资金支持。由于这几条意见得到校董事会支持并有的已经有了着落，学校立即给在英国的韦卓民拍电报要求他尽快返校。

学校决定搬迁西南之后，理学院卞彭教授和教育学院薛世和教授先行直奔广西桂林。在那里，他们发现桂林房租不贵，交通可从水路到衡阳，再从衡阳乘火车至桂林（图 2-1）。同时，在校的桂质廷教授便着手准备搬迁，他组织师生成立了一个临时的搬迁委员会，并将仪器、图书打包装箱。在收到卞彭和薛世和发来的找到新校地址的书信后，校评议会决定学校向桂林搬迁。

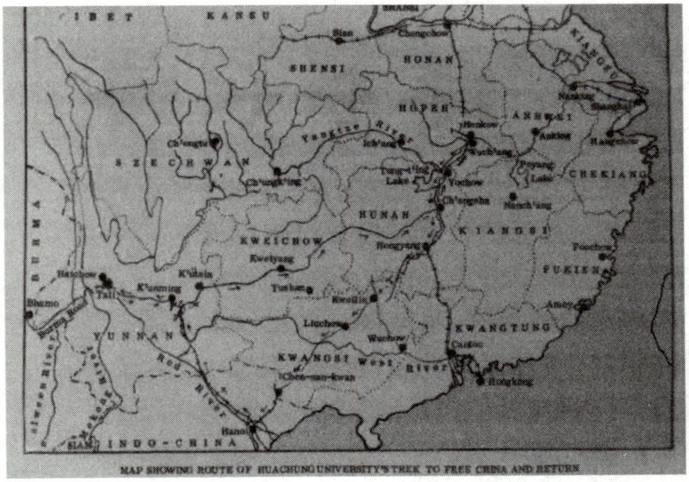

图 2-1　华中大学西迁路线图

1938 年 7 月 3 日，两条驳船停在长江武昌码头。驳船是华中大学租来运仪器、书刊、行李的。这天，学校体育老师邵子博带领学生用了一整天的时间将这些东西运到了船上。次日一大早，师生登上租来的小火轮。经过近两个月的水路、陆路奔波，8 月 31 日师生抵达桂林，在桂林校友会及地方教会的帮助下，学校很快有了立足之地，先前离校的教授也陆续到来，韦卓民校长也在 8 月下旬匆匆赶到了桂林。1938 年 9 月下旬，华中大学在桂林开学。

正当全校师生以为告别了颠沛流离的生活时，10 月上旬广州失陷，10 月 25 日武汉被占领，形势变得对桂林不利起来。1938 年 12 月底，日军频繁轰炸桂林。华中大学临时执委会决定再次迁校昆明或云南农村。

迁滇决定一经作出，化学系张资珙博士便带领几个人去昆明寻找临时落脚点，薛世和博士和希金斯先生则去香港为学校搬迁购买两辆卡车。迁滇路线为，师生先乘汽车至中越边境的镇南关（友谊关），然后乘火车经越南河内再转昆明。仪器由于要过海关不能走这条路线，只能走更为艰难的柳州至贵阳再至昆明这条路线。1939 年 1 月在桂林的第一学期结束后，师生分两批出发，第一批于 1939 年 2 月 4 日，第二批于 2 月 20 日（农历春节）。

当全校师生向昆明长途跋涉之时，先期到达昆明的韦卓民校长结识了滇西严氏家族的一个头面人物严子珍先生。严先生把老家大理喜洲镇推荐给韦校长。韦校长立即取道滇缅公路西行喜洲考察，并将满意的结果推荐给临时执委会。这样便有了华中大学再次搬迁，即 1939 年 3 月 16 日由昆明迁至大理喜洲。

1939 年 3 月，华中大学师生在大理喜洲镇严、董、杨、尹等几个大家族的帮助下，陆续抵达喜洲镇。抵达喜洲后，男生很快安排在镇上玉皇阁和商用小铺子里，女生则安排在染衣巷尹励金家的两院新房及市户里张家，教职员及家属住在尹氏宗祠、杨氏宗祠、李谷春家，外籍教员都安排在镇南的一座大庙里。师生安顿下来后，韦卓民、卞彭、桂雄五等随即安排教学设施。师生一齐将该镇的文庙打扫干净，用作图书馆，后又在文庙一侧修建了两栋简易的二层楼房，一栋给物理系和生物系，一栋给化学系。学校的教室和办公地点则设在镇上的大慈寺，此寺始建于南诏而盛于明清。刚到喜洲的华中大学师生对大慈寺赞叹不已，决定将校本部设于大慈寺内（图 2-2）。

图 2-2　华中大学学生在喜洲校舍后院树林里劳动后合影

这样，华中大学于1938年圣诞节在广西桂林结束了迁校后的第一学期，1939年5月初在喜洲开始了她迁校后的第二学期。

在喜洲，华中大学的文科主要设两个学院，即文学院和教育学院。文学院设有中文系、外文系、经济商业系、历史社会学系及哲学宗教组。教育学院包括教育学系、心理学系和音乐专业。

相对于理科科研的条件限制，华中大学的文科很快便在西南边陲找到了科研的“富矿”。该校包鹭宾、游国恩、傅懋勣、阴法鲁、林之棠等学者把研究的主要方向放在西南少数民族语言和地域文化的研究方面，并取得了举世瞩目的成果。据有限的资料记载，在短短的7年多时间里，他们发表的引起反响的论文有包鹭宾的《云南土族的种类及其分布》《释僰》《释僰补》《白人非白族之后》《蒙氏灭南诏考》《古易国钩沉》等，游国恩的《云南土族建国史略》《云南土族文化述略》《火把节考》《西南古吏语考》《“民家”的定义》等，傅懋勣的《昆明倮倮语研究》《Lip’s 语研究》《大凉山倮倮语研究》《栗波语研究》《摩梭语言之研究》以及阴法鲁的系列古代乐律研究等。有几部著作还被称作是学术史上的奠基之作。徐嘉瑞教授的《大理古代文化史稿》，全面系统地研究了白族文化，且多为作者第一手资料。该书出版后，使白族文化走向了世界。许烺光教授和妻子维拉的《在祖先的庇荫下》，对喜洲社会的家族、宗教、婚姻习俗等作了深入调查，并以此为背景揭示了中国社会血缘、性格和社会变迁。该书1946年出版后，引起了学术界的广泛重视。傅懋勣教授“抗战期间，他在西南搞田野调查，下过很大功夫，特别是对纳西文和彝文。《丽江么些象形文〈古事记〉研究》(武昌：华中大学，1948年）是他的成名作。这书是华中大学出版”①。这些关于少数民族语言与文化的研究成果，在21世纪的今天也是非常有价值的。

相对于文科科研，由于受条件的限制，特别是大量理科师资的流失，

---

① 李零：《黄泉路上蝶纷飞——怀念我敬爱的傅懋勣先生》，《读书》，2012年第1期。

使得华中大学在武昌时实力雄厚的理学院反而落到文学院之后，但他们并没有因此而放松理科的教学和研究。

在喜洲，华中大学的理学院包括三系一组，即生物系、化学系、物理系和数学组。数学组主要为三系的基础课组，三系的课程都是按教育部的规定开设的。据《华中大学 1938—1941 年各科系必修及选修课目》记载，生物系还特别设有医预课程和农业畜牧等课程。除正常开设必修课之外，理学院还设有科学座谈会、科学学会、无线电学会、生物学会等组织，这是学生的第二课堂和交流知识心得的团体。同时，理学院并未放松科研工作，师生们因地制宜、因陋就简地从事实用性的研究。物理系师生把废弃汽车发动机与发电机配接在一起，以煤气为原料，组装一套发电系统，为学校晚间照明和实验室提供电力，这也是云南西部的第一套电力设备。卞彭教授带领物理系罗有斌、刘伯年教授等师生对大理苍山十八溪进行考察研究，提交了《大理喜洲万花溪水力发电报告》，1944 年开始筹备建厂，成立了喜洲电力股份有限公司，于 1945 年建成发电，这是云南继昆明石龙坝电站之后的第二座水力发电站。卞彭教授在此还发明了“卞魏式电路开关”。

化学系根据当地具体情况，制订了详细的教学研究计划。师生们改进了当地的靛蓝染料提取工艺，还引进了制革工艺。卞松年博士与师生们研究了滇西酒精、皮革和油脂工业。学生晏德福在教师指导下针对滇西伤寒、疟疾肆虐等特殊情况，研究了璜基族的抗虐素、衍生物特性等。

生物系师生到喜洲后很快便开展了对苍山、洱海的动植物研究。肖之的博士 1941 年从美国回来后，就开始了对洱海的氧含量、pH 值、水生物及浮游生物的分析研究，他的“洱海生物”和“滇西彩云”系列论文发表后，美国科学界惊叹不已。

虽地处西南边陲，又受战火纷扰，但学校始终没有停止学术活动。这期间不断有名教授、文化名人前来访问讲学、合作研究，学校教授也不断应邀出访。老舍先生与华中大学有深厚的感情，在西迁之前，他就在武昌华中大学从事抗战宣传工作。学校迁到喜洲后，他应邀前来讲学三次。随后，老舍先生还写文章《滇行短记》发表在《扫荡报》上，对此行作了详细记载并对华中大学的西南边陲办学给予了充分的赞扬。

1942 年 9 月，作为英国文化委员会的代表，李约瑟博士（Dr. Joseph Needham）和夫人李大斐也在华中大学小住几日，并与理学院师生作了交流。他肯定了理学院的工作，并赠送了一批仪器和部分杂志。其间，美国著名学者费正清等也来华中大学讲过学。

在昆明的西南联大和云南大学的名教授由于到喜洲相对比较方便，这期间就有不少学者往来合作讲学。如西南联大的罗常培、郑天挺、冯友兰等，云南大学的熊庆来等就多次到华中大学讲学。华中大学与西南联大最长的一次合作是 1944 年 7 月中旬至 8 月中旬，西南联大部分教授应邀为大理修方志与华中大学教授韦卓民、许烺光、包渔庄、林之棠等对当地风俗文化的考察调研。对于这次合作，时任西南联大总务长的郑天挺教授在该次活动日记中有详细的记载。通过郑天挺先生的日记，我们得知，西南联大对这次应邀修大理县志工作非常重视，不仅派出罗常培、郑天挺、游国恩（1942 年调入联大）等著名历史学家、语言学家、文学史家牵头挂帅，而且北大校长、时为西南联大三位主政者之一的蒋梦麟也相陪。华中大学也派出顶尖教授诸如包渔庄、傅懋勣、林之棠等与之合作。

华中大学西迁云南大理喜洲镇，是最早的一所在西部边陲僻远地区的高等教育机构，学校在喜洲近 8 年的办学，为古老的滇西带去了一股清新文明之风。

二、中华大学西迁的举措和过程

（一）中华大学西迁前的抗战活动

中华大学自诞生起，爱国主义就始终贯穿于学校办学历程中。近代武汉历次学生爱国运动中，中华大学师生都是其主要发动者或主力军。

1931年“九一八”事变后，由于蒋介石政府采取不抵抗政策，不久东北三省随即落入日寇之手。1932年，日军又发动对上海的进攻，国民党政府又不积极御敌，相反地还与日本签订了卖国的《淞沪停战协定》。国民党政府的所作所为激起了全国人民的极端不满，各地纷纷罢课、罢市、罢工，以示抗议。至1937年七七卢沟桥事变发生前，中华大学在陈时校长的带领下就多次进行了反日、宣传抗战的活动，以唤醒民众积极备战，揭露日本的狼子野心（图2-3）。“九一八”事变后不久，中华大学即组织成立了抗日救国会，举行全体师生总宣誓，后又成立了义勇军进行军事训练，时刻准备奔赴战场。师生还利用各节点上街游行，宣传抗日，他们高呼口号，在武昌街头，不断掀起以中华大学师生为代表的反日救国浪潮。1932年4月，国际联盟派由英国人里顿为领队的调查团来华，由顾维钧一行陪同，陈时校长带领学生30多人到汉口码头迎接，在与国际联盟代表座谈时，陈时慷慨陈词，痛斥日本的侵略行径，希望国际联盟主持公道，遏制日本帝国主义的侵略图谋。请社会名流进校作形势报告，也是中华大学这个时期进行抗战宣传的又一举措。如1932年上半年，中华大学就分别请蔡元培（图2-4）、李四光、王世杰来校作报告，蔡先生的报告时间是1932年5月28日，这天正好是中华大学建校20周年纪念日。蔡先生的报告原文选刊于中华大学校报《中华周刊》第414期上，他在报告中说：

校长、诸位同学：

常常听到陈先生在武汉办了一个中华大学，并设有大、中、小学三部，像这样完善的学校，在中国确是罕见。中华大学的名称是和中华民国相同的，年龄亦一样，所以中华大学可以说是中华民国的大学代表者。我们知道陈校长办这所学校的动机和目的，以及惨淡经营的情况，兄弟对于陈校长热心教育的精神特别佩服！

现在的日本兵还在东三省，曾在上海我们吃了很大的亏，受了很多的损失。中国虽有陆海空军，但不能尽力抵抗，当胜一筹。否则真要如日本人说的："在四小时以内，可以解决中国上海的军队了。"至于我军挫败的原因，一方面由于敌方军器的锐利、飞机的众多（1600架）、电网的密布、测量的准确和拍照的敏捷，给了我们很大的重创；另一方面，则由于我军器械的不精、飞机的过少（仅20架）、汽车的时绝、无线电的常坏和兵工厂的不全，以及募兵制的结果，兵士年龄的不法和太无科学知识荏荏都足以失败的。不过这次战争的结果，我们却得着两个教训：

一要奋起抵抗。被压迫民族的中国，能够拼命的和强有力的日本战了一场，尤其是在吴淞一战，完全是肉搏厮杀，确予世界各国一个很大的敬佩，我们兵士艰苦耐劳和不怕死的精神，实在值得外人的赞美，所以不抵抗主义是自亡之道，不足取效，要想挽救国危，非大家一致奋起抵抗外侮不可。

二要科学救国。科学是太重要了的，所以我们应该科学救国，但须做充实准备，因为《孟子》有言："七年之病，求三年之艾，苟为不蓄，终身不得。"更需要仿效越王勾践的"十年生聚，十年教训"的耐劳精神，才能获得圆满的效果。

我们既有了科学的准备，一方面办理实业，便利交通，修明政治，发展经济和巩固国防；一方面要有心理的建设，大学便是培养这种人才的，尤其是中华大学，更负有拯救中华民族的责任。我们顾名思义，便知道了，要晓得光义勇是无济于事的，非具有最新的学术，不足以改造社会，这种改造社会的责任，完全落在诸位青年身上。务希大家一致努力，各本所能去发扬大中华民族的精神，才不愧为中华大学的学子，才不负陈校长办这所学校的本旨。

七七事变后，中华民族同仇敌忾。中华大学全校师生更是立即行动起来，组织宣传队、后援队，支援抗战，投入救亡运动。学校开展各类抗战活动，利用多种方式慰问前线战士。1937 年 9 月起，学校积极收容战区借

图 2-3　1931 年，中华大学抗日救国会编辑出版的杂志《抗日特刊》

图 2-4　蔡元培先生

读生和留日返国学生，按照教育部相关要求，结合学校专业实际把借读生和留日返国生安顿好。此外，学校还积极开展“一日一分”“破铜烂铁”运动，即动员学生每人每日为抗战捐一分钱，利用课余收集“破铜烂铁”制造武器支持抗战。面对敌人即将威胁到武汉的危险，学校动员学生上街宣传防空知识，校报《中华周报》辟专栏介绍防空袭的准备和注意事项。为备战，学校还建造了避难室和防空壕沟三处，同时接受武汉防空委员会委托，由理学院化学系紧急研制防毒口罩。防毒口罩制成后，经过检验，还获得“特一号”生产许可证，在武汉推广生产。1937 年 11 月 21 日，中华大学校长陈时与孔庚一起在武汉发起成立了抗日教育研究会，并担任副理事长，就如何做好抗日教育、加强抗日教育宣传活动做了大量的工作，还发行机关刊物《战时教育》。随后，抗日教育研究会又联合当时在武汉的中国教育会、中华职业教育社等团体组织成立全国战时教育协会，陈时任常务理事。12 月 1 日，《战时教育》杂志社、抗战教育研究会和《民族战线》

杂志社以及有关团体在汉口召开抗战教育座谈会，陈时与全国文化界知名人士沈钧儒、孔庚、张光年、李公朴等出席了会议。1938 年 7 月 6 日，第一届国民参政会在汉口召开，陈时被聘为国民参政会参政员，协助会议就抗战做了大量的工作。参政员中还有毛泽东、周恩来、董必武、吴玉章、林祖涵、秦邦宪、陈绍禹等。

据《中华周刊》报道，1937 年入秋以后，中华大学女生自觉组织起来，赶制布鞋、背心慰劳前方将士，女生龚声溢、陈瑞法、陈丽蕃、吴秀贞四人负责收集，她们收齐后交武汉战时服务团送往前线。1937 年 10 月 10 日，中华大学联合武汉大学、华中大学、湖北省教育会、商会联合会、汉口市商会、武汉律师公会、武汉新闻记者公会等，致电美国总统罗斯福，请求实施制裁日本侵略者措施，其电文刊登在 1937 年 10 月 16 日的《中华周刊》上，云：“华盛顿中国大使馆转美国总统罗斯福先生勋鉴，拜读本月 5 日先生在芝加哥城之演说，仰见先生关怀世界和平，主持公道，对于现世侵略国家痛加责斥，并主张依列国共同的努力，拯救世界出无法无政府的境域，义声所播，万众欢腾。中国以直接受日本侵略政府牺牲之国，尤深望先生的伟论，立即见诸实行。现在国联大会业已一致通过谴责日本之决议，九国公约会议，开会在即，伟大美国民族，原为华盛顿会议之发起者，在此次拥护华盛顿条约之会议，应居于领袖之地位，尚祈先生实现芝加哥演说之精神，举所有精神的物质的努力，促成此共同努力的成功，务使日本对华侵略之暴行早日制止，远东的国际关系复置于公约法律基础上，非但中华民族受其赐，全世界人类和平和幸福亦利赖之。”由此可见，教育界在中华大学等校的推动下联络武汉各界寻求国际社会声援中国人民抗战的努力。

在校园排演爱国歌曲也是中华大学师生宣传抗敌救国的活动，又据《中华周刊》报道，仅在 1937 年下半年，中华大学师生就排演了《决战歌》《国旗歌》《救国进行曲》《救国军歌》《救中国》《打回老家去》《保卫中华民族》《前进歌》《自己歌》《奋起救国》《光明歌》《中华万岁》等节目，“男儿血，疆场流，屈服是死奴。千年耻，万年羞，只有战，战！战！我们的血，我们的头，与山河共去留”的歌声时常回荡在中华大学校园里。

图 2-5　南开大学校长张伯苓先生

请名人进校演讲是中华大学的传统，也享誉武汉三镇。这个时期名人进中华大学演讲主题全为抗战救国。1937 年 5 月 28 日，南开大学校长张伯苓（图 2-5）应陈时之邀，在南开校友、汉口市长吴国桢的陪同下来到中华大学，陈时校长等从校门亲迎至校友会礼堂，全校师生及附中师生等候。当他们步入礼堂时，师生报以热烈掌声。陈时校长首先致辞，他说：“我们热烈欢迎张伯苓先生来到我校！凡是留心时事的人，凡是关心中国近代教育史的人，都知道张先生的功绩……”张伯苓刚到四川考察完毕，感触很多，因此，他作主题为“川游的感想”的演讲。在开场白中，他说：“我在北方，经常想到华中；想到华中，就想到中华；想到中华，就想到陈校长。中华大学有恽代英，南开大学有周恩来，这都是杰出的人才，是我们两校的光荣！我们两校确有许多共同点，正如陈校长所说，中华、南开是亲如姊妹。最近，我船过三峡，过滩时，船上和坡上的人同心协力动手绞滩，平安渡过险关，我有感如此，回来写了信给周恩来同学，我说国共两党只有同舟共济，协同努力，战胜恶浪，才能冲破难关，获得胜利……”这次演讲，确实是张伯苓有感而发。他这次去四川重庆，主要是为在那里创办南开分校事宜。原来，日本军队进入华北以后，张伯苓感到南开大学在天津将面临极大威胁。经过反复考虑，他决定在重庆办一所南开分校，以防万一。但是他没有钱，于是写信给蒋介石，阐明在重庆建校的意义和缺乏经费的苦恼，希望政府给予支持。蒋介石很快联系当时的四川省主席张群，请他先垫 5 万元给张伯苓。于是，张伯苓亲赴重庆，在重庆江津购地 800 多亩，为创办分校奠定了基础。这次到武汉就是他在重庆办理完相关事情之后顺江而下抵达的。

继张伯苓先生在中华大学演讲后，9 月上旬黄季宽来校演讲了“战时个人应有之修养及行政之共同方针”，9 月下旬郑独步来校演讲了“民族战争”，11 月上旬陶希圣来校演讲了“科学的战争”，11 月下旬何成濬来校演讲了“科学与持久抗战”等。

此时，中华大学不仅大学生战时宣传队赴各地积极宣传抗战，唤醒民众，其附中附小学生也力所能及地参与抗战活动中，陈时后人及许多校友都有记忆：中华大学附中高二上乙组学生，为了到黄陂县宣传抗战，他们印制了中华大学乡村宣传队《告民众书》，以揭露日寇掠我土地、屠我同胞的滔天罪行，表达要和敌人抗争到底的无比决心（图 2-6）。1937 年 12 月 12 日，也就是中学生出发前的一天，陈时校长会见了下乡同学，并和他们亲切交谈，听到同学们为了锻炼吃苦耐劳的精神和沿途进行抗战宣传，决心从武昌步行到黄陂，陈时非常高兴，给大家讲叙抗战形势和到乡村宣传抗战的意义，勉励大家发扬青年艰苦奋斗的精神，完成好这次宣传任务。

图 2-6 《中华周刊》上刊登的《湖北省各级学校战时服务团中华大学分团乡村宣传队第五分队告民众书》和《中大附中高三上甲乡村宣传队报告书》

12 月 13 日凌晨，天还未亮，寒气逼人。同学们精神抖擞地齐聚学校“德”字斋前，身负行李，手携一捆捆宣传品，整队出发，他们沿途散发《告民众书》和张贴标语，到黄陂县城时，已是下午三点多钟。同学们不顾辛劳，立即向县中学生了解当地抗日救亡情况，鼓励县中同学课余多做宣传工作。此后几天，同学们在黄陂县各街道、汽车站，以及陈家湾、中兴集、道生小学等地点散发《告民众书》，张贴标语、漫画、壁报、全国地图、战区形势图，进行时事演讲，教唱《打倒东洋》《满江红》《杀敌歌》等救亡歌曲。15日，他们在黄陂横店分组演讲，开展歌咏活动，听众400余人，群情高涨，歌声飞扬。

到湖北麻城县宋埠镇宣传抗战的27位同学，于12月10日清晨从武昌平湖门乘船，经团风镇、大埠街镇，夜抵新洲，宿于舟中。晨起，过岐亭镇、小店镇，沿途进行宣传活动，同学们傍晚到宋埠镇。小店镇地处偏僻，很少听到抗战的消息，看到省城来的学生宣传抗战，民众非常兴奋。在宋埠镇，同学们出席了当地区长、小学校长、民众教育馆馆长以及四乡保甲长举行的欢迎会，王学麟同学在演讲中谈抗战的形势、亡国的痛苦和沦陷地区民众所受的耻辱，慷慨悲壮，十分感人。以后数日，他们到白楼子村、余田岗村扩大宣传，晚上演出《放下你的鞭子》《九一八》剧，全村妇女老幼都来观看，台上台下，同仇敌忾，“打倒日本帝国主义”“还我山河”的口号此起彼伏。宣传活动持续到16日。

高一下甲组的20余名同学登上前往汉阳新沟镇的小火轮，走了快一天才到目的地。次日他们分成两个组，一组到该镇左村，一组到右村。他们张贴标语、新闻常识壁报、中华形势图等，许多村民前来观看，同学们就图讲解，村民们看后愤懑而大骂：“可恨可杀的日寇，老子们决饶不了你们!”一位年届七旬的老者，发白胡苍，慷慨激昂地说：“去掉胡须，仍为壮年，加入壮丁训练，杀敌必不人后!”不仅爱国热情不次青年，大有昔日英雄犹在之感。晚间，新沟小学和联保小学学生到宣传队住地，要求教唱抗日歌曲，同学们欣然应允。此后两天，同学们又到河对岸修公路的工地，向民工们进行口头宣传。在该镇抗敌大会上讲演，与其他学校一起合唱抗战歌曲，观众有六七百人，歌声悲壮激越，老幼同胞为之动容。同学们在新沟镇宣传时邂逅了中华大学校友、时任汉阳县县长的张导民，张县长勉励同学们不忘国耻，为抗战努力尽自己的力量。

附中高三上甲的15名学生，组成宣传队，深入沔阳县乡村宣传抗战。由于遭受水灾，当地村民生活十分困苦，许多人逃命在外未回，即使未出逃的，也只是在水退了的地方搭一个茅屋，艰苦度日。同学们就利用农民赶集时进行宣传，并分成几个小分队，到靠近城镇的乡村里，用个别谈话方式进行宣传，晚上便在村子里演出话剧，宣传抗战。

12月18日，中华大学附中到麻城、黄陂、新沟、沔阳等地宣传抗战的同学陆续回到了学校。陈时校长再次召集各班宣传员谈话，听取汇报，在慰问了大家之后，他神色凝重地说：就在高二级学生去黄陂宣传的那一天——12月13日，南京已经沦陷，敌人正分兵西进，武汉形势愈来愈严峻，他说，但是请同学们相信，中国人民抗战到底的决心决不会动摇，中华大学也一定会继续办下去。

（二）中华大学西迁的过程

1938年春，武汉形势越发危急，街头巷尾笼罩在战争氛围中。中华大学师生组成的抗战宣传队、慰问团、救护队等利用课余都在紧张地忙碌着。在获悉台儿庄战斗胜利消息后，陈时校长于4月8日特致电李宗仁将军："徐州战区司令长官李钧鉴：前肃函，藉表祝意！计邀荃照。溯自麾下指挥徐州战区，威德感人，早寒敌胆。昨闻捷音，获大胜利，逖听之余，为国前途，无量欣怀，非仅私衷庆祝也族已，全国属望，集于麾下，今后当更有重大发展，以达最后胜利。专此弛贺，并祝勋绥。武昌中华大学校长陈时叩印。"① 贺电表达了中华大学师生对前方将士英勇杀敌的敬仰，对胜利的欢呼和坚定最后胜利一定是属于中华民族的信心，正如此前中华大学战时服务团第五分队（附中队）向全体武汉民众所呼吁的：

① 《中华周刊》第606号，1938年4月14日。

同胞们：

你们听见前方打仗的消息吗？你们听说日本军队的行动吗？他们比强盗土匪还凶恶，比洪水猛兽还厉害，简直是吃人的妖怪，他们无论到什么地方，都要我们老百姓受苦受难。

这些杀人不眨眼的日本兵，遇见了老人和小孩也不问情由就杀掉，遇见了青年人，男的，拉去做他的牛马，替他搬运军火来打我们自己人，女的，随便的奸淫，有一点不顺从他的意思，马上就用刺刀送命，可恨！这些杀人不眨眼的日本兵。

同胞们！我们中国人被这些狼心狗肺的日本人欺侮了几十年，但还没有满足他们的野心，最近他们又调集大兵，占去了北平天津，夺去了上海苏州，还想围攻我们的南京，在战区里许多老百姓的田地、财产，被他们一股脑强占，房子，一把火烧得干干净净，害得许多亲爱的同胞，有家不能归，有田不能种，妻离子散，家破人亡，眼看着快要冲到我们的家乡了。这样，我们还能忍受吗？不能！凡是有血性的人，是决不能忍受的！逃命去吗？不能！我们逃到哪里，他会追到哪里，那么怎样办呢？坐着等死吗？那更不能，我们唯一的出路，只有和他们撕拼！

现在，前方已经有几百万军队和日本军队干起来了，还有许多热心的学生，爱国的民众也参加了这神圣的战斗，在很远的广西、四川、云南等省，也都有几十万军队去打那罪恶的日本鬼子。

为了保卫家乡，为了保卫祖国，为了父母兄弟的性命，为了子孙世世代代的光荣，我们应该赶快组织起来，尽各人所有的力量，做各人所能做的事！有钱的拿钱来，交给政府买军火、买武器，有力的拿出力气来，或在前方为正规军作补充，或在敌人后方与侧翼发动游击战，给敌人以极大的威胁。如此，以全民的力量，最积极的行动，持久地、全面地，向着敌人猛烈进攻，他们最后的消灭，一定是要到来的。

同胞们！我们不愿做奴隶，就得和敌人拼！我们有辽阔的土地，广大的人群，不怕敌人的飞机大炮！不怕敌人的炸弹刺刀！我们有不怕死的勇气！吃苦耐劳的精神！我们大家一条心，敌人从哪里来，把他打回哪里去！不达到目的，誓不干休！最后胜利，一定属于我们！

同胞们！自动组织起来！

保卫我们的家乡！保卫我们的祖国！

收回已往的失地！

拥护政府抗战到底！

打倒日本帝国主义！[①]

由于中华大学是武汉抗战宣传的一个主要阵地，有关抗战的大型演讲报告常在这里举行。1938 年 4 月，即武汉大会战的前夕，此时动员全民抗战特别重要，在武汉的军政要人、学者则多受中华大学之邀来校演讲，宣传抗战，周边大学的师生、市民亦多来学校听报告，李公朴、黄炎培、夏维海、苏芗雨、冯玉祥、范长江、胡秋原、张君劢、刘文岛等的报告精彩纷呈，对宣传抗战精神、鼓舞士气民气、进行科学抗战等影响广泛。下面选取冯玉祥、王亚南在中华大学的演讲，便于读者一窥当时各界人士坚定抗战胜利的精神面貌。

学生怎样救国

冯玉祥

（1938 年 4 月 25 日）

校长、各位：

陈校长的介绍，太客气了。赐教实在不敢当。不过，能藉此机会和我们中华民族的青年主人认识认识，是很觉高兴的。我们在这里见面谈话的时候，没有一个人不仿佛听见前方炮声轰轰的响，有许多爱

① 《中华周刊》第 606 号，1938 年 4 月 14 日。

国军人和民众正在断肚穿胸的为民族生命而战，我们在这里虽然看不见他们，但稍一闭眼，即如在目前。

在这个时候，和大家谈话，谈什么呢？当然是谈与抗战有关的话。大家都知道前几天我军在台儿庄的空前胜利，敌人到现在已成了惊弓之鸟，狼狈不堪，尤其张、庞、孙、曹，各部在前方之英勇，实是我抗战史上光辉之一页。

敌人退守峄县后，还在那里作困兽状斗的企图，但周遭都被我军队包围着，虽然他们有增援，可是挖肉医疮的办法，从杭州和北方抽调，而且是几百几千的抽调来的，不会有多大力量。据外国军事家的观察和批评，日本已陷在沙泥大坑里，现在已由脚而腿腹而头部，已是愈陷愈深了。有人说日本陆军大将杉山亲来我国各战区窥察，回国后的上奏，称目前只有三个办法：一、把兵撤回关外；二、撤退平津固守；三、增加六十万兵重新攻击。有人说：第一策是日本鬼子的好办法，日本工农民众尚不至饿死；第二策处在平津不稳，尚不完善；采第三办法，则他立刻亡国，因他国内无兵可调，而国内反战声浪很高，若再加征调，则国内乱了，民众立刻会扩大起来革命，一爆发就会不得了了。

在过去苏联对日本，很和平，很让步，而近来则不同了，俄国大肆攻击日本，而日本简直不敢还口，这是什么原故呢？这是很明显的事，假若日俄开战，则日本无力对付，立刻灭亡，所以他现在忍气吞声的不敢和苏俄冲突了。可是在每一刻钟里，日本都有亡国的危险。现在他自己都在提心吊胆，这一点特别要提出来先对大家讲的。

再说，这次国民党临时全国代表大会开会的决议案及宣言等，已在报纸公布，想各位都知道了，但是我今天再来择出重要的和大家谈谈：大会的重要原则是军事第一，即是大凡动作，与军事抗战无关系的，都得往后搁一搁。过去所谓“读书不忘救国，救国不忘读书”，这话在现在是不对了。因为无论书读得怎样的好，敌人来了，除当亡国奴外，有何办法，我们要能够打退敌人，才能安心求学。从前人说，教育第一，经济第一，开矿第一，某某第一，等等，现在呢？无论什么第一，不能打退日本鬼子，是不能保卫祖宗的，所以非以军事第一不可。

兄弟来时带了几本小书，是用自己丘八的写法，即是军人救国问答，民众救国问答，学生救国问答，不忘国仇问答，抗战诗歌等。现在我们提几条，给大家读一读。有的人说和军人谈话不大容易，有的是二百五，有的是半吊子，有的是红砖，可是军人都是我们的兄弟、亲戚、朋友，他们在前线拼命、流血，都是为你、为我、为我们大家，只要我们好好地对待他们，他们没有不听的。我在一个军官训练班讲话，向他们说：要弟兄们皮带束紧，胸部挺出，这是形式上的，固然也重要。但是精神上的训练，还更重要，所以我编了一些小册子，如军人救国问答，在每天早会、午会、晚会上都要互相问答，官长和士兵，兵士和伙夫，都要能回答得烂熟。我们为什么要这样地问答呢？因为我们的军人，百分之八十五到九十左右，都是不识字的。他们都是推小车出身，耕地出身，挑担出身的，来到军队里，怎么能知道日本是什么呢?!

孙连仲总司令这次在台儿庄，因为部队损失太大，补充新兵，只不过有三个月的训练，就能马上打胜仗。这就是精神教育的效果，所以这个小册子使每个士兵都明白以后，他决不像在家看见的那以前巡防营的兵吃牛肉，不给钱以为老天是王大，我就是王二的神气了。

现在有一股军人在前线作战受伤后，行为不检点，他们不知道军人的本分，军人战死也是应该的，何况只是受伤哩？但我们想为什么有这种现象，这就是他们缺乏精神教育之故。我在这里说一个故事，当年白崇禧将军在江西与熊天翼主席谈话，熊主席说：在南昌有四五万伤兵住在医院内，他想请大家见见面吃顿饭，可惜人数太多，所以就请了四五百个伤兵代表。在吃饭时这个伤兵起来骂一句，那个伤兵起来骂一句，说他们的伤没有人治，医院招呼不好，等等，熊主席一时不好回答，这时有两个广西伤兵起来说：“大家兄弟不要吵了，我们要知道受伤是军人的本分，为国家为民族才受的伤，谁叫日本鬼子欺负咱们呢！因为伤员太多，国家一时预备不及所以医院不够，一时也就照顾不及，熊主席比咱们心中还难过呢！不久总会有好的方法，大家不要吵了，快快养好伤还上前线打日本强盗去。”这么一来，大家停息了，都于欢喜中吃完饭而去。所以熊主席对白先生说：“你们这广西的同志，真是模范伤兵。”从这里看来，这两位很和气的伤兵，不叫大众乱骂，由于他们对于国家民族之认识，使大家良心发现。由此可见，军人应受良好的教育，否则，他们不知道本身的责任，不知为国牺牲是军人的本分。但是谁去教育他们呢，诸位知识青年要把这伟大工作担当起来。

再谈到敌人的残暴，他们到处任意杀掠，在报纸上固是常见的，但日子久了，人们容易忘掉了，所以我又收集起来，写成一本问答小册子，叫做《不忘国仇问答》。现在随便提一条来读（冯读第四十条，日本鬼子在南京杀人竞赛，同学中有的大哭）。事实证明了日本一天天是在怎样对待我们同胞的，我们还不应该和敌人拼命吗？

刚才校长说，今年毕业同学，大概是百分之四五十考入军校，这个是再好也没有的事。大家知道我们前方的战士是如何勇敢地作战，而日本的兵是如何地厌战。比如前天夜间敌机来轰炸，因为上面有我们的飞机，下面有我方的照空灯照着，高射炮打着，他是摸不着东西的，所以他们急慌了后一下子将炸弹都在南湖附近的一块地方上掷完了，那声音才特别响，附近房屋的玻璃窗都震破了。他们这炸弹呢，叫销差炸弹，为什么呢？即是他们想着反正将弹投下了，回去就能销差了，不然是不能回去的。这是由东京带来的日本人民的膏血，这是敌人自己在消耗他们的力量。

日本兵如此，我们的兵呢，则不然，如空军阎海文，以及一百架飞机炸台湾，三百架炸东京（因雾未投弹）等士兵英勇的故事，和他们比一比，就更知道日本民众是被迫参战和积极的反战的了。兵法上说：知己知彼，百战百胜；只知己不知彼，一胜一负；不知己又不知彼，每战必败。这实在是先贤很好的教训。我们既知道敌人的弱点，就要更努力去完成我们民族革命的伟大任务。其次，如姚子青守宝山，张连富至死还杀两个敌人。这些英勇的事迹，每日均在继续增加，我们军人作战如此，民众如何呢？也有很多的事实。如我有一位朋友在九江看见一个老人天天买公债。苏传松领两个儿子去当兵。现在的社会是孝子忠国的社会了，大家都知道周太太在武汉医院看护伤兵八个月，只回家过半天，还是因为其母亲死了。古时对孝字的解释，也说："战阵无勇非孝也。"目前一般妇女到前方或医院服务，其牺牲精神，不辞劳苦，真可钦佩，可以证明我们社会和抗战情形，均大有进步了。好了！话不多说了，处在国家最危险的时候，希望各位青年，各位教职员，将我的话细细想一想，看看军人民众他们是如何出力，我们又应该怎样出力，中华民族是我们大家的，我们应该去尽我们主人的责任，我们要报效国家，实在应当趁早趁早。①

第二期抗战与国际形势

王亚南

(1938年4月)

各位同学：

刚才校长介绍的话，我个人实不敢当，不过兄弟在十年前，承校长、严教务长及各位先生的培植，献身社会，幸无大过，今天兄弟以校友资格，来和同学谈谈"第二期抗战与国际形势"这个题目。

这个题目应分作两层讲：首先要说明第二期抗战与第一期抗战有何不同之点，然后再说明战局的变动，引起了国际形势怎样的变动。

① 《中华周刊》第608号，1938年4月30日。

关于前一层，又应分作以次三项来陈述：

第一，就军事上讲，第二期抗战与第一期抗战的不同之点是：

一、战争由阵地战转变为阵地战与游击运动配合战。第一期着重阵地战，是就大体上说的，其实平型关的大胜利，就是在第一期抗战时已经采取了游击运动战与阵地战的配合。不过，当时的主要战场是在上海一带，上海战役诚然给予了敌人以严重的打击，并表现了我军的战斗精神与力量，然其结果的失败却教训我们，我们普遍采取的当前在各战区所行的新战略。

二、由军队战转变为军民配合战。在第一期抗战中，因为我们主要是采取的阵地战，又因为我们动员准备太嫌不够，故我们作战，差不多单是动员了军队，而不曾把民众发动起来；但到了第二期，这种缺陷，因战略的改变而有所纠正了。运动战游击战是非取得民众的帮助不可的。

三、由被动的应付战转变为能动的攻略战。配合阵地战的游击运动战的采行，我们必然要转守为攻了。我们不能等待敌人来，就要事先赶回到他们的后面去，攻击他的侧面，使他们优越的精利武器、笨重的坦克车大炮，等等，不能发挥效力。

这是军事上第二期与第一期不同的地方。

第二，就政治上讲，第二期也有几点与第一期不同，如：

一、在国内军队统一指挥上，第一期显然有不少的封建地方军阀在意图观望，抱着“保全实力”的糊涂思想，以使敌人施行了各个击破的策略。但自第二期韩复榘被枪决以来，形势大变了。目前全国的军队，大体都能扫除过去地方割据的流弊，因而在政治团结上，收到极其完满的结果。

二、在党派问题上，第二期亦较第一期显示了极明朗的前途。这次领导抗战的是国民党，辅助或积极拥护抗战的，是共产党及其他小的党派。在第一期，国民党对于共产党是否真忱维护抗战，固然不免有所疑虑，同时共产党对于国民党是否真能坚持抗战到底决心，亦似不无顾忌。但到第二期，这一切疑团，都由事实粉碎了。目前国共两党之合作团结，虽尚待各以“相忍为国”精神，予以努力；小的摩擦，虽在所难免，但其大体趋势，则可说日在好转中。

三、在国内少数民族问题上，第一期亦有颇费踌躇的地方。敌人破坏我五族团结的阴谋，由来已久，在第一期战争发动后，敌人满以为察绥既下，我内蒙宁夏陕甘一带的蒙回同胞，定可传檄而定，长驱直入，但战争延长愈久，我蒙回同胞对于敌人的欺骗与凶暴，亦愈深恶而痛疾。目前敌人不但不敢问鼎西北，并且在绥远境内，已开始受到我蒙回同胞之重大打击了。

第三，就敌我两方比较观察起来，更可见到第二期抗战与第一期抗战之差别了。在第一期，我暴露了种种弱点，如军械不够精神，动员不够迅速，交通不够便利，指挥不够统一，等等；反之敌人则在这些方面，尽量表现了他的优点。但至第二期，我除了依战略诸方面设法补救前述强点外，并还利用了我种种优点，如土地广阔，便于游击运动战；如人口众多，逐渐发动起来；又如经济虽落后，却大可自给自足，等等。反之依敌人方面，则不但失去其前期作战动员上的诸种优点，同时且把各种弱点全暴露出来了，如师出无名，如劳师远征，如师老无功，如国内政治经济困难日益增加，如反战运动日益炽烈，如军纪日益败坏等。

战局上的改观，遂致招来台儿庄的胜利，而在此战局上之演变当中，国际对我的形势，亦当大有改变。

不过，在解述国际形势改变之前，我们得明了国际关系转变中的三个原则，即：

第一，国与国间，只有利害，不讲感情。从前英国大哲学家斯宾塞尔说过，国际间之道德，没有个人间之道德进步，此语深可玩味。我们无疑要把国际工人联合或国际文化联合，等等，另作一个看法，但政治上的国际关系，却显然是以各该国的利害出发。根据这个原则，就知道了。

第二，一国不能自己振作，自己表现力量，则不能取得他国的援助。这即是说，国际间对于某一国是否援助，就要看该国是否能自助或自力更生。

第三，一般的国际关系，皆依时局之变动而变动。

特论到这里，我们却得注意当前依据上述二原则而存在的两种国际关系的基本事实：

一、德意日三国的侵略阵线——近来许多所谓国际专家者流，因为确认国与国间只有利害关系，或国际间随时在因那利害关系的变动而引起各国间之关系的变动，遂公然否认所谓侵略阵线的存在，这是过于机械了。其实我们尽管承认国与国间上讲利害关系，但那种利害，毕竟能在相当期间内，引起他们之间的结合。他们相互为用的要求存在，则其结合亦大抵可以保持。

二、英国外交仍有左右国际局势的潜力——至若与侵略阵线对立的反侵略阵线，那则只可说是由法苏协定立下了基础，英美的参加，还只表示有其可能性，而尚非事实。因为自世界大战以还，英国虽已失去了他过去领导国际的地位，但却仍有左右世界大局的力量。英国的殖民地，遍及于世界，他的一举一动，颇有影响于他在世界上的殖民地统治。所以他特别审慎，特别显得圆滑。他在利用德意间的矛盾，利用日苏、日美间的矛盾，想在欧洲乃至太平洋造成有利于他的均势局面。而其动员外交全力来声援中国，削弱日本与德意侵略阵线的策略，正是他的均势主义要求的结果。中国愈能表现抗战力量，英国的外交文章就愈能做得有声有色。

所以抗战到达了第二期，在第一期表现的对于中国的不利场面，已大有改进了。

分而言之，德意两位法西斯兄弟，在第二期已没有第一期那样露骨为日本声援了。其原因是他们已知道日本对于中国的征服大业，不能照他们的预期的迅速完成。日本的苦撑与耗费，实足以使苏联坐大。同时中国市场的破毁，亦会在他们的经济危机上，增添一个压力。

同时在苏联方面，他因为中国在第一期抗战中，还在向欧洲“寻求与国”，对于中国的援助，当然不能怎样积极；但至第二期，德意两国的假面具，已分别由承认“满洲国”的丑态，而揭现原形了；由是在中国方面，固然进一步清楚谁应做我们的真正友人，同时苏联亦自无须顾忌他的帮助会引起何等不利的后果。

至于法美特别是英国，在第一期抗战中，他们无疑也怀疑中国的抗战决心与力量，但同时却还对于日本期望他们能适可而止；然自第二期战斗开始以来，特别是台儿庄胜利以后，他们以先的顾虑与期望，都有一种的反证。

总之，一般的国际局势，都依有利的向我们展开，今后我们能进一步表现我们的抗战力量，我们所能期待国际的声援，当必更大。①

这些报告令听众备受鼓舞，热血沸腾，以至于不少中华大学老校友念念不忘，在 1990 年代还多有回忆文章记录当时情景。

关于中华大学的西迁，陈时校长在 1937 年年底与学校的主要领导就有过商量和探讨：

1938 年伊始，陈时于 1 月 3 日召集了第 79 次校务会议，出席会议的有严士佳、成序庠、方宗汉等 24 人，列席会议的有李发驹等 17 人。陈时在会上提出的第一项议题就是“本校下期开学应否迁移地址并请公决案”，由于在会前已就基本意向取得了共识，经过商议后，会议“议决”：“暂以宜昌为迁移目标，推定严士佳、张公和、孙远芬三先生前往查看地址提会议决定。”接着，陈时又提出第二项议题：“上项决议应否通知学生请公决案。”会议“议决”：“将本日会议情形于发学生成绩单通知时附带告知。”这些都

① 《中华周刊》第 608 号，1938 年 4 月 30 日。

图 2-7 陈时校长在重庆办学时的住宅

体现了与会人员对学生的重视和负责。

但是，迁校只是陈时教育和社会活动的一部分，大、中、小学的正常有序运行才是学校的基本工作。于是，陈时又在二、三、四月召开了第 80、81、82 三次校务会议，以及他先后出席的学校训育会议和附中第 25 次会议上，对有关校务工作的进行，如二月的开学招生，中学的月考次数、办法，大学的毕业考试等进行了研究部署①。

1938 年 6 月 20 日，国民政府第一届国民参政会参政员名单公布，湖北省的四名参政员是孔庚、喻育之、黄建中和陈时。同年 7 月 6 日至 15 日，第一届第一次国民参政会在武汉召开，陈时与会。会上，陈时联署提案多件，在敦促国府抗日救亡的同时，又竭力陈述保存文化教育种子的必要。在第一届国民参政员的任期内（1938 年 6 月—1940 年 12 月），陈时参加了全部五次会议（后四次会议均于重庆召开），并较好地完成了“代达民意”的职责。

1938 年夏，日寇相继攻占了开封、九江，武汉告急。武汉市区的高校已纷纷着手内迁。据多位陈时校长的中华大学同事、中华大学老校友回忆，在武汉沦陷前夕，陈时校长曾接到他在日本留学时期的相熟、时任日本外相重光葵的密信，重光葵在信中希望陈时留下来在武汉继续办学，他们会为中华大学着想。1946 年 9 月至 1949 年 12 月曾任中华大学生物学副教授，后又兼任学校总务主任的张希文回忆说：1938 年，正当日寇大举溯江西犯，

① 陈家益、余志达：《武汉抗战时期的中华大学》，中华大学校友会：《校友通讯》，2006 年 5 月。

武汉形势日趋紧张，中华大学面临着留守或者搬迁的关键时刻，陈校长在日本留学时的旧友，曾任日本内阁外相和副首相的重光葵，要陈校长在任何情况下都不要离开武汉。陈校长审度大势，经过激烈的思想斗争，最后决定排除一切艰难险阻。同年秋，率领部分师生员工，随带图书、仪器等物，历经坎坷，将学校迁至宜昌小溪塔后，转往重庆南岸湖北同乡会旧址继续办学，为重振中华大学贡献力量①。

另据中华大学校史专家娄章胜考证，这个时期，除重光葵外，陈时在日本留学时的旧相识，后为日本政商军界要人，如冈村宁次、佐藤荣作、岸信介等也通过其他方式联系陈时，希望他留下来办学，日方和他们均会为他和中华大学作妥善安排。但陈时不为所动，在民族大义面前，他决不会做对不起自己和国家的事情，这与他办大学的初衷也相距甚远，他办中华大学的初衷就是为了教育兴国，培养为国家民族富强的人才，打败一切侵略者。

由于这年年初已决定了学校迁移宜昌，所以一放暑假，中华大学即准备搬迁事宜。当时学校之所以决定迁移宜昌，是因为省内大部分学校集中在那里，湖北省政府也转移到了那里，中华大学办学便于办事。再者学校经费有限，要搬迁到更远的地方费用难以支撑。1938 年 6 月 29 日《大公报》还刊出消息，就此事情予以报道："《中央社》讯，私立武昌中华大学，顷决定迁移校址，中华大学已在宜昌上游后坪地方，觅定校址，该校校长陈时日来正筹备一切手续。华中大学为美教会主办，决定移往桂林，刻已派员寻觅校址。" 1938 年 9 月，学校正式着手搬迁工作，陈时校长先召集师生员工开会，将搬迁工作一一与大家商讨，协调相关工作中的分工。正式搬迁时，陈时先布置大家把教学仪器设备、图书资料包装打捆，这是办学的基本条件，绝不能丢失。在安排师生西行的交通工具时，遇到了很大的困难。时值战乱，聚集在武汉的大批人员都要西迁，找一辆车、一条船，

---

① 张希文：《忆矢志教育救国的陈时校长》，娄章胜、郑昌琳：《陈时教育思想与实践》，华中师范大学出版社，2003 年，第 189 页。

谈何容易。陈时到处奔波，四处求人，托人从民生公司勉强弄到几张船票，安排严士佳、邹昌炽、鲁润玖等骨干教师及家属先行。又把教学仪器、图书资料装到一条大木船上，派陈孟权等几位年轻的教师随行。其他的师生员工有的坐车，有的乘船，有的在没有交通工具的情况下，只有靠两条腿步行，向大后方转移。所有的事情都安排妥当以后，陈时才在日本飞机的轰鸣声中，在依稀可闻的枪炮声中，最后一个离开中华大学。他与郑文启等几位留守校舍的老工友挥泪告别，乘“江华”轮西行而去。

1938 年 10 月，经过师生一个多月的共同努力，中华大学迁到了宜昌小溪塔，即宜昌北门外正街 217 号分头安顿下来。经过短暂的休整后，复课和秋季招生工作同时进行，由于组织得当，前期准备工作又比较充分，虽时局极不稳定，中华大学在宜昌的招生录取工作还不错。

正当中华大学拟在宜昌安营扎寨，教学工作刚刚走上正轨不久，10 月底，武汉沦陷。11 月上旬，日机对沙市、宜昌开始了频繁的轰炸，地面部队也开始了向宜昌进逼，复课仅三周的中华大学不得不面临再次迁移。

再次迁移往何处去？迁往西南相对比较安全，可路途遥远，又没有相应的落脚点，不可行。最好的办法只能是由宜昌走水路，继续溯江而上到重庆。其时，陈时的故交、湖北黄陂老乡喻育之愿意出面周旋，帮助中华大学在重庆寻找安身之处。喻育之时任川东经济建设策进会副主任、湖北旅川同乡会会长，又是国民参政会参政员，有一定的社会影响，通过他出面协调，湖北重庆同乡会愿将他们原来的办公地点借给中华大学作临时校舍。这真是解决了中华大学的燃眉之急。

虽然中华大学决定再迁重庆，却迟迟难以启程。因为当时进川，只有长江一途。而在宜昌等待进川的，不仅人员甚多，物品也堆积如山。陈时经多方奔走，方联系到进川的轮船。进川的过程也极尽曲折，先转移至万县，再由万县迁至重庆；至于图书、仪器和设备，则再租用木船由专人押送入渝。这次西迁，前后耗时一月有余，直至年底。

中华大学在重庆的临时校址是湖北原同乡会会所，会所在重庆南岸下龙门浩的禹王庙。禹王庙坐落在涂山之下，依山而建，形势险峻。该庙为纪念大禹治水而建，据说已有两千年历史。庙门前为米市街，有窄巷相连。中华大学进驻后，对建筑略作改造，分别用作学生寝室和教室；又借用对街觉林寺空地，辟作篮球场兼操场；师生还在山坡上开挖了防空洞，作为躲避空袭的防护所。后绑扎了席棚5列，砌筑了砖房4栋，校舍总算勉强敷用。全部建筑的使用面积，不足2000平方米，所以绝大多数教职员工及其家属还是租住在校外的民宅望儿楼、周家湾、茶亭街等处。

图 2-8　何成濬题写的武昌中华大学重庆南岸临时校舍立础纪念碑

1938年12月底，中华大学在重庆复课。此时，随校西迁的附中，已被归并到国立第十二中学；在禹王庙复课者，仅为大学部，学生200余人。西迁前的3院13系2专修科，此时已缩编为3院7系1专修科，即中文、外文、教育、化学、数学、经济、工商管理7系，师范专修科仅有数名学生随校入川。

从此，中华大学开启了在西南重庆的艰辛办学之路，正如中华大学在渝校友联谊会在《师表流芳》一诗中写道的："东邻背义践吾邦，惨淡西迁遂流亡。峡壁凭高聊作障，渝南倚庙勉为堂。财经无助徒奔走，教学艰难暗忧伤。半世辛劳时不待，音容宛在岂相忘。"① 这是对中华大学离开宜昌，在重庆艰难办学的真实写照。

① 中华大学校友会：《校友通讯》，1997年10月。

第三章　中华大学在重庆的办学经费

一、中华大学西迁前的主要经费来源

（一）陈时及其家产

中华大学1912年5月13日正式开办，创立初期的经费来源主要是陈时父亲陈宣恺及伯父捐出的家产、田地以及陈时老家黄陂的田租。其时，陈家计捐出田地300余亩，白银3000两，官票5000串，藏书3000余部(册)。至1931年，学校尚有资产共计学田400亩，值大洋3.5万元，每年可收田租3000元，基本可供学校日常开支。

（二）政府襄助

政府尤其是地方政府对中华大学的支持主要是在校产方面，如开办之初学校房屋极为紧张，甚至一时难以找到较为理想的办学之处，1912年10月，陈氏父子专门呈请北京临时政府副总统、湖北都督、陈氏父子的老乡黎元洪申呈办学宗旨并恳请支持。是年12月，湖北两任民政厅厅长夏寿康、刘心源热心支持，将武昌原晚清粮道旧署划拨给中华大学作校舍，解决了学校的燃眉之急。此后在陈时的多方协调下，政府还给予中华大学一些经费和政策上的支持，如1925年国民政府外交部庚款处理机构就专门给了中华大学一笔不菲的庚款补助。

（三）学杂费收入

学杂费是私人办学很重要的资金保障，古今中外概不例外。据中华大学校史资料载，民国十一年，即 1922 年，中华大学及其附中、附小等的学费标准为：入学金 1 元，学费每学年大学部 36 元，专门部 24 元，研究部 20 元，中学部 18 元。如学杂费收缴顺利，可基本保障教学的正常开展。据中华大学校史组编写的、华中师范大学出版社 2003 年出版的《中华大学》一书介绍，中华大学量入为出，学校的经费每季总收支尚可平衡。大学部的亏损，由中学部的盈余填补。另据 1918 年从中华大学刚毕业即就任附中部主任的恽代英在其日记中的记载，在 1918 年至 1919 学年，中学部就有一定的盈余。

（四）商界及校董支持

商界及校董事会和各位董事对中华大学经费的支持一直是学校得以生存和发展的重要依靠，甚至是精神支撑，这在抗战中表现得尤为明显。中华大学近 40 年的办学历程，我们可以根据其发展情况将之归纳为四个主要发展时期：一、1912 年至 1922 年。该 10 年为初步发展期，学校各项工作基本走上正轨，成绩令人瞩目，有大学、中学、小学三部，在校大、中、小学生接近 2000 人。当时，这样的办学规模是非常大的。二、1922 年至 1937 年。此为学校的快速发展期，该时期学校硬件设施大为改观，办公楼、大礼堂、学生宿舍及教学楼“成、德、达、材”四斋相继竣工，理化实验室扩建并添置了一批仪器实验设备，学校设有文、理、商三个学院并在教育部立案，学校生源遍及全国 20 余省份，社会影响广泛。三、1937 年至 1946 年。此为学校艰难维持期，处于抗战时期，日寇对中国的高等教育破坏巨大，中华大学为躲避战火，两次西迁，消耗巨大，教师流失严重。私立大学相比国立大学，情形更为凄凉，政府经费支持微弱，且时有时无，学生学费难保，经费多是学校靠“化缘”勉强维持。四、1946 年至 1952 年。此为中华大学恢复重建时期，抗战胜利后，1945 年 9 月，学校从重庆陆续返回武昌旧址，但学校原址已遭到日本侵略者的严重破坏，各建筑破烂不堪，校园一半以上被毁，校长、教师更换频繁，师生心情难以沉静。中华人民共和国成立后，学校有了新的更大的变化，至 1952 年，中华大学停办。

汉口商会组织和湖北商界名士在中华大学起步阶段对学校支持很大，如 1923 年 2 月，小东门名士安俊卿等就将武昌小洪山一片近 4000 亩土地捐给中华大学作校址，后学校因经费紧张未在此处把新校区建成，但出租部分土地为学校增加了一笔可观收入。1933 年 9 月，中华大学试办农艺学系，招生一个班，并在此处办试验农场，1934 年 3 个农场已具相当规模。此前，湖北督军萧耀南也给学校捐赠了 1.2 万元。这些都对缓解学校经费紧张起了很大的作用。

二、中华大学迁渝后的办学经费

（一）政府支持

政府的支持对民办大学的发展非常重要，这不仅是经费上的资助，更重要的是体现了政府对私人办学的承认和重视。国难当头，保家御敌为当务之急，当时一些教育界人士极力提倡战时非常教育，拟变更教育制度，将高中以上学校与战事无关者改组或停办，师生入伍征战。1937 年 12 月南京沦陷后，这种呼声更为强烈，然而国民政府权衡利弊后认为，抗战延续长久，各方面的人才都为国家所需，尤其是大学和大学生稀缺，与英美国家相去甚远，为将来国家发展之计，原先的教育须得维护，以当时中国人口资源论，应征大学生入伍尚无必要。1938 年春，陈立夫宣誓就任国民政府教育部长后，在 3 月发表了《告青年书》，提出了教育“战时当作平时看”

的方针，意思是要求和告示大学和大学生以校园为主、以学习为主，专心学好知识、提高能力以备后用。随之，国民政府教育部根据《中国国民党抗战建国纲要》《战时各级教育实施纲要》，明确了高等教育在战时的发展方向："大学教育应为研究高深学术，培养能治学、论事、论人之通才与专才教育。其学院之设施，应以国家之需要为对象"，"专科学校教育应为培养各业专门技术人才之教育，应由省市视需要在企业之附近地区设立各科专科学校，以造就各项事业应用之专门人才"。战后的事实证明，国民政府的战时教育政策从宏观上讲是正确的，但政策落实到对待每一所具体的大学上是不一样的，私立大学得到的扶持就明显次于国立大学，在经费极端紧张的情况下，政府也只有先顾及国立大学了。然在力所能及的政策及经费支持上，政府还是给予中华大学关键性的帮助，如中华大学在湖北旅川同乡会的帮助下，能较快在重庆南岸下龙门浩的米市街安顿下来，以及随之而后的临时校园扩建、平价煤、平价米以及平价电供应等方面政府都给了较大支持，如 1942 年 3 月教育部就特拨中华大学 15 万元，再加上学校又募得的一些款项，中华大学增设了理学院的实验室、物理室，为学生实验课解决了大问题。重庆市档案馆中华民国全宗有部分抗战时中华大学档案，而现存的这些档案绝大部分就是教育部、重庆市政府为解决中华大学经费困难和处理相关事物的函件。如 1943 年 10 月 15 日，教育部公函至重庆市府第 50789 号：

事由：据私立武昌中华大学呈请拨用房屋函请查照核办见复。

据私立武昌中华大学十月四日渝字 479 号呈称，本校于二十七年冬抗战紧张之时，呈准迁重庆南岸以两湖同乡会老禹王庙宇为校址，因陋就简蒙钧补助及向社会募捐先后添建校舍数栋，惟以逐年学生人数增加，仍感不敷应用，且因生活高涨，本校经济艰困异常，而市场金融紧缩，筹募建筑费亦殊不易，暑期原定修建计划极难实施，以致本届所招新生无法入学，查有毗邻之渝德染厂原在老禹王庙内，刻已停工，又附近之觉林寺一所，庙舍原极宽敞，多年失修，现多为游民散住，未得正用，拟恳钧部迅予转函宪兵司令部暨重庆市政府拨交本校管用，以利校务进行等情。查该校原有校址不敷应用尚属实情，相应函请查照核办见复为荷。此致。

重庆市政府

部长：陈立夫

中华民国三十二年十月十五日

该档案卷中未见中华大学呈教育部的函，但从教育部致重庆市政府的函中可清楚知晓当时中华大学请求将禹王庙附近的觉林寺、渝德染厂拨给中华大学使用。2016 年 7 月 11 日，笔者前往重庆市南岸米市街下龙门浩探访当年中华大学遗迹，可惜当年中华大学的老房子已所遗无几，只有陈时校长的住房和当年学校的一间办公室还在，据说，这两个建筑还多亏了重庆建筑学院的有识之士力保才得以留下。目前重庆市政府计划将整个米市街整体进行改造以作为一个文化创业街区，改造工程时正在进行当中。政府计划进行改造的下龙门浩社区仍有当年老街区的风貌，只可惜禹王庙、觉林寺早在 20 世纪 50 年代已被拆除，好在中华大学学生当年常去的觉林寺报恩塔还在，它在风雨中孤立地诉说着往事。但愿政府能将之作为文物修缮保存。

当重庆市政府在收到教育部的该公函后，15 天就给教育部作了肯定的回函，回函不仅同意教育部的请求，并要求市警察局查验后落实。具体公函如下①：

准教育部函，据私立武昌中华大学呈请拨用房屋函请查照核办见复等由。

公函，案准：

① 中华民国全宗，中华大学卷，档案号：00530022003210000001000，重庆市档案馆。

贵部本年十月十五日高字第五零七八九号公函。据私立武昌中华大学呈请拨用房屋一案，嘱查照核办见复等由，自应照办。除令饬本市警察局查明该觉林寺及渝德染厂两方面产权情形再行函复外，相应先行函复，查照为荷！此致。

教育部

市长：贺(耀祖)

（市政府）训令

令本市警察局：

案准教育部本年十月十五日高字第五零七八九号公函开“据私立武昌中华大学十月四日渝字第四七九号呈称云云，相应函请查照核办见复为荷”等由：查南岸渝德染厂及觉林寺两处其产权情形以及现在状况，亟应详加调查以凭核办。除函复外，合行令仰该局迅予转饬该管分局查明具报为要！此令。

市长：贺(耀祖)
中华民国三十二年十月三十日

该档案中市长贺耀祖应为当时重庆特别市市长贺耀祖。贺耀祖(1889—1961)，湖南宁乡人，号贵严，陆军上将，于1942年至1945年任重庆市市长。这样，在教育部和重庆市政府的支持下，中华大学后来顺利地取得了这两处用房，为学校化解1943年办学用房紧张起了很大的作用。

为什么当时中华大学急需新的用房，因为此前发生在中华大学的一件事一方面说明了中华大学房屋的破败，另一方面也说明政府在解决中华大学事务方面的过细和理解帮扶。事情是这样的：1943年5月12日，中华大学位于米市街的女生宿舍德字斋因阴雨浸泡，加上年久失修，突然垮塌，当场砸死该校经济系一女生。事情发生后，中华大学立即呈文重庆市工务局、警察局，概陈事件原委，并请求协助妥善处理这起意外事件。重庆市工务局、警察局接到呈函后非常重视，分别立即派员赴中华大学详查事件经过，并将事件原委简要呈报市政府备案。重庆市档案局民国档案全宗中华大学卷亦有该事件处理之档案，现抄录重庆市工务局呈重庆市政府之呈文①，以此说明。即使在兵荒马乱的岁月，政府对私立大学突发事件之处理谨慎而及时。

事由：为中华大学等房屋倒塌伤人报请备查由。

重庆市工务局呈（市政府）：

案查南岸米市街中华大学女生宿舍，于本月十二日晚倒塌，压毙女生一名，查该舍系借用禹王庙继善堂，为穿透旧式建筑，土墙载重，年久失修，不堪连日阴雨浸袭，以致倒塌。又南岸彭家湾市立第十一中学高级部教室大楼，于十五日晨四时塌下一部屋架，教职员二人受伤，查该房系因屋架接笋欠牢，未用铁件，日久松动，不堪载重所致，除伤知清理残余部分外，理合备文报请，鉴核备查。

谨呈：市长贺（耀祖）

工务局局长：吴华甫

中华民国三十二年五月十九日

从现有保存较完好的档案内容看，中华大学在重庆时一切校务活动，尤其是与政府有关联的活动应该都有档案记载，中华大学从办学始也极注意档案的整理与保存，而且特别注意来自政府方面的各类信息，以备办学之需要。例如，1940 年 9 月，中华大学特呈函市政府，希望能购买市政府有关出版刊物，并寄赠市政府《中华大学概览》一册以作纪念。呈文如下：

中华大学呈（市政府）：

径启者：敝校迁渝以来，因经费困难兼以渝市印刷不便，原定期出版之周刊（指《中华周刊》——作者注）及季刊（指《中华季刊》——作者注）均已停刊，乃承厚谊琼瑶时颁无任惭恧，兹油印概

① 中华民国全宗，中华大学卷，档案号：00530023000300100342000，重庆市档案馆。

览一册藉作桃李之报，即乞登缮书欠工，校对多疏错误之处在所不免，并祈鉴谅。贵府如有出版物请源源购寄是荷。此致。

武昌中华大学

中华民国二十九年九月

市政府收到中华大学的函后回函①称：

台函暨惠赠贵校概览一册除珍存备阅外，相应复谢并检赠本府登收为荷！此致。

武昌中华大学

附赠本府一二四六、一三五七期公报计四册

中华民国二十九年九月二十四日

学校、政府的往来函件说明，在重庆，中华大学迫切希望从政府那边获取各方信息，政府也给予中华大学相应的资料。遗憾的是，由于战乱或其他原因，不少档案资料要么缺失，要么不全，如上面提到中华大学油印的册子《中华大学概览》以及市政府回赠中华大学的四册公报均未查找到，一些政府关照中华大学办学的文件、函呈、训令等也只有少许。如，1945 年 5 月 7 日，为敦促重庆市教育局尽快到位有关款项，教育部致重庆市教育局的训令：

教育部训令

第 23653 号

令重庆市教育局：

查省私立专科以上学校补助费本部业依规定召开审查会，分配发给该市区内私立武昌中华大学等三校三十四年度经常补助费，并函请财政部转饬国库分期经拨在案，除令各校知照外，合行列表，令仰该局知照。

① 中国民国全宗，中华大学卷，档案号：00530011000670100053000，重庆市档案馆。

此令

附：本部补助私立武昌中华大学等三十四年度经常费一览表一份

部长：朱家骅

表 3-1　本部补助私立武昌中华大学等校三十四年度经费一览表

校名	补助费数额
私立武昌中华大学	二七〇，〇〇〇元
私立东吴沪江大学法商学院	六五，〇〇〇元
私立求精商业专科学校	一〇，〇〇〇元

再有，1946 年 9 月 7 日，即抗战胜利后不久，中华大学正在准备返回原址武昌办学之际，中华大学校长王震寰给重庆市政府呈函关于平价粮食供应事宜。王震寰是 1945 年 8 月继任中华大学校长的，1945 年 5 月陈时向董事会辞去校长职务，改任常务董事，随即校董事会推举前汉口特别市市长刘文岛继任，刘干了不到 3 个月，因为国民政府另外任用，故由化学家王震寰接任。

中华大学呈函如下：

呈：重庆市特别市政府

查本校七月份粮价证明书，前于八月二日以渝字第 1413 号公函送请盖印，迄未承，惠于掷还，兹以八月份粮价又届造报之期，相应检同粮价证明书，函请查照，连同七月份证明书一并惠赐盖印，掷还为荷！此致。

重庆市特别市政府

附：第十一区署八月份粮价证明书暨空白证明书各一纸

校长　王震寰

中国民国三十五年九月七日

该呈函后附有市政府给中华大学的回函，随即查验办理等并盖有重庆市新市长张笃伦的大印。张笃伦（1892—1958），字伯常，湖北安陆人，国民党陆军中将，1945 年 12 月接贺耀祖任重庆市市长。

以上各档案函件说明，中华大学在重庆时，政府对其在粮食等物资供应上一直是以平价供应，即使在抗战后亦如此；上面说的政府在办理该事过程有时疏忽，可能是因为抗战胜利不久，各种事情千头万绪，有关办事人员一时手忙脚乱而出现的纰漏。

抗战胜利后，国民政府教育部新设立和恢复了一些奖学金制度，在这方面教育部也给予了中华大学一定的提携，如 1946 年 1 月，教育部特别核拨林森奖学金和中正奖学金各三名额给中华大学，以资鼓励。华中师范大学档案馆存有该文件，内容如下：

教育部训令①

渝字第 00595 号

中华民国三十五年元月十五日

查三十四学年度专科以上学校林故主席奖学金暨中正奖学金名额，业经分配完竣，兹分发林故主席奖学金分配办法暨中正奖学金分配办法各一种，该项奖学金合计国币一八〇〇元（附清单），合行令仰遵照转发，具报此令。

附发三十四年度专科以上学校林故主席奖学金分配办法一份，三十四年度专科以上学校中正奖学金办法一份，核发该校奖学金清单一纸。

部长：朱家骅

附：核发三十四年度奖学金清单

校名：私立武昌中华大学

奖学金名额：林故主席奖学金三名，中正奖学金三名，合计六名。

① 中华大学卷，档案号：LS11-165，华中师范大学档案馆。

奖学金额度：每名金额三百元，合计一八〇〇元。

从以上奖学金以国府主席林森的冠名看，这应该是当时荣誉度最高的奖学金了，教育部一次性拨给中华大学六个名额，说明教育部对中华大学办学的肯定和支持。

（二）董事会及工商界的支持

1. 中华大学董事会的构成和延续

一般来说，大学董事会是学校资产所有者推选出来的代表，监督和主持学校的负责人所组织的会议，是学校最高决策机构，负责选任校长、筹管基金、计划和扩充校务、审议预算和决算、监督财务等。中华大学成立伊始，办学经费主要是陈宣恺、陈时家族贡献。1913 年，政府将武昌粮道署旧址拨给中华大学作校舍，从某种意义上讲，这也可算作是政府的出资，政府人员出任中华大学董事也顺理成章。中华大学成立董事会的动议很早，民国八年即 1919 年 2 月就着手成立学校董事会。此时，北洋政府教育总长汤化龙被推举为学校董事长，不过汤只是挂名而已，并未起什么作用。1921 年 4 月，中华大学董事会成立，但此时董事会机构也不健全，董事名额、任期等未定，董事会会议也不规范。查中华大学档案全宗，未见 1921 年至 1927 年相关文件。据中华大学早期档案，中华大学董事会正式成立于 1928 年。1928 年 3 月，中华大学复校后，即依照《私立学校董事会条例》拟定了《中华大学校董会章程》。该章程规定：董事会设校董九人，候补校董五人。以在学术界及社会上负有众望、热心促进本大学之发展者选充之。校董每年改选三分之一，候补校董全体改选，均行连选连任。第一届校董与候补校董，由本大学校友总会选充之。以后由校董会自行改选，通知校友会。第一届校董会之任期，以抽签法定之。海内外学术宏通、声望隆重、热心赞助本大学之发展者，得由本会聘为名誉校董或名誉董事长。

该章程还规定，董事会有如下职责：(1) 选任学校校长、副校长及校长、副校长任满或失职时之改选；(2) 选任本会职员；(3) 筹管基金；(4) 计划扩充校务；(5) 审议重要校务及预决算；(6) 监察本校之财务；(7) 其他关于本校重要事项；(8) 校董会全体会议每年召开两次；(9) 校董会每年改选一次①。从该章程的文本来看，中华大学董事会的组成、职责、工作流程等，其发展是比较规范和科学的。第一届董事会成立后，于 1929 年 5 月立案。华中师范大学档案馆现存有抗战前中华大学部分（1928 年至 1933 年，即第一届至第六届董事会董事名录）档案（图 3-1）。

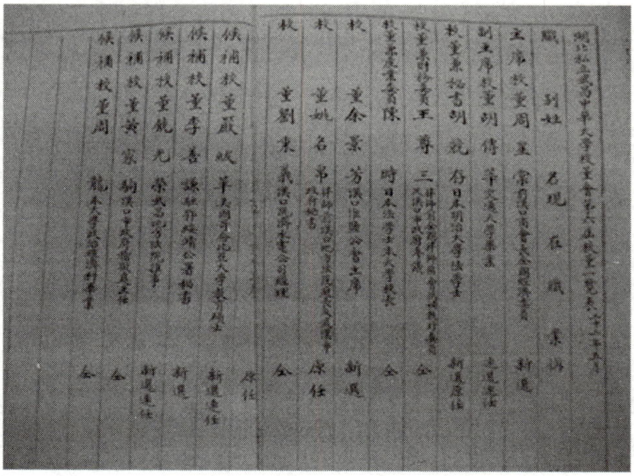

图 3-1　华中师范大学档案馆藏中华大学第六届董事会董事名录

虽然档案不全，缺少其发展非常重要年份即 1934 年至 1937 年董事会的文献②，但就现有文献列录如下，也可从侧面进一步了解当时中华大学董事会人员的构成和变化（表 3-2 至表 3-9）。

① 中华大学卷，档案号：LS-7，华中师范大学档案馆。

② 中华大学卷，档案号：LS11-517，华中师范大学档案馆。

表 3-2　第一届中华大学董事会成员（民国十七年四月校友总会选任）

职别	姓名	别字	略历
校董兼主席	习文德	国钦	前湖北省党部委员
校董兼副主席	涂允檀	旃叔	前汉口市社会局长
校董兼秘书	胡竞存	叔贤	日本明治大学研究科毕业
校董兼财务委员	姚名帛	竹勋	本校教授、律师
校董兼产业委员	邓翔海	鹏九	前湖北省教育厅秘书
校董	黄建中	离明	湖北省教育厅厅长
校董	李治东	少春	前武昌地方法院院长
校董	汪奠基	三辅	北京大学教授
校董	陈时	叔澄	本校校长
候补校董	王绍佑	子润	湖北省党部委员
候补校董	蓝芝浓	少弥	本大学法学士
候补校董	林立	卓然	哲学博士
候补校董	高鸿缙	笏之	美国哥伦比亚大学教育硕士
候补校董	吴仲行		本大学法学士

表 3-3　第二届中华大学董事会成员（民国十八年五月改选）

职别	姓名	别字	略历
校董兼主席	黄贤彬	文植	前汉口总商会主席
校董兼副主席	李治东	少春	
校董兼秘书	胡竞存	叔贤	
校董兼财务委员	姚名帛	竹勋	
校董兼产业委员	邓翔海	鹏九	
校董	黄建中	离明	
校董	习文德	国钦	

续表

职别	姓名	别字	略历
校董	陈时	叔澄	
校董	汪奠基	三辅	
候补校董	李镜涵	沅蘅	前省师毕业，本校教员
候补校董	王芸圃		前汉口市党部委员
候补校董	严绂苹	士佳	美国哥伦比亚大学教育硕士
候补校董	黄贵谦	益斋	本大学政治经济专科毕业
候补校董	饶光荣	绍宽	本大学法学士

表 3-4　第三届中华大学董事会成员（民国十九年五月改选）

职别	姓名	别字	略历
校董兼主席	黄贤彬	文植	
校董兼副主席	李治东	少春	
校董兼秘书	胡竞存	叔贤	
校董兼财务委员	姚名帛	竹勋	
校董兼产业委员	邓翔海	鹏九	
校董	李廷弼	鼎安	汉口特三区董事，总商会执行委员
校董	王尊三	达五	全国律师协会执委，前汉口特别市政府参议
校董	陈时	叔澄	
校董	习文德	国钦	
候补校董	邹昌炽	允中	法学博士
候补校董	严绂苹	士佳	
候补校董	李镜涵	沅蘅	
候补校董	黄贵谦	益斋	
候补校董	饶光荣	绍宽	

表 3-5　第四届中华大学董事会成员（民国二十年五月改选）

职别	姓名	别字	略历
校董兼主席	黄贤彬	文植	
校董兼副主席	李治东	少春	
校董兼秘书	王尊三	达五	
校董兼财务委员	胡竟存	叔贤	
校董兼产业委员	姚名帛	竹勋	
校董	贺衡夫		前汉口市商会主席
校董	刘秉义	少岩	汉口既济水电公司经理
校董	陈时	叔澄	
校董	李廷弼	鼎安	
候补校董	严绂莘	士佳	
候补校董	黄贵谦	益斋	
候补校董	饶光荣	绍宽	
候补校董	黄家驹	里千	本大学政治经济专科毕业，汉口税捐处委员
候补校董	周龙	鲲伯	汉口税捐处委员

表 3-6　第五届中华大学董事会成员（民国二十一年六月改选）

职别	姓名	别字	略历
校董兼主席	贺衡夫		
校董兼副主席	胡传莘	聘三	汉口农工银行副经理
校董兼秘书	陈时	叔澄	
校董兼产业委员	王尊三	达五	
校董兼财务委员	李治东	少春	
校董	刘秉义	少岩	
校董	李廷弼	鼎安	

续表

职别	姓名	别字	略历
校董	姚名帛	竹勋	
校董	胡竞存	叔贤	
候补校董	饶光荣	绍宽	
候补校董	严绂莘	士佳	
候补校董	黄贵谦	益斋	
候补校董	黄家驹	里千	
候补校董	周龙	鲲伯	

表 3-7　第六届中华大学董事会成员（民国二十二年五月改选）

职别	姓名	别字	略历
校董兼主席	周以灿	星堂	前汉口市总商会会长
校董兼副主席	胡传莘	聘三	
校董兼秘书	胡竞存	叔贤	
校董兼财务委员	王尊三	达五	
校董兼产业委员	陈时	叔澄	
校董	余景芳	仲虎	汉口淮盐公会主席
校董	刘秉义	少岩	
校董	贺衡夫		
校董	姚名帛	竹勋	
候补校董	严绂莘	士佳	
候补校董	李善谦	谦甫	驻鄂绥靖公署秘书
候补校董	饶光荣	绍宽	
候补校董	黄家驹	里千	
候补校董	周龙	鲲伯	

表 3-8　1928—1933 年中华大学董事会名誉董事长（以聘请先后为序）

姓名	别字	姓名	别字	姓名	别字	姓名	别字
刘文岛	尘苏	黄建中	离明	何成濬	雪竹	夏斗寅	灵柄
方本仁	耀廷	徐源泉	克成	张嘉璈	公权		

表 3-9　1928—1933 年中华大学董事会名誉董事（以聘请先后为序）

王毅灵	周苍柏	董绥经	叶蓬	吴国桢	浦心雅	陈行
郑燮卿	万泽生	陈经畬	殷惠昶	杨少岩	李德斋	萧纯卿
余蓉樵	何复洲	赵焕章	沈季宣	余服民	张棫泉	徐炽卿
任汉臣	李博仁	杨松圃	於润华	胡庆生		

从以上遗存档案资料可以看出，从 1928 年董事会成立至 1933 年，董事会成员组成基本上是依规章在改选。这六届校董兼主席的有习文德、黄贤彬（连任三届）、贺衡夫、周以灿；副主席有涂允檀、李治东（连任三届）、胡传莘（连任两届）。名誉董事长有刘文岛、黄建中、何成濬、夏斗寅、方本仁、徐源泉、张嘉璈；名誉董事有吴国桢、周苍柏、陈经畬等。从上述成员组成看，董事长均为党、政、军、学要人或财阀，一般董事中也不乏教育界名士，如汪奠基（北京大学教授）、胡竞存（武汉大学教授）、黄建中（湖北省教育厅厅长）、艾伟（中央大学教授）、陈行（中央银行副总裁）等，而且董事会成员中大多是陈时的湖北老乡或与湖北有关联的人，这多多少少有些乡情的缘故。为了更清晰了解中华大学抗战前董事会成员（有部分董事在抗战中仍在任）情况，下面对其主要董事作简要介绍。从董事成员的工作和简介中可能窥见他们对中华大学早期发展，尤其是对 1926 年至 1936 年黄金发展期所起的作用：一是完善学校制度，规范学校财政；二是捐款，包括募捐；三是联络各界，作中华大学联络各界的桥梁和纽带。

1949 年前中华大学主要校董简介：

万耀煌（1889—1977），字迪奇，号武樵，新洲仓子埠人，保定军官学校一期学生。先后任国民革命军师长、军长、军团长，陆军大学、中央军官学校教育长，湖北省政府主席，驻泰国大使，监察委员等职。1936 年 12 月向中华大学捐款。

孔庚（1877—1950），字雯轩，浠水人，清末留学日本，同盟会会员。历任湖北省政府常委，民政厅、建设厅厅长，参议员和立法委员，1950 年病卒于武昌。

乐润田，庆华化学颜料公司经理。

汤化龙（1874—1918），字济武，浠水人，1903 年中进士，三年后赴日本学法律。辛亥革命后，历任北洋政府民政长、众议院议长，1914 年任教育总长兼学术委员会主任。是中华大学最早的一位董事长，最后遭护法军政府通缉，在加拿大被刺身亡。

何成濬（1882—1961），字雪竹，随县人，肄业经心书院，后入日本士官学校第五期毕业，同盟会会员。历任湖北省政府主席、武汉绥靖公署主任。抗战时在重庆任军法总监、训练总监。抗战胜利后任湖北省参议会议长，兼任中华大学董事长十多年，对学校贡献很大。病卒于台北。著有《八十回忆》和《何成濬将军日记》。

李治东，字少春，曾任武昌地方法院院长。

周星棠（1876—1942），字以灿，原籍绍兴，生于汉口，弱冠后经商，先后开办晋安、阜通钱庄。后办实业，曾任庆华颜料厂董事长，国民参政会参政员，1923 年起两任汉口总商会会长，对救灾、兴学常予资助，1942 年卒于重庆。

陈健庵，浙江诸暨人，原任中国茂业银行汉口分行经理，抗战前任中央银长副总裁。

贺国光（1885—1969），字元靖，蒲圻赵李桥人，1916 年北京陆军大学第四期毕业。历任武汉卫戍副司令、代司令，湖北省政府政务委员，抗战后任重庆行营代主任、重庆市市长、宪兵司令兼重庆卫戍司令、军委会办公厅主任等。病卒于台北。著有《八十自述》。

贺衡夫（1888—1968），汉阳人，工商业者，青年学徒，后经营油盐以及工矿、银行、纺厂、房地产等。1923年兼汉口商会会董，八年后为会长。抗战时在重庆任庆华颜料公司董事长兼经理，抗战胜利后再任汉口商会理事长。一生热心公益，为中华大学的得力董事，1968年元旦病逝于汉口。

徐源泉（1886—1960），字克诚，新洲仓埠人，同盟会会员。善书法，屡得何成濬提拔，历任国民革命军师长、军长、集团军司令。晚年致力于地方实业，从事兴学育才，嘉惠莘莘学子，卒于台北。著有《沙市市政之建设》。1924年为中华大学名誉董事长，捐赠省图书馆《图书集成》全套共一万卷。

浦心雅，无锡人，汉口交通银行经理，抗战时在重庆仍任该职，颇得交行董事长钱新之信任。1930年校董会第五次会议常务会议，推举其为名誉校董，后为正式校董。抗战时期浦心雅为学校募捐出力大，得董事长何成濬的嘉奖。

黄建中（1889—1959），随县人，北京大学文科毕业，留学英国。历任湖北省政府委员兼教育厅厅长、国民参政会参政员及监察、立法委员和国大代表，著有《比较伦理学》《教育哲学》《中国教育史》《中国哲学通论》《荀子名学》和《概然论》等著作。

黄文植（1877—1939），又名贤彬、竹根，江西人，后于汉口开办钱庄、精盐公司。1927年冬当选汉口总商会会长，兼任中华大学董事长。

曹美成（1913—1989），号勉功，中华大学附中毕业，广州大学（香港）毕业。前广州大学会统专科主任、武汉市各界代表会代表、工商联合会常委，长期经营“曹祥泰”商号，是武汉工商界著名人士之一。

邓翔海，字鹏九，蒲圻人，1964年卒。1919年考取高等文官，五任县长，两任湖北省民政厅厅长和湖北省教育厅秘书。自1928年起任中华大学校董，连任三届，兼财务委员。

喻育之（1889—1993），黄陂人，1910年进湖北陆军测绘学堂，参加辛亥革命武装起义，八次见到孙中山先生。《武汉文史资料》2011年第3期有其写于1988年的《百岁自述》。曾任国民参议会参议员，抗战初期任川东经济建设策进会副主任，兼任湖北旅川同乡会会长。后中华大学迁重庆南岸湖北同乡会作为校址，得到他的大力协助。

2. 董事会暨工商界对中华大学的帮扶

1938年秋，中华大学西迁至宜昌，陈时等本想能在宜昌躲避战火、安心办学，可是不久武汉失守，日寇进逼宜昌。中华大学不得已，只得再西迁重庆。由于当时国民政府机关大都迁至重庆，敌占区的很多企事业机构、大中学校也纷纷迁至，一时重庆拥挤不堪，想要在重庆寻得一块地方办大学可想困难有多大，更何况中华大学又是临时动议和仓促搬迁，人生地不熟。此时，校董起了至关重要的作用。彼时，校董喻育之任川东经济建设策进会副主任，又是国民参政会参政员和湖北旅川同乡会的会长，通过喻育之的协调，湖北旅川同乡会同意将会址借给中华大学作临时校址，这真正是雪中送炭，解了中华大学的燃眉之急。湖北旅川同乡会会址设在重庆南岸下龙门浩坡上米市街的禹王庙里，禹王庙周边茂林翠竹，风景秀丽，是教学和学习的好地方。

需要指出的是，中华大学迁至重庆后，董事会按章程作了一次改组。由于战争的影响，本届校董总的成员变化较大，人数也增多，是届由居正任董事长，夏斗寅任副董事长。其他董事会成员则有刘复、陈时、萧柏年、刘铣、顾庆桢、张惠笃、周苍柏、贺衡夫、何舜卿、吴廷华、陈明、闻亦有、李国操、高国洪、徐育华、孔庚、杨在春、马稚庵、陶守诚、彭养先、张知本、辜仁发、耿伯钊、卢蔚乾、余景陶、陈修年、张子英、刘叔模、董必武、居励今、周星棠、王世杰、卫挺生、李廉方等34人。从改组的董事会组成人员名单看，既有国共两党要人，也有西迁重庆的商界要人，而由居正任董事长、夏斗寅任副董事长显然有利于提升中华大学的社会地位。居正（1876—1951），字觉生，号岳崧，湖北广济人。他早年入同盟会，后参加辛亥革命。1912年任中华民国南京临时政府内务部次长。后参加二次革命、护国运动、护法运动，1919年任国民党总务主任。1924年在国民党一大上当选为中央执行委员。1932年5月后长期任司法院院长。抗战后兼任国防最高委员会常务委员。夏斗寅（1884—1951），字灵炳，湖北麻城人。他早年入同盟会，参加辛亥革命。中华民国成立后，升任营长，1920年任鄂军混成旅旅长。1926年参加北伐战争，任国民革命独立第一师师长。1927年“四一二”事变后，历任湖北警备司令、武汉警备司令、湖北省政府主席等职。抗战后任新兵训练总处处长。其他成员兼及社会各界闻人，亦有助于中华大学能获取各方支持。但不久后的董事会会议，董事长改为何成濬兼任，副董事长由贺国光兼任，其他董事会成员亦有相应变化，主要成员有徐源泉、万耀煌、陈健庵、贺衡夫、乐润田、浦心雅、闻亦有等。新改选后的董事会成员主要以军界和商界人士为主。战争时期，军界、商界给予学校关照会更方便一些。

从现存档案资料和一些中华大学老校友的回忆录看，在艰苦的抗战时期，中华大学董事会暨工商界友人对中华大学的支持主要为：一、募捐和疏通各界关系。这点非常重要，尤其在中华大学换了新的环境，各方关系生疏，加上兵荒马乱，重庆负荷过载的情况下，几位主要校董在为中华大学争取用房、平价粮米、平价煤以及水电的供应方面作出巨大贡献。除了疏通关系，争取到了政府的政策支持外，办大学最重要的还是资金。此时，校董尤是董事长何成濬作了很大的努力，他通过多种途径为中华大学募捐，使之一次次渡过难关。二、直接捐资。主要是与中华大学友好的工商界董事和相关人士捐资。尽管战时重庆工商业也面临巨大的困难，但在董事会及有识之士的推动下，一些工商界人士还是为中华大学提供了力所能及的帮助。作为中华大学的创办人和校长，陈时对此深有体会，1932年5月13日，在中华大学成立二十周年校庆纪念特刊上，他特别撰文对政府、社会之扶持致以诚挚谢意：

> 时于办学之初，甫弱冠，年少气盛，视天下事太易，心雄万夫，自视过高，有时舍本业而骛外，欲以外事济校务之发展，遂因之偶受挫折，反躬自问，成就我者实多，而校务有二十余年之小成者，时则不能贪为己之功，须向各方颂德者：
>
> 私校须仗政府之维护。本校深得政府之培植，与当局赞助之力，且每值视察员来校，其指正之点，多寓善意之维持焉。
>
> 私校须受社会之扶持。本校则在社会上团体、个人，每不吝相当之援助。
>
> 私校须同事能和衷共济。本校教职员人数，先后达千余，有共事至十年以上，从无凶终隙末者，且有他处以巨薪高位罗致，愿共甘苦而不去者。记某次以校款困窘，于寒舍中罗雀掘鼠以供校用，同事见旧衣银屑送入质库，有相顾垂涕者。
>
> 私校须学生之爱护。先父尝命视学生如子弟，本校学风淳朴，为人所称道，师生情感，每侪于直谅多闻之列，偶值校困，则自动募公债，加学费以济之。离校校友，相助尤多。
>
> 有此各方恩惠之相加，使时不得不努力以赴之，尝自诏曰："天下事之成败，在是否以诚相感应，继以坚贞赴之，不问收获，第问耕耘。"本校二十余年之小成果，个人之力，决不济事，惟办事则"诚"之一字，宜终身以之，不必计成败，自有机缘默相而玉成之耳！

查重庆市档案馆及华中师范大学档案馆藏中华大学档案，抗战中，有关中华大学董事会活动的记载只有两次：一为1942年11月，学校董事会特聘康心如为校董；一为学校召开第二十六次董事会日程和议程，即1943年"中华大学校董会二十六次全体会议日程”。第二十六次董事会全体会议日程如下：

私立武昌中华大学校董会二十六次全体会议日程

甲：报告事项：

一、会务。

二、校务。

乙：讨论事项：

一、请审核三十二年经常、特殊支出概算。

二、请审核三十年下学期决算案。

三、请审核三十一年上学期决算案。

四、请推选校董组织本校生产建设委员会案。

五、校长任期早经届满，前经本会决暂缓选举，现又满期一年请依章选举案。

六、请推选校董协同新选校长设计改进校务案。

丙：临时动议。

虽然处于战乱，但从中华大学该次董事会的议程议题看，董事会的工作在正常运转而且工作目标明确，遗憾的是重庆市档案馆的这份档案中只有会议日程，有关会议人员及召开进程和最终结果则未有。甚至也找不到中华大学全面抗战时期在重庆各次校董事会组成和主要成员变动情况，好在台湾还存有时任董事长何成濬的日记，他对当时中华大学董事会活动有些记载。如 1942 年 3 月 5 日他在日记中写道：“3 月 5 日，星期日，晴，午后六时，假庆华公司召开中华大学董事会，到：徐克诚（源泉）、贺元靖（国光）、万武樵（耀煌）、陈健庵、浦心雅、贺衡夫、乐润田、孔雯掀（孔庚）、闻亦有及校长陈叔澄，来宾苏汰余。所商议者：（一）添筑校舍，推徐克诚、乐润田，负责督工。（二）募捐事，推浦心雅往询康心如（巴县人，早年留日习经济，时任四川美丰银行董事长)、刘航琛（泸州人，北京大学毕业，时任粮食部政务次长）所收到之成数如何，并恳其极力代谋。以前本希望裕华、大华两纱厂共助十万元，石经理凤翔（孝感人，留德习纺织，亦以经营纱厂致富）意已允可，今凤翔赴陕，汰余到场，仅云先助五万元，不便相强，只好俟他处募捐情形明了后，再作打算。(三) 陈叔澄辞校长职，均劝其继续担任，俟相机向教育当局设法，改为国立。(四) 叔澄任校长二十余年，纯系义务性质，未在校中领取薪水或公费，因此校本陈家将其全部产业捐出所创设也。今由董事会决议：校长薪、公等仍照教育部规定支给。其余各案，均不关重要，会毕后，即在庆华公司晚餐。”

1942 年 3 月 14 日何成濬又有日记：“3 月 14 日，星期六，晴，接钱云阶自青木关函告，教育部对中华大学三十一年度补助费，决定拨十五万元，已将原函转交陈校长。”同月 17 日记载：“3 月 17 日，星期二，晴，日偏食(中国不见)，中华大学建筑校舍募捐，现仅收到康心如经募四川各银行所捐之七万余元，及大华、裕华两纱厂之五万元。刘航琛经募各公司之款，尚未得确实答复，为期已迫，乃于今晚七时，同克诚、元靖再东约中、中、交、农及中南、盐业、大陆、金城、四明、上海通商、兴业、湖北省各银行负责人，在交行晚餐，并请其量予补助，校董浦心雅在金融界夙负声誉，极力周旋其间，又得交行董事长钱新之首先提倡，结果共得十八万元。计中、中、交、农、湖北省银行各二万元，余行均为一万元，其圆满殊出意外，事由人定。若无心雅，决无此成就。”同月 19 日，何成濬日记再记录：“3 月 19 日，星期四，晴，晚间浦心雅、陈予坚约至李子坝于交通银行晚餐，陈叔澄、徐克诚、乐润田均在座。据心雅面告，关于中华建筑费，又向邮局储金汇业局、中央信托局各募得二万元。此事心雅特别努力，其成绩亦特别良好，真令人感佩。”①

① 私立武昌中华大学校史组：《中华大学》，华中师范大学出版社，2003 年，第 22—23 页。

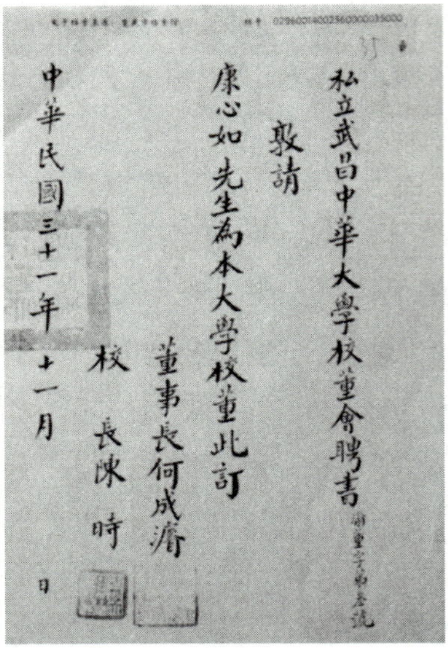
私立武昌中華大學校董會聘書

敦請

康心如先生為本大學校董此訂

董事長何成濬

校長陳時

中華民國三十一年十一月　日

图 3-2　重庆市档案馆藏中华大学董事会 1942 年聘请康心如任学校董事的聘书

该书及后引用者多将何成濬此日记年份写成 1941 年，应是错误，按日记所述情形并查阅相关资料，如重庆市档案馆藏中华大学董事会 1942 年聘请康心如任学校董事的聘书（图 3-2），日记年份应为 1942 年。

从以上何成濬日记可知：

第一，本届中华大学董事会主要成员有何成濬、徐源泉、贺国光、万耀煌、陈健庵、浦心雅、贺衡夫、乐润田、孔庚、刘航琛、闻亦有、陈时等，其组成仍以政界、商界名士为主，基本为中华大学迁渝后改选之董事会成员的延续。

第二，董事会成员大多尽心尽力，不辞劳苦，力所能及地为中华大学排忧解难。

第三，抗战时期重庆工商界也面临相当大的困难，中华大学更为艰难，添置设备和新增建设只能靠“化缘”。

第四，通过各董事的努力，中华大学募捐成果显著。如 1942 年在徐源泉、乐润田等校董的督促下，中华大学建造了三层楼房四栋，两栋在山下作为教室、办公室和图书馆；两栋在山上，一为实验室，一为礼堂，可容纳学生 600 人[①]。

① 教育部教育年鉴编纂委员会：《第二次中国教育年鉴》第五编“高等教育”，商务印书馆，1948 年。

第五，教育部对中华大学仍有支持，但力度不大。通过教育部参事兼司长钱云阶的努力，1942 年仅拨款 15 万元。

第六，陈时当校长二三十年皆为义务，因抗战办学异常艰辛，身体有恙，疲惫不堪，向董事会提出辞职完全可以理解。董事会再三挽留，并决定比照国立大学标准支付校长薪水和办公费。并寻机向教育部陈表，拟将中华大学改为国立。

第七，何成濬日记里提到的“中、中、交、农及中南、盐业、大陆、金城、四明、上海、通商、兴业”等应为：中央银行、中国银行、交通银行、农民银行以及上海迁渝的金融机构中南、盐业、大陆、金城、四明、上海通商、兴业等银行。

因为此前的 1942 年 2 月 28 日，中华大学有募得一些款项，但是离学校建设要求相去甚远，才又有何成濬日记记述之事情经过。重庆市档案馆中华民国全宗中华大学卷中有原始档案资料，可惜该档案材料无其他文字说明，仅为一筹募基金的清单，如下：

> 聚行一万，川康一万，省行一万，重庆一万，川盐一万，美丰一万，通惠三千，亚西五千，和成三千，长江（　），建设三千，大川八千，建国（　）。

查阅相关资料知，聚行、川康、川盐、美丰应为当时四川的四家银行，聚行应为聚兴诚银行，档案材料中的“（　）”可能是两家企业答应捐款而一时没有确定具体数额。

除了向银行和一些大企业筹募资金外，在抗战最艰难的 1942 年至 1945 年，甚至抗战胜利后正在返回武昌办学的 1946 年，年年利用演剧院演剧和放映电影增加票价筹措经费是中华大学又一主要经费来源。这种募捐形式在实际运作中相当麻烦，更何况又是在非常时期，它除了要跟演剧院接上关系外，还得申报市政府批准，市警察局批准，市税务局核税，市社会局批准并协调，等等。这方面的工作又多亏董事长何成濬等董事们的协调和努力。重庆市档案馆中华民国全宗中华大学卷中关于此方面往来的档案函件最多，几乎为其所存中华大学档案的一半以上。当时重庆最大的国泰剧院、新川大戏院为此出了大力。现举一例说明，以下档案材料是中华大学请求增加演剧票价事请示重庆市政府，市政府对该事项的处理情况①。

重庆市政府来函处理登记表

事由：请批准在本市各剧院附加票价一月，每票三十元以维校务由。

湖北私立武昌中华大学代电

渝字第七〇二号

中华民国三十三年九月十一日

重庆市政府贺市长钧鉴：本校迁渝六载以来，幸荷维护感奋同深刻，因经费支出不易维持，学生大多数来自战区，增收学费势不可能，现胜利在望，建国需材亟应遵照，主席所著“中国之命运”所昭示。充实现状增设院系，拟在本市各剧院计八所举行联合募捐一月，期自十月一日起，每张门票附加三十元，特此拟具计划及说明书报请批准，分令知照，至为感荷！

中华大学校长　陈时　叩

附：私立武昌中华大学三十三年度筹募建设经费计划及说明书

一、事业计划：本校为经费所限，一切进展极为困难，本年预算相差极巨，战区学生太多，不能多增学费，现抗战将届胜利，原有学系设备之扩充与医工学院之增设桩桩均需巨款，兹拟具计划如左（下）：

① 中华民国全宗，中华大学卷，档案号：00530013001050200259000，重庆市档案馆。

二、收支预算：

甲、收入之部：三百万元

乙、支付概计：三百万元

建筑学生宿舍及南岸运动场一百万元，补助本年度预算五十万元，创设工学院建设费一百五十万元。

三、地点：国泰、新川、民众、唯一、升平、一园、第一、第二等八剧院

四、时间：十月全月

五、票价：每票附加三十元

六、片名、剧目

以上为中华大学致重庆市政府的呈函，其中附有董事长何成濬、副董事长贺国光致市长贺耀祖之私函。下为市政府之处理意见：

重庆市政府文件处理备档

来文机关或姓名：

文别：函　何成濬　贺国光

摘要：武昌中华大学迁渝已逾六载，学生以两湖及各战区者为最多，一切均赖校中筹划，弟等忝领校董，年来罗掘俱穷，近以发起向多方筹募建设经费，现拟在市区各剧院附加捐款，已由校另具文申请，盼祈惠准。（附中华大学校长陈时代电一件、计划及说明书一份）

针对该项事，市政府处理意见是：拟办。交第一组。（注：此市政府处理文件未署日期，据推应在重庆市政府收到中华大学校长陈时11日代电并何成濬、贺国光致市长贺耀祖便函之后，应在1944年9月13日至15日间）

附：何成濬、贺国光致重庆市长贺耀祖私函

贵严吾兄市长勋鉴：武昌中华大学成立三十余载，抗战军兴迁渝已逾六年，学生以两湖及各战区者为最多，一切赖校中筹划，弟等忝

领校董，年来罗掘俱穷，近以毕业生之发起向各方筹募建设经费，现拟在市区各剧院附加捐款，素念阁下维护教育士林，钦仰。兹已由校另具文申请，务祈惠准并予分令知照，至级公谊。

耑此　顺祝公绥

弟　何成濬　贺国光

九月十二日

从后来事情的发展情况看，此次公演募筹活动得到了市政府的支持。由于此次演剧和放映电影等募捐活动效果不太理想，一月后，即 1944 年 11 月，中华大学又通过董事长何成濬之斡旋，拟将公演时间再次延长。1944 年 11 月 8 日，重庆市社会局为此还专门呈市政府予以说明并请示，档案如下（图 3-3）：

事由：为呈报何雪竹（何成濬字，下同）函，为武昌中华大学募捐公演加场院事，预计数太差时，可于明年再行申请。

签呈：十一月八日（本次）请延长一星期。

奉：交下何雪竹先生函：为武昌中华大学募捐公演增加场院事饬即核办等因。遵查本年内已核准募捐之学校社团甚多，事实上无法延长，拟复在此次募捐结束确与预计数目太差时，可于明年再行申请，延长一星期当否乞示！

谨呈：市长　贺（耀祖）

附呈何雪竹先生原函一件

重庆市社会局局长　包华国

附：何将军致贺市长函

贵严吾兄市长勋鉴，前奉

福音，感悉对于武昌中华大学之维护，其应办手续已由社会局与校中洽定，惟校中原请者为剧院八家，时间一月，现仅有三家，期间只有两周，所得无几，原请总数既蒙核定，仍希转行社会局增加院数并延长时间，庶能达预期之目的，而吾兄厚惠更能普及士林，也专此奉。恳并介陈时校长晋见面达一切，务祈指示是幸，顺候政祺。

弟　何成濬　敬启

十月三十日

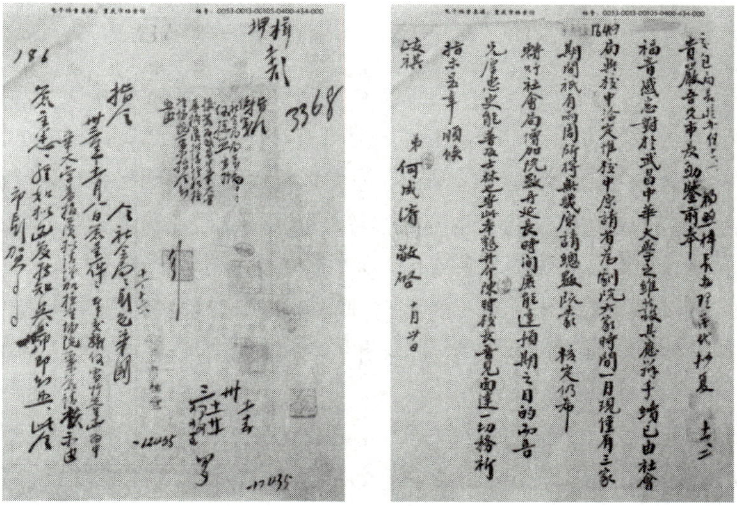

图 3-3　重庆市档案馆藏何成濬致贺市长信函及贺市长就相关事情处理意见的回函

后，1944 年 11 月 16 日，重庆市政府给社会局专文指令①。

指令　社会局局长包华国

卅三年十一月八日鉴呈一件，并交议何雪竹先生函为中华大学募捐公演拟请增加核准场院案，鉴请核示由。

鉴呈悉，经如拟函复转知矣，仰即知照，此令。

市长　贺（耀祖）

附：贺耀祖复何成濬之便笺。

① 中华民国全宗，中华大学卷，档案号：0053001300105040043400O，重庆市档案馆。

雪竹总监吾兄勋鉴：来嘱核准中华大学募捐公演增加场院或延长期限一案，经饬社会局议复，以年内经本府核准募捐团体过多，日期均经排定，事实上无法展限，如该校募捐结果过差时可再行声请，敬希察照转知为荷，专复并颂勋祉！

弟 贺（耀祖）敬启

从以上“呈、函、电、令、笺”等往复文件可知，何成濬董事长等为中华大学募捐事宜煞费苦心，当时重庆经济形势极其严峻，要求公演募捐的团体太多，尽管有各方襄助，但中华大学该次公演募捐收入离预期目标仍距太远。中华大学还拟在极端困难情况下创办医学院、工学院，以使其成为学科较为齐全的综合性大学，可惜后来的情形变化太大，中华大学的这个心愿并未实现。

1944 年 11 月 23 日，关于此次公演募捐活动，重庆市新川大戏院有一致中华大学的函，可证明中华大学与有关戏院建立的良好关系。

敬启者：本月七日至二十二日敝院为贵校代募捐款期间业已届满，应该派员过院计拨应得捐数，自二十三起至冬令救济募捐以前尚无其他募方商募，此项空期如贵校有意嘱为再行补募，其一切手续拟请妥速办理，敝院自表赞助。特此函达，请烦查照办理为荷。此致。

中华大学校长　陈（时）

新川大戏院　谭福　亲笔

十一月二十三日

当时，这种募捐方式确为中华大学解决了不少困难，以至于在抗战胜利后中华大学拟复员武昌前夕，因经费困难仍采取这种方式募筹复员费用。如 1946 年 4 月 7 日，重庆市财政局向市政府报告中华大学计划用该筹捐方式募集复员经费等相关事宜。

重庆市财政局　呈（市政府）

奉：交下湖北私立武昌中华大学本年四月一日代电一件，又何成濬先生函一件，为中华大学假国泰电影院放映电影筹措复员经费，请增加之票价四百元免予征税一案，饬查酌办理等。因查所加之票价四百元应于征税后由政府悉数拨作该校补助费方符规定，除分别行知并由职函复何雪竹先生外，理合鉴请，鉴核备查。

谨呈　市长　张（笃伦）

职：沈质清

民国三十五年四月七日

重庆市政府收到财政局该呈请后，随即回复：

令财政局局长沈质清三十五年四月七日财捐调字第一〇三八号签呈一件。呈签悉，准予备案，仰即遵照。此令。

市长　张（笃伦）

此乃重庆市新任市长就以上事务给市财政局之回函。张笃伦（1892—1958），字伯常，湖北安陆人，陆军中将。1945 年 12 月至 1948 年任重庆市市长。

（三）学杂费及校产利息

抗战前此两项费用为中华大学办学重要来源。抗战中，学校只能收得四川籍部分学生学杂费，而两湖及外省战区学生，按政府要求，除免收学杂费外还要每人每月补贴 35 斤米的生活费（此项补贴由政府统一核发）。至于学校原在武昌的小龟山、粮道街、陈时老家田产等的土地和房产等租费，由于多被日寇占领，收取相关费用已无可能。

第四章　中华大学在重庆的教学

一、中华大学在重庆的学科、课程设置

（一）中华大学西迁前的学科专业及课程

中华大学创设之初的理想是办成日本庆应大学那样的综合性私立大学。至1929年，学校在坎坎坷坷中前进，已初具一定规模。是年，南京国民政府教育部学习美英高等教育办学模式，颁布《大学组织法》，规定具备三个以上学院者才能称为“大学”，院以下设系，三个学院中还应有自然科学和社会科学。中华大学随即依章对原先的学科设置进行改革，取消教育、法律、政治、经济等系，设立文、理、商三个学院。

1929年9月，国民政府又通令全国各大学，要求停止实施“完全学分制”改行“学年学分制”，中华大学根据本校实际情况调整了学分设置，即一年级44学分，二年级40学分，三年级36学分，四年级32学分。大学本科共修152学分，师范专修科须修88学分。其中党义、军训及各种实验，每两小时一学分。各年级分上、下两学期计算，第一年，国文研习、英文研习、中山主义、军事训练为各系科通修科目；第二年，以军事训练为必修科目，通修科目不及格者，必须再修。

至1938年中华大学西迁前，其各院系所开设课程大体如下（表4-1）：

表 4-1 中华大学西迁前各院系所开设课程

系别	必修课程	选修课程
中国文学系	文学概论、文字学、中国文学史、国文法、修辞学、诗选、曲选及曲史、目录学、诸子学概论、赋选、声韵学、词选及词史、训诂学、经学概论、小说概论、中国哲学史、中国小说史、中国诗歌史、经学史、西洋哲学概论、唯识论专题研究、国文教学法、伦理学	校勘学、现代文艺思潮、子部专书研究、小学专书研究、集部专书研究、经学专书研究、史学通论、美学、新闻学
外国语文系	翻译、英文作文、应用文、文学概论、短篇小说、文学史、文字学、英美文选、修辞学、长篇小说、莎士比亚、诗歌、文学批评、戏剧、散文分代研究、诗歌分代研究、英文教学法	第二外国语、新旧约文学、近代文艺思潮、名著选读、演说辩论
教育学系	教育原理、教育概论、教育史、普通心理学、教育心理学、儿童心理学、遗传学、学校行政、青春心理学、学校卫生、小学教育、教育社会学、中等教育、师范教育、社会教育、乡村教育、教育行政、职业教育、课程编制、教育统计、比较教育、现代教育思想、教育法、教育实习、教育哲学、观察指导	幼稚园教育、社会心理学、教室管理、智力测验、教育测验、新兴教育、体育学、教学专书研究
法律学系	民法总论、宪法、法院组织、刑法总论、行政法总论、民法物权、民法亲属、民法债篇总论、公司法、刑法各论、平时国际公法、海商法、战时国际公法、民法继承、行政法各论、刑事诉讼法、票据法、民事诉讼法、破产法、国际私法、劳动法、强制执行法、诉讼实务、土地法、保险法	英美法、中国法制史、罗马法、议会规则、监狱学、犯罪学、犯罪搜查学、法律哲学、审判心理学、指纹学、法律问题研究、法医学，刑事政策学、司法统计

续表

系别	必修课程	选修课程
师范专修科	教育概论、教育史、小学教育、普通心理学、教育心理学、中等教育、教育行政、教育管理、教学法（第二年级分文史和数理化两组，除选修各课程外，并须在文理学院各学系选修文史或数理化等课各20学分以上，修习及格方准毕业。无毕业论文）	教育原理、学校行政、教育统计、学校卫生、课程编制
数学系	微积分、高等代数、解析几何、高等微积分、行列式、方程式论、球面三角、微分方程式、级数论、椭圆函数、微分几何、近世代数、数论、复变数函数论、射影几何、实变数函数论、群论、数学史、积分方程式论	物理学及实验、化学及实验、力学、有机化学及实验、非欧几何、解析力学、数学教学法
物理学系	微积分、普通物理学及实验、无机化学及实验、解析几何、力学、热学及实验、弹性及音学、光学及实验、高等微积分、方程式论、电磁学、交流电学及实验、热力学、理论力学、相对论、物理学史、量子论及波力论、近代物理、高等无机化学及实验	高等代数、定性分析及实验、有机化学及实验、定量分析及实验、理论化学及实验、高等无机化学、高等有机化学及实验、有机分析及实验、物理教学法
化学系	无机化学及实验、定性分析及实验、普通物理学及实验、有机化学及实验、工业化学及实验、定量分析及实验、高等物理学、理论化学及实验、工业分析及实验、交流电学及实验、食物化学及实验、高等无机化学、生物化学、高等有机化学及实验、化学讨论及实验、有机分析及实验、燃料化学、胶质化学、农业化学及实验、化学史	微积分、高等代数、解析几何、高等微积分、方程式论、电磁学及实验、冶金学、电化学

续表

系别	必修课程	选修课程
农艺学系	土壤学、作物学、肥料学、气象学、实习及实验、园艺学、畜产学、病虫害学、定量分析及实验、农业化学、有机化学及实验、农具学、农产制造、农业经济学、农政学	高等代数、化学及实验、物理及实验、兽医学、养蚕学、农村社会学、生物化学、林学大意、农业化学及实验
经济学系	世界经济史、经济学原理、经济地理、中国经济史、簿记学、财政学、会计学、银行学、国际贸易、货币学、经济思想史、统计学、国际汇兑、公司理财、商业史、合作经济、工商组织及管理、劳动问题、农业经济学、审计学、经济制度	社会学、社会主义、广告学、保险学、公债学、关税制度、运输学
会计学系	簿记学、经济学原理、珠算、会计原理、商业数学、财政学、会计学、货币学、中国经济问题、公司会计、银行会计、中等会计、商业成本会计、统计学、商法、高等会计、公司理财、中国金融问题、银行簿记、国际汇兑、工业成本会计、审计学、官厅簿记及会计、中央银行论、交通会计、交易所论	经济地理、国际贸易、合作信用、银行信用
工商管理学系	经济学原理、经济地理、市区计划、珠算、簿记与会计原理、欧美经济发展史、商业数学、劳动问题、商业文件、财政学、商品学、交通学、商业史、中国经济问题、公司组织论、统计学、商业政策、保险学、销售管理、高等会计、公司理财、工厂管理、邮政管理、商法、商店管理、广告学、关税制度及管理、交易所论、劳工法、航空管理公利事业、工商管理实习、水厂管理、商业回环与经济恐慌	工业经济概要、中国金融问题、国际贸易、领事职务

（二）中华大学在重庆的学科专业、课程概况

1938年12月，中华大学经过再次搬迁终于抵达重庆南岸，恢复上课，其时学生已流失过半。据1939年的统计，文学院三系只有学生29人，理学院两系只有学生11人，商学院两系有学生45人，加上师范专修科学生9人，学生一共只有94人[①]。加上转学、借读学生也只有百余人。如此规模，学校开班都难，学生分布又极不均衡，如外文系仅1人，文学系和教育系二年级上学期仅2人；数学系上学期和化学系三年级上学期仅2人。因此，学校决定将1938年中文系和外文系所招新生合班，改称文学系。到1939年6月拟招新生时，再将文学院分设为中文系和外文系，加上原来的教育学系，文学院仍为三系。理学院则撤销物理系和附设农艺学系，保留化学系和数学系。商学院撤销银行学系和会计学系，保留工商管理学系和经济学系。此时，中华大学为三学院七学系（七专业）。

学校在艰苦的办学条件下运转（图4-1），1939年9月，学校招生形势不错，报考学生较踊跃，人数有了一定的增加。是年，中文系招了22人，外文系招了30人，教育学系招了22人，化学系招了21人，数学系招了14人，工商管理学系招了29人，经济学招了21人。另有借读生6人，转学生4人，复读生9人，入学新生达184人[②]。加上老生，1939年中华大学共计在校生为300人左右。

1940年1月，获教育部批准，中华大学增设会计专修科，招收新生100余人。由于该专修科办得不错，此后成为抗战时期中华大学办学的一个招牌，甚至延续到1949年后至中华大学被调整和停办为止。1943年秋，文学院又开设了文史专修科。遗憾的是，此专修科因招生困难，不久即停办。

需要说明的是，中华大学原教育专修科和教育学系虽然办得不错，但

---

① 中华大学卷，档案号：LS11-471，华中师范大学档案馆。

② 中华大学卷，档案号：LS11-132，华中师范大学档案馆。

图 4-1　中华大学师范专修科数理化组第八届毕业生 1939 年于重庆

抗战中国民政府对师范教育作了进一步的规范和改革，先后将中华大学的师范专修科和教育学系撤销，而将师范教育指定由国立高校开办或另设国立师范学院，私立大学除特殊原因外，一律不得开办教育学院（系）。1938 年 7 月，教育部颁发《师范学院章程》，并先后创办了 11 所国立师范学院。华中师范大学档案馆藏有国民政府教育部关于撤办中华大学师范专修科和师范学院的训令（图 4-2），现抄录如下，以更全面明了当时国民政府统一师范教育之情形。

教育部训令

廿七年发

汉教字第 5589 号

令私立中华大学：

查我国公私立大学之设置，过去缺少一定之计划，故各校地域之分布与院系之编制，既未能普及合理，又未尽适合需要。自抗敌军兴，战区各校大都迁移后方，师生精神，虽能力自振奋，但设备简陋，院系重复较前益甚，殊不足以适应战时教育之需要。本部兹根据实际需要，参酌目前情形，拟定全国公私立大学院系调整办法。自下学年起，该校师范专修科应遵照前令停止招生，仰即遵办。

此令

中华民国廿七年七月五日

部长　陈立夫

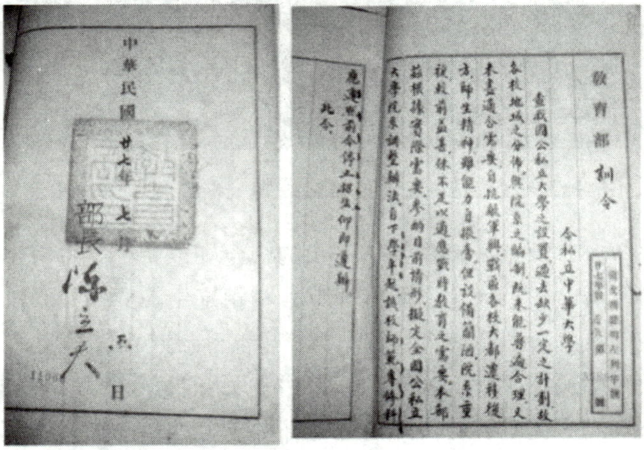
教育部訓令

令私立中華大學

此令

中華民國廿七年七月五日

部長 陳立夫

图 4-2　1938 年 7 月，为规范战时各大学专业设置，教育部令中华大学停止师范专修科招生的函件①

又：

教育部训令

中华民国廿九年七月二十三日

令私立武昌中华大学：

查本部自建立师范学院制度以来，对于国省立及私立大学教育学

① 中华大学卷，档案号：LS11-121，华中师范大学档案馆。

院与教育学系业经分别酌予裁并或确定教学范围，令饬遵照各在案。兹为顾及高级师范教育之原则及现在实际情形起见，特订定下列两原则，将一般之教育学系作进一步之调整：一、设教育学院或教育学系之大学，如其所在省区已设有师范学院，令自廿九年度起暂停招生，原有学生肄业至毕业为止。二、未设师范学院之省区及平津沪三地之私立大学教育学院或教育学系，仍暂准继续招生。

依照上列原则，该校教育学院应自廿九年度起暂停招生。合行令仰遵办具报。

此令

部长　陈立夫

根据以上教育部之训令，中华大学不得已于1939年、1940年分别停办了师范专修科和教育学系。

在统一调整高校院系的同时，国民政府教育部也加快了高校课程及教学用书统一设置及采用的步伐。1938年春，陈立夫接任教育部部长后就多方咨询专家意见，并通令各高校转饬下属院系会商讨论本系课程设置计划。这项工作先在各高校的文、理、法三院中各系展开，并相应提出了课程整理的三条原则和九大要项作为指导。当年7月，教育部召开第一次大学课程会议，会后即正式公布了《文理法三学院共同科目表》。稍后，《师范学院共同必修科目表》《农工各学院分院共同必修科目表》与《商学院共同必修科目表》也同时颁行。除必修课外，相关学院的选修科目表也陆续由教育部统一规划制颁，1944年8月教育部召开的第二次大学会议还对此加以修订。为了配合高校课程改革的推行，教育部于1939年成立了大学用书编辑委员会（1942年起隶属于国立编译馆），对此项工作以负专责。该委员会在1940年于北碚举行第一次会议后，即依次展开大学各科必修及选修课程用书的编写工作，采用选取成书、公开征稿、特约编著三种方式相结合的原则，在抗战期间出版大学教材近百种。

需要特别指出的是，当时的课程和教材改革处在抗战这一特殊时期，表现出异于平时的非常之处，更注意结合后方经济、文化、教育乃至抗战的实际需要。如在课程安排中适量增加与抗战紧密相关的特种科目 28 种，在教材编写中特别强调突出与抗战时局的关联，以利“各专科以上学校逐渐于政府所设各工厂机关取得联系，使学用能切合抗战需要。一方面提出抗战各项实际问题，使之能切实研究”。在政府的支持和鼓励下，当时不少高校都结合自身的优长和战时所在地的需要，进行了大量科学研究和文化教育的实践工作，对所在地尤其是西部地区各项事业的发展起到了相当大的推进作用①。

据悉，以上有关课程会议，中华大学校长也被邀请参加。根据中华大学校友的回忆，尤其是查阅当年中华大学迁渝后的档案材料，当时中华大学课程设置是比较紧凑和科学的，这主要体现在：一、各课程设置强调理论基础，各专业的基础课占比较大，课时较多；二、各课程设置注重实践性、应用性，对应用性较强的专业不仅实践课程安排课时较多，而且还开设了一定量的选修课程；三、课程安排注重时代性，结合抗战需要和后方需求，大敌当前之际，在课程安排上，特别是教师在讲授中安排和穿插有与抗战相关之内容。虽各年度课程设置情况档案不全，但从可查找到的中华大学 1939 年学校课程总表，以及通过其一些在重庆各年度“毕业考试科目及用书表”，我们可以较全面了解当年中华大学课程设置及变更情况。现将有关材料列举如下（表 4-2 至表 4-7，图 4-3）②，以便读者较全面地了解当年中华大学的课程设置情况。

① 余子侠、冉春：《抗日战争时期中国教育研究》，团结出版社，2015 年，第 126 页。

② 中华大学卷，档案号：LS11-121，华中师范大学档案馆。

表 4-2　湖北私立武昌中华大学二十六年度文学院文学系毕业考试科目及用书表

科目	用书	备考
说文	《段氏说文解字注》	
毛诗	《毛诗正义》	
尚书	《尚书正义》	
中国哲学史	《中国哲学史大纲》	
周易	《周易正义》	
三礼	《周礼正义》	
子部专书研究	《韩非子集解》	
英国长篇小说	《Juanhol》	

表 4-3　湖北私立武昌中华大学二十六年度文学院教育学系毕业考试科目及用书表

科目	用书	备考
中等教育	《中学行政概论》	
教育哲学	《教育哲学大纲》	
视察指导	《教育视导之理论与实践》	
教育制度研究	笔记	
教学实习	实习指导	
课外指导		
体育		

表 4-4　湖北私立武昌中华大学二十六年度文学院法律学系借读生毕业考试科目及用书表

科目	用书	备考
民事诉讼法	《民事诉讼法》	本系各科用书均系采用实用法律丛书
刑事诉讼法	《刑事诉讼法》	
刑法	《新刑法各论》	
民法	《民法续篇》	
破产法	《破产法》	
商法	《商事法规》	
体育		

表 4-5　湖北私立武昌中华大学二十六年度理学院化学系毕业考试科目及用书表

科目	用书	备考
胶质化学	讲义	
国防化学	讲义	
专门问题		
德文	德文课本	
英美文选		
体育		

表 4-6　湖北私立武昌中华大学二十六年度商学院经济、工商管理学系毕业考试科目及用书表

科目	用书	备考
成本会计	《成本会计》	
政府会计	《政府会计》	
经济政策	讲义	
战时财政	笔计	

续表

科目	用书	备考
审计学	《审计学》	
工商实习		
专门问题		
体育		

表 4-7　湖北私立武昌中华大学二十六年度各院系毕业考试委员会委员名单

职别	姓名	现任职务
委员长	陈时	校长
秘书	汪缉熙	注册股主任
委员	邹昌炽	文学院院长兼教授
	成序庠	理学院院长兼教授
	严绂苹	教务长兼教授
	方宗汉	代理商学院院长兼教授
	鲁济恒	文学系主任兼教授
	罗濬	教育系主任兼教授
	胡竟存	法律系主任兼教授
	单粹民	数学系教授
聘请委员	陈礼江	教育部司长
	鲁师曾	湖北省高等法院首席检察官
	周清缉	湖北省教育厅科长
	陶希圣	国立西南联合大学教授
	刘百阁	中央政治学校教授
	王震寰	理学博士、军令部专员

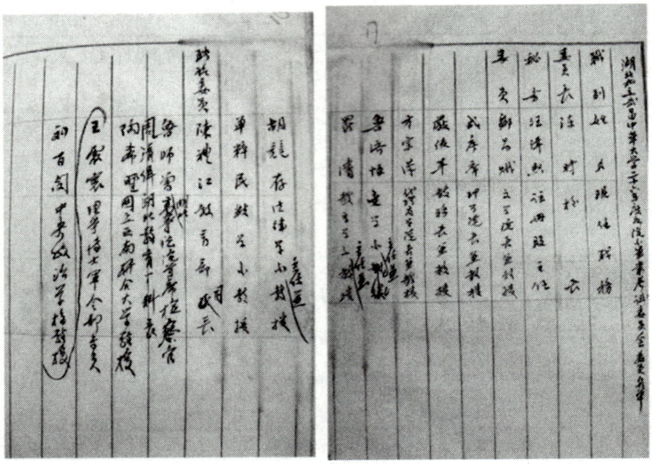

图 4-3　华中师范大学档案馆藏 1937 年中华大学毕业考试委员会组成名单

上面是 1937 年底武汉面临日军威胁，一些学校、机构准备西迁，中华大学于西迁前各院系毕业考试科目拟定和用书情况，抄录如此，主要是为明晰中华大学各专业在抗战前所开设课程及有关考试情况，以便与学校迁渝后各专业的开课情况有一个比较。上述中华大学毕业考试科目的情况，说明在当时那样严峻的形势下，中华大学没有放松对学生毕业考试的要求，一是考试的科目较多，二是考试的难度较大。学校还严格按教育部的要求，成立有专门的毕业考试委员会，聘请社会相关机构的官员和名校的名教授作为考试委员会委员。

1938 年底，中华大学在重庆开学后，针对当时抗战形势和国民政府的要求，尤其是学校师生变化和部分学科专业的变更，学校于 1939 年又对各院系课程作了一次统一调整和规范，从中可以对比中华大学迁渝前后各学科专业课程的延续和变化。

中华大学二十八年度各院系课程[①]

文学院

一、中国文学系

第一学年

甲、必修课程

科目	每周时数		教员	备考
	上学期	下学期		
三民主义	1	2	段麟郊	一年级合
国文	3	3	龙侃	同上
英文（一）	4	4	邹昌炽	同上
伦理学	2	2	严绂莘	
中国通史	3	3	龙侃	
中国文化史概要		2	许学源	
体育				

乙、选修课程

科目	每周时数		教员	备考
	上学期	下学期		
社会学	3	3	林穆光	此三门，任选一门
政治学	3	3	段麟郊	
经济学	3	3	方宗汉	
高等数学	3	3	吴英东、罗哲明	此三门，任选一门
物理学	3	3	王炳霄	
化学	3	3	汪显、彭振炯	

① 中华大学卷，档案号：LS11-130，华中师范大学档案馆。

二、外国语文系

第一学年

甲、必修课程

科目	每周时数		教员	备考
	上学期	下学期		
三民主义	1	2	段麟效	
国文	3	3	龙侃	
英文（一）	4	4	邹昌炽	
伦理学	2	2	严绂革	
中国通史	3	3	龙侃	
英文基础文学	3	3	邹昌炽	
军事训练				
体育				

乙、选修课程

与中国文学系一级同。

三、文学系

第二学年

甲、必修课程

科目	每周时数		教员	备考
	上学期	下学期		
中国文学史	2		许学源	
西洋文学史	3	3	龙侃	
历代文选	3	3	鲁济恒	汉魏六朝史
英文（二）	4	3	邹昌炽	二年级合
文字学概要	3	3	鲁济恒	说文
各文体习作	2	2	李发政	
体育				

乙、选修课程

科目	每周时数		教员	备考
	上学期	下学期		
哲学概论	3	3	方辰	

第三学年

甲、必修课程

科目	每周时数		教员	备考
	上学期	下学期		
中国文学专书选读	3	3	鲁济恒	群经诸子
各文体习作		2	李发政	与二年级同
声韵学		3	鲁济恒	
英美文选	3	3	邹昌炽	
目录学	3	3	张圣壮	
历代词	3		鲁济恒	
体育				

乙、选修课程

科目	每周时数		教员	备考
	上学期	下学期		
中国哲学史	3	3	张圣奘	
第二外国语（一）德、法、日	3	3		

第四学期

甲、必修课程

科目	每周时数		教员	备考
	上学期	下学期		
训诂学		2	鲁济恒	尔雅
中国文学专书选读	3	3	鲁济恒	尚书研究
中国哲学史	3	3	张圣奘	
英美文选	3	3	邹昌炽	
毕业论文		2		
体育				

乙、选修课程

科目	每周时数		教员	备考
	上学期	下学期		
传记研究	3		李发政	
第二外国语（二）德、法、日	3	3		

四、教育学系

第一学年

甲、必修课程

科目	每周时数		教员	备考
	上学期	下学期		
三民主义	1	2	段麟郊	
国文	3	3	龙侃	
英文（一）	4	4	邹昌炽	

续表

科目	每周时数		教员	备考
	上学期	下学期		
伦理学	2	2	严绂芉	
中国通史	3	3	龙侃	
教育概论	3	3	张安国	
军事训练				
体育				

乙、选修课程

科目	每周时数		教员	备考
	上学期	下学期		
社会科学	3	3		社会、政治、经济任选一科
自然科学	3	3		数学、物理、化学任选一科

第二学年

甲、必修课程

科目	每周时数		教员	备考
	上学期	下学期		
西洋通史	3	3	龙侃	注重文化
普通心理学	3	3	余家菊	
教育史	3	3	张安国	
英文（二）	4	3	邹昌炽	

续表

科目	每周时数		教员	备考
	上学期	下学期		
教育社会学	3	3	张安国	
法学通论	2	2	龙侃、刘雅声	
心理及教育测验		3	方辰	
教育统计	3		方辰	
体育				

乙、选修课程

科目	每周时数		教员	备考
	上学期	下学期		
哲学概论	3	3	方辰	
课程编制	2		严绂苹	

第三学年

甲、必修课程

科目	每周时数		教员	备考
	上学期	下学期		
教育哲学	2	2	余家菊	
训育原理及实施		3	严绂苹	
现代教育思潮	3	3	张安国	
教育制度研究	4	4	张安国	
教育行政	3	3	严绂苹	
课程编制	2		严绂苹	与二年级合
体育				

乙、选修课程

科目	每周时数		教员	备考
	上学期	下学期		
中国教育典籍研究	2	2	余家菊	
第二外国语（一）德、法、日	3	3		

第四学年

甲、必修课程

科目	每周时数		教员	备考
	上学期	下学期		
比较教育	3		张安国	
教育哲学	2	2	余家菊	与三年级合
教育制度研究	4	4	张安国	与三年级合
教学实习	4	4	方辰	
毕业论文				
体育				

乙、选修课程

科目	每周时数		教员	备考
	上学期	下学期		
心理卫生		3	方辰	
第二外国语（二）德、法、日	3	3		

理学院

一、数学系

第一学年

甲、必修课程

科目	每周时数		教员	备考
	上学期	下学期		
三民主义	1	2	段麟郊	
国文	3	3	龙侃	
英文	4	4	邹昌炽	
普通物理学	3	3	王炳霄	
无机化学	3	3	汪显、 彭振炯	
高等数学	3	3	吴英东、 罗哲明	
中国通史	3	3	龙侃	
微积分	3	3	胡乐德	
军事训练				
体育				

乙、选修课程

科目	每周时数		教员	备考
	上学期	下学期		
政治学	3	3		此三门 任选一科
经济学	3	3		
社会学	3	3		

第二学年

甲、必修课程

科目	每周时数		教员	备考
	上学期	下学期		
微分方程	3		胡乐德	
方程式论		3	罗哲明	
近代几何		3	胡乐德	
高等解析几何	3	3	胡乐德	
理论力学	3	3	王炳霄	
高等微积分	3	3	胡乐德	
英文	4	3	邹昌炽	
体育				

乙、选修课程

科目	每周时数		教员	备考
	上学期	下学期		
统计学	3	3	方宗汉	

二、化学系

第一学年

甲、必修课程

科目	每周时数		教员	备考
	上学期	下学期		
三民主义	1	2	段麟郊	
国文	3	3	龙侃	
英文（一）	4	4	邹昌炽	

续表

科目	每周时数		教员	备考
	上学期	下学期		
中国通史	3	3	龙侃	
微积分	3	3	胡乐德	
无机化学	3	3	汪显、彭振炯	
无机化学实验	1.5	1.5		
定性分析	1	1		
实验	1.5	1.5	彭振炯	
军事训练				
体育				

乙、选修课程

科目	每周时数		教员	备考
	上学期	下学期		
高等数学	3	3	吴英东、罗哲明	政治、经济、社会任选一科
社会科学	3	3		

第二学年

甲、必修课程

科目	每周时数		教员	备考
	上学期	下学期		
定性分析	1	1	王治焯	
实验	1.5	1.5		

续表

科目	每周时数		教员	备考
	上学期	下学期		
定量分析	2	2	彭振炯	
实验	4	4		
有机化学及实验	6	6	李家光	
微分方程	3		胡乐德	与数学系合
英文	4	3	邹昌炽	与“文二”合
高等无机化学		3	彭振炯	理论力学初步
体育				

乙、选修课程

科目	每周时数		教员	备考
	上学期	下学期		
理论力学	3	3	王炳霄	
方程式论		3	罗哲明	

第三学年

甲、必修课程

科目	每周时数		教员	备考
	上学期	下学期		
理论化学及实验	4.5	4.5	丁绪淮	
有机分析	2.5	2.5	蒯毅	
工业化学	3	3	蒯毅	
工业分析	2.5	2.5	蒯毅	
高等有机化学及实验	3	3	李家光	
体育				

乙、选修课程

科目	每周时数		教员	备考
	上学期	下学期		
高等无机结构	3		汪显	
第二外国语（一）德文	3	3	王治焯	

第四学年

甲、必修课程

科目	每周时数		教员	备考
	上学期	下学期		
高等理论化学	3	3	丁绪淮	
胶质化学	2	2	李家光	
化学史	2		汪显	
生物化学	2	2	李家光	
国防化学	3.5	3.5	王治焯	
毕业论文				
体育				

乙、选修课程

科目	每周时数		教员	备考
	上学期	下学期		
有机分析	2.5	2.5	蒯毅	与三年级合
工业分析	2.5	2.5	蒯毅	与三年级合
第二外国语（二）德文	3	3	王治焯	

商学院

一、经济学系

第一学年

甲、必修课程

科目	每周时数		教员	备考
	上学期	下学期		
三民主义	1	2	段麟郊	
国文	3	3	龙侃	
英文	4	4	邹昌炽	
经济学	3	3	方宗汉	
经济地理	3	3	苏西第	
西洋经济史	3	3	张圣奘	
军事训练				
体育				

乙、选修课程

科目	每周时数		教员	备考
	上学期	下学期		
簿记	2	2	徐寅魁	
高等数学	3	3	吴英东、罗哲明	

第二学年

甲、必修课程

科目	每周时数		教员	备考
	上学期	下学期		
英文	4	3	邹昌炽	一年级合
财政学	3	3	林穆光	
会计学	3	3	苏西第、徐寅魁	
货币银行学	3	3	苏西第	
西洋经济史	3	3	张圣奘	
体育				

乙、选修课程

科目	每周时数		教员	备考
	上学期	下学期		
劳动问题	2		林穆光	
工商心理学	1	3	方辰	
民法	4		龙侃、刘雅声	

二、工商管理学系

第一学年

甲、必修课程

科目	每周时数		教员	备考
	上学期	下学期		
三民主义	1	2	段麟郊	
国文	3	3	龙侃	
英文	4	4	邹昌炽	
经济学	3	3	方宗汉	
经济地理	3	3	苏西第	

续表

科目	每周时数		教员	备考
	上学期	下学期		
商法	2	2	龙侃、刘雅声	
军事训练				
体育				

乙、选修课程

科目	每周时数		教员	备考
	上学期	下学期		
簿记	2	2	徐寅魁	
高等数学	3	3	吴英东、罗哲明	
商业史	2	2	许学源	

第二学年

甲、必修课程

科目	每周时数		教员	备考
	上学期	下学期		
英文（二）	4		邹昌炽	
商业英文		3	陆玉堂	
财政学	3	3	林穆光	
会计学	3	3	苏西第、徐寅魁	
货币银行学	3	3	苏西第	
商法	2	2	龙侃、刘雅声	
商品学	2		方宗汉	
销售学		2	方宗汉	
劳动问题	2		林穆光	
体育				

乙、选修课程

科目	每周时数		教员	备考
	上学期	下学期		
工商心理	1	3	方辰	

第三学年

甲、必修课程

科目	每周时数		教员	备考
	上学期	下学期		
统计学	3	3	方宗汉	
工商组织与管理	3	3	方宗汉	
商业会计学	3	3	徐寅魁	
商法（一）	2	2	孟普庆	
运输学	3		方宗汉	
公司理财		2	石毓符	
工商管理	3		赫英举	
英美文选	3	3	邹昌炽	

乙、选修课程

科目	每周时数		教员	备考
	上学期	下学期		
国际贸易	3		林穆光	
第二外国语（一） 德、法、日	3	3		

第四学年

甲、必修课程

科目	每周时数		教员	备考
	上学期	下学期		
成本会计	3	3	苏祖南	
商法（二）	2	2	孟普庆	
采购学	2		方宗汉	
人事管理		2	方宗汉	
仓库学	2			
毕业论文				
体育				

乙、选修课程

科目	每周时数		教员	备考
	上学期	下学期		
铁路会计		3	苏西第	
第二外国语 德、法、日	3	3		
战时经济		3	林穆光	
银行会计	3		苏西第	

三、会计专修科

第一学年第一学期

科目	课时	教员	备考
三民主义	2	段麟郊	
国文	3	许学源	
英文	4	方宗汉	
会计学	4	王适	
财政学	3	林穆光	
经济学	3	张绍书	
高等数学	3		
军事训练			
体育			

从以上中华大学迁渝前和迁渝不久的课程设置看，由于学生人数的锐减，教师的流失，教材、场地等教学条件限制，学校迁渝后所开列的专业课程有所减少，尤其在选修课的安排上表现明显。但各专业主干课程变化不大，保持了相应的延续性，仍然注重学科基本原理和基础知识的教学，其中国文和外文的课时安排较多，体现了中华大学对学生基本语言能力的较高要求。文科开设有理科的课程，理科也开设文史哲课程，这既有教育部的要求，也说明中华大学重视培养学生人文综合素质。其选修课虽然有些减少，但注意了学科的交叉性，注重对学生的通识教育。根据国民政府的要求和抗战的需要，开列的课程也增加了"国防化学""战时财政""军事训练"等应对战争需要的课程。

中华大学在渝随后的几年中，尤其在抗战最艰苦的相持阶段、抗战胜利初期的恢复阶段，在专业设置有所变化的情况下，课程安排如何，相关档案中未见较为完整的介绍和资料，但我们可以从此后几年中华大学毕业考试科目和考试委员会组织（表 4-8）来分析，也可理出比较清晰的轮廓。下面将该方面有关资料整理如下：

表 4-8　私立中华大学二十八年度各院系毕业考试委员会名单[①]

职别	姓名	现任职务	备考
委员长	陈时	校长	
秘书	汪缉熙	注册组组长	
委员	邹昌炽	文学院教授	
	严绂苹	文学院教授	
	鲁济恒	文学院教授	
	李家光	理学院教授	
	方宗汉	商学院教授	
聘请委员	钱云阶	教育部三民主义教育委员会委员	
	杜季书	重庆市政府参事	
	胡昌鹤	四川省教育学院教授	

私立武昌中华大学二十八年度各院系应届毕业生通考主要科目有：文学院文学系通考科目：音韵学、文学史、毛诗；教育学系通考科目：教育行政、智力测验、教育史；理学院化学系通考科目：有机化学、普通化学、分析化学（定性定量）；商学院工商管理学系通考科目：经济学原理、会计原理及实务、货币银行学。

私立武昌中华大学二十九年度各院系毕业考试科目（表 4-9，图 4-4）及用书：

文学院文学系：左声韵学（音学五门），文学批评，曲选，语言学（《中国语言学原理》），文学史，文字学（《说文段注》），中国哲学史（《中国哲学史大纲》胡适，商务印书馆）。

文学院教育学系：教育行政（《教育与学校行政管理》严绂苹、杜佐周，商务印书馆），教育史（《中国教育史》张安国、陈青之，商务印书

① 中华大学卷，档案号：LS11-131，华中师范大学档案馆。

馆)，教育心理学（《教育心理学》徐儒泽，中华书局)，发展心理学（《发展心理学》何林华著、赵演译，商务印书馆)，教材教学法（《中学教学法原理》胡毅，商务印书馆和“小学各科新教学法之研究”讲义)，比较教育(讲义，张安国)，教学实习（讲义，严绂苹)。

理学院化学系：化工计算（《Industry Stoichiometry》Lewis & Radasch，The Longman book Inc.)，生物化学（《Outlines of Biochemistry》Gortnor，The Longman book Inc.)，工业分析（《工业分析化学》陶延桥，商务印书馆)，热电化学（《Thermodynamics》)，工业化学（讲义)，工厂实习，无机化学（《General Chemistry》Deming，龙门出版)，初等有机化学（《Organic Chemistry》Contact，龙门出版)。

商学院工商管理系：成本会计（《成本会计》潘序伦，商务印书馆)，工厂法（笔记)，战时财政（笔记)，保险学（《保险学》王效文，商务印书馆)，国际汇兑（笔记)，审计学（《审计学》潘序伦、颜询)，采购学（笔记)，俄文（笔记)，统计学（笔记)。

表 4-9　私立武昌中华大学二十九年度各院系毕业考试科目表①

院　系别	最后一学期考试科目	通考以前各年级主要科目
文学院　文学系	左声韵学	文学史
	文学批评	文学史
	曲选	中国哲学史
	言语学	
文学院　教育学系	发展心理学	教育行政
	教材教学法	教育史
	比较教育	教育心理学
	教学实习	

① 中华大学卷，档案号：LS11-137，华中师范大学档案馆。

续表

院　系别	最后一学期考试科目	通考以前各年级主要科目
理学院　化学系	化工计算	无机化学
	生物化学	有机化学
	工业分析	高等有机化学
	热电工业化学	
商学院　工商管理系	成本会计	经济学
	工厂法	统计学
	战时财政	工商组织与管理
	保险学	
	国际汇兑	审计学

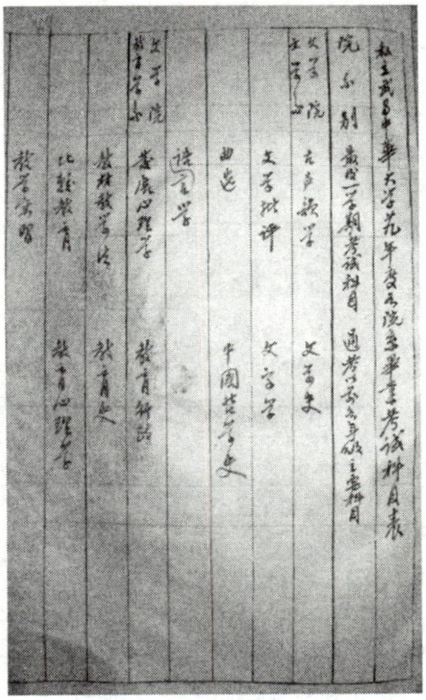

图 4-4　中华大学 1940 年各院系毕业考试科目表

私立武昌中华大学三十一年度、三十三年度各院系毕业考试科目、毕业考试委员会组成如下（表 4-10 至表 4-13，图 4-5 至图 4-6）：

表 4-10　私立武昌中华大学三十一年度第二学期各院系毕业考试科目表①

系别	最后一学期课程	总考以前主修课程
中国文学系	诗经学	文学史
	言语学	文字学
	史汉研究	训诂学
	中国文学专书选读	
外国文学系	欧洲名著选读	英文小说
	翻译	普通英文
	戏剧	
教育学系	师范教育	教育原理
	教育行政	现代教育思潮
	教学实习	中等教育
化学系	油脂化学	有机化学
	化学热力学	无机化学
	国防化学	工业化学
数学系	微分方程式论	方程式论
	级数论	近世几何
		复变数函数论
经济学系	经济思想史	统计学
	成本会计	财政学
	政府会计	
	战时财政	

① 中华大学卷，档案号：LS11-142，华中师范大学档案馆。

续表

系别	最后一学期课程	总考以前主修课程
工商管理学系	人事管理	经济学
	工厂法	统计学
	保险学	工商组织及管理
	审计学	
	成本会计	
	政府会计	

表 4-11　私立武昌中华大学三十一年度第二学期毕业考试委员会委员①

职别	姓名	现任职务
主任委员	陈时	校长
委员	邹昌炽	文学院院长
	严绂苹	教务长
	单粹民	理学院院长
	姚铁心	商学院院长
	鲁济恒	主任教授
	黄超	主任教授
	王北辰	主任教授
	余家菊	教授
秘书	汪缉熙	注册主任
聘请委员	柯树屏	教育部秘书
	周焕章	重庆大学教授

① 中华大学卷，档案号：LS11-142，华中师范大学档案馆。

表 4-12　私立武昌中华大学三十三年度第二学期各院系毕业考试科目表[①]

系别	最后一学期课程	总考以前主修课程
中国文学系	中国文学专书	文学史
	子部专书研究	文字学
	目录学	历代诗选
外国语文学系	欧洲名著选读	作文修词
	英文散文选	英文选读
	翻译	小说
	戏剧	英文教学法
数学系	微分几何	微积分
	数学史及数学教育	复变数函数论
化学系	国防化学	有机化学
	油脂化学	无机化学
	化学热力学	工业化学
	酿造学	
经济学系	经济政策	经济学
	战时财政	货币银行
	政府会计	财政学
	经济思想史	
工商管理学系	采购学	经济学
	战时财政	货币银行
	政府会计	工商组织及管理
	工厂法	

① 中华大学卷，档案号：LS11-160，华中师范大学档案馆。

表 4-13 私立武昌中华大学三十三年度第二学期毕业考试委员会名单①

职别	姓名	现任职务
主任委员	刘文岛	代理校长
委员	严绂莘	教务长
	邹昌炽	文学院院长
	单粹民	理学院院长
	王北辰	商学院院长
	余家菊	教授
	曹自晏	教授
	汪育春	副教授
秘书	涂亚伯	注册主任
聘请秘书	沈亦珍	教育部兼任督学
	杨重熙	求精商学院院长

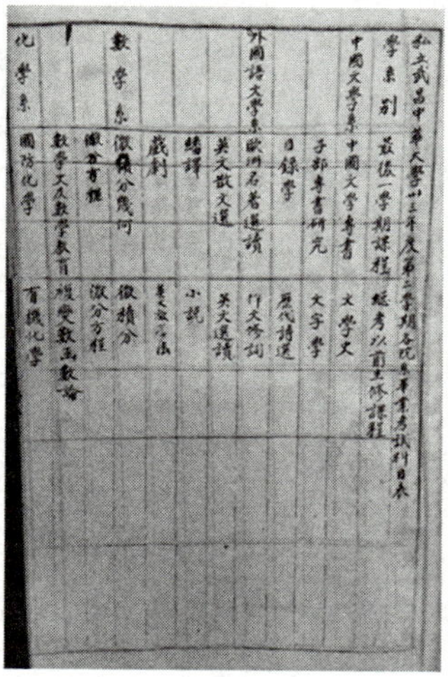

图 4-5 华中师范大学档案馆藏 1944 年中华大学第二学期毕业考试科目表

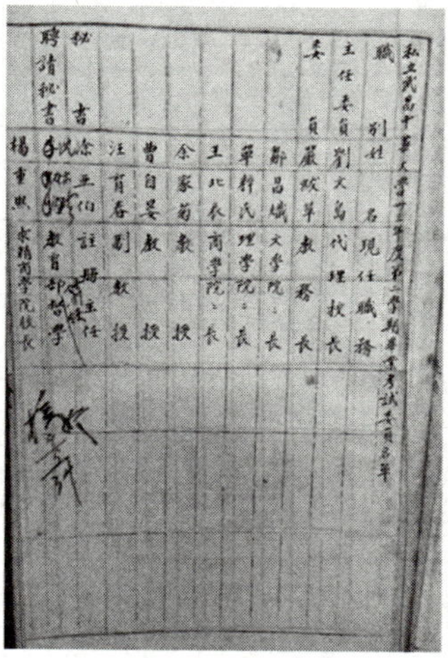

图 4-6 华中师范大学档案馆藏 1944 年第二学期毕业考试委员会组成名单

① 中华大学卷，档案号：LS11-160，华中师范大学档案馆。

从以上三年中部分中华大学在重庆的毕业考试科目和考试委员会组成人员来看，可以说明如下几个方面的问题：

第一，虽然国民政府要求三个学院建制以上的高等教育机构才能称大学，中华大学那时仍然以三个学院，即文学院、理学院、商学院建制，但“院”的概念在逐渐模糊，其教学和考试安排主要是以学科专业的设置在进行。

第二，在课程安排上，那些应用性较强的学科与抗战需要结合得更为紧密，这在化学系和工商管理学系中体现得尤为突出，如“工业化学”“国防化学”“战时财政”“政府会计”等课程即是。

第三，骨干教师每年均有流失，一般教师流动性较大，幸好几位核心名师如严绂莘、邹昌炽、鲁济恒、方宗汉、余家菊等一直与陈时并肩前行，加上战时招生较少，使得教学质量还比较稳定。

需要说明的是，今天我们还能较为完整地看到这些档案材料，主要是因为国民政府教育部规定自民国二十八年始，全国高校实施毕业生统考制度，各校必须在考试之前将考试科目、学生考试情况、学籍情况、考试安排、考试委员会人员组成等造册上报备核，并要求学校校长签名和盖章。教育部的这些规定对高校材料的保存留档起到了很好的作用。如 1940 年 9 月5 日教育部对中华大学的指令[①]：

教育部指令

中华民国廿九年九月五日

令私立武昌中华大学：

廿九年五月八日呈一件——为呈送廿八年度应届毕业生名册成绩表，并遵章组织毕业考试委员会，开具委员名单、考试课目表等件，祈鉴核由。

① 中华大学卷，档案号：LS11-134，华中师范大学档案馆。

呈件均悉。该校本年度应届毕业生余鸿勋等十七名，姑准一体参加毕业试验，惟汪金福一名入学时未据呈缴正式高中毕业证书，应迅即补呈，以凭审核。又该校本届毕业考试委员，准如所拟，由该校函聘，惟应将考试起讫日期报部，以备查考，仰即知照。附呈各件，除周慕英高中毕业证书应予发还外，余件均存。此令。

附：证件一件。

部长　陈立夫

可见教育部对大学毕业生毕业考试要求核查仔细，要求严格。有关这方面的内容，后文还将补充说明。

二、中华大学在重庆的教师队伍

（一）西迁前教师队伍基本情况

为了比较全面地了解中华大学在渝的教师队伍情况，有必要将中华大学迁渝前教师队伍情况作一简单介绍。1932 年中华大学创办二十周年，陈时校长在《武昌中华大学二十周年纪念特刊·弁文》中云：“私校须同事和衷共济。本校教职员人数，先后达千余。有共事至十年以上，从无凶终隙末者，且有他处以巨薪高位罗致，愿共甘苦而不去者。”这说明中华大学大、中、小学在二十年发展中有教师 1000 多人，排除其流动性，固定教师至少有半数以上，这从华中师范大学档案馆藏中华大学档案以及一些

图 4-7　抗战时期的陈时校长

中华大学老校友的回忆录中也可以推算得出，因为中华大学在最鼎盛时期，大学及附中、附小共有学生2000余人，即便按当代要求的生师比，当时的中华大学教师应该是充裕的；另一方面也说明，教师大多数是为了理想在中华大学从事教育事业，若为赚钱，早已离去他求。现将有代表性的1934年中华大学教职员情况列表[①]，以便较全面了解抗战前中华大学大学部教师的整体情况。

表4-14 中华大学1934年教职员一览表

姓名	年龄	籍贯	学历	经历	职务
陈时	45岁	湖北黄陂	日本中央大学法学士	本大学校长十七年	校长
邹昌炽	47岁	湖北宜昌	美国西北大学法学博士	教授十五年以上	文学院院长兼教授
严绂莘	41岁	湖北黄冈	美国哥伦比亚大学教育硕士	交通大学教授、湖北省教育厅秘书、教育学院教授	教务长、教授
胡竟存	38岁	湖北黄陂	日本明治大学研究科毕业	国立武昌中山大学教授	事务长兼代理商学院院长及教授
鲁济恒	44岁	湖北黄陂	湖北存古学堂毕业	中山大学、武汉大学、湖北省立文科大学、国立武昌商科大学教授	中国文学系主任兼教授
方宗汉	34岁	安徽太平	美国西北大学经济学硕士	安徽大学教授	经济系主任兼教授

① 私立武昌中华大学校史编写组：《中华大学》，华中师范大学出版社，2003年，第47—51页。

续表

姓名	年龄	籍贯	学历	经历	职务
胡硕荪	38岁	湖北武昌	法国里昂大学工学硕士		数学系主任兼教授
石鸿翥	51岁	湖北孝感	法国巴黎大学工学硕士	湖北省立教育学院讲师	物理学教授
方兴楚	47岁	湖北汉口	日本工科大学毕业	汉口既济水电公司工程师	物理系主任兼教授
成序庠	42岁	江苏宝应	美国密西根大学工学博士	东吴大学工程学院院长	化学系主任兼教授
胡嗣江	50岁	湖北黄冈		湖北省立法科大学教授	法律系主任兼教授
吴文蔚	31岁	湖北汉阳	政治学硕士		政治系主任兼教授
张安国	36岁	江西宜春	日本中央大学研究科毕业	江西省教育厅编辑股长	教育系主任兼教授
张绍书	37岁	湖北随县	明德学院毕业	北京大学、朝阳大学、中国大学、中华民国大学院等大学教授	会计系主任兼教授
刘大勋	34岁	湖北大冶	日本早稻田大学研究科毕业		工商管理学系主任兼教授
刘吉五	30岁	湖北沔阳	日本庆应大学研究科毕业		银行系主任兼教授
邵惕公	41岁	湖北黄冈	国立西北农学院毕业	棉业试验场场长	农艺学系主任

续表

姓名	年龄	籍贯	学历	经历	职务
李毓九	38岁	湖南	德国柏林大学博士	南昌行营设计委员	政治经济系兼教授
陈世仪	45岁	湖北沔阳	北洋大学法科毕业	武昌地方法院推事	教授
汪振华	43岁	湖北咸宁	日本帝国大学研究科毕业	湖北省立第一师范学校教员	教授
刘行骏	30岁	湖北汉口	美国哥伦比亚大学教育硕士	湖南大学教授	教授
傅廷仪	67岁	湖北沔阳	两湖书院毕业	河南大学教授，湖北省立第一、第二师范学校校长	教授
罗树蘅	45岁	湖北黄冈	湖北存古学堂经济科毕业	湖北省立图书馆馆长、教育部秘书	教授
刘道真	37岁	湖北保康	本校政治经济系毕业，民国八年司法官考试及格	历任江苏江宁、奉天（今沈阳）地方审判厅推事，湖北省高等法院推事	讲师
林树华	39岁	湖北武昌	美国哥伦比亚大学教育硕士		讲师
刘道济	37岁	湖北蕲水	日本工科大学毕业	湖北省立第一女子中学教员	教授
余祖言	62岁	湖北麻城	日本宏文学院毕业	湖北省立文科大学教授	讲师

续表

姓名	年龄	籍贯	学历	经历	职务
朱定国	40岁	湖北江陵	本大学毕业	湖北省立各中学教员十年以上	讲师
晏志超	41岁	湖北武昌	金陵大学毕业	湖北省立第二女子中学教员	讲师
韩联和	36岁	安徽和县	中央大学毕业	湖北省立教育学院事务主任兼讲师	讲师
罗鲲	39岁	湖北黄冈	北平师范大学毕业	湖北省立第四女子中学校长、华中大学教员	讲师
陈维东	36岁	湖北夏口	东吴大学法学院毕业	律师	讲师
邹宗伊	30岁	湖北黄梅	武汉大学商学士	汉口市职业商科主任	讲师
覃寿公	58岁	湖北蒲圻	日本法政大学毕业	北平国立法科大学讲师	讲师
高公道	36岁	湖北汉口	北平大学农学院毕业	农事试验场长	讲师
刘凤章	68岁	湖北黄陂		湖北省立第一师范学校校长	教授

续表

姓名	年龄	籍贯	学历	经历	职务
张济时	36 岁	湖北黄陂	本大学毕业	河南省立女子师范教员	讲师
曾庆锡	45 岁	湖北南漳	湖北优级师范毕业	湖北省党部监察委员	党义教师
饶光荣	40 岁	湖北黄冈	本大学法学士、中央检定训育主任	武昌地方法院推事	训育主任兼校长室西文秘书
黄贵谦	57 岁	湖北谷城	本大学政治经济系毕业	本校校监及考勤舍务主任等职	出版部主任兼校长室秘书
周保伟	35 岁	湖北黄陂	本大学经济学士		秘书
汪缉熙	32 岁	湖北黄冈	文华图书馆专科学校毕业		注册股主任
周杰	32 岁	湖北黄冈	朝阳大学法学士	本校高中部专任教员	考勤股主任兼图书股主任
陈庆普	41 岁	湖北黄陂	本大学法学士		会计股主任
吴晓舫	45 岁	湖北黄陂	本大学法律专科毕业		庶务股主任
王廷桢	46 岁	湖北黄陂		军医官	卫生股主任兼校医
韩人俊	48 岁	湖北礼山	本大学政治经济专科毕业	本校附中教员及楚才中学教员	舍务股主任

图 4-8　留洋回国的邹昌炽教授

从以上中华大学 1934 年度教职员一览表中，我们可以得出：

第一，学校非常重视任用留学回国人员。在其 47 名教职员（教员 38 人、职员 9 人）中，如邹昌炽（图 4-8）等留学回国人员就有 19 人，刚好为教员人数之一半。大量聘用留洋回国人员任教，说明学校非常重视学习西方教育理念，在陈时和学校管理者看来，这样可以缩小与西方高等教育上的差距。

第二，教员结构合理。一是高级职称教师多，共 21 人，超过了教员总数的二分之一；二是高学历的教师多，共 11 人，差不多为教员总数的三分之一；三是教员年龄 30 岁左右、40 岁左右、50 岁左右的各约为三分之一，梯队结构合理。

第三，教授多兼学校主要行政工作，这样更能让教授治校的理念落到实处。

关于此时中华大学教师的收入情况，档案中有记载教授为 360 元，这显然要低于 1927 年 9 月国民政府教育行政委员会公布的大学教授月俸数为 400 元至 600 元的标准。但为了留住人才，中华大学采取了一个变通的手法，就是允许教师兼职（国立大学明令禁止），这在一定程度上平衡了其教师收入低于国立大学教师的情况。

（二）中华大学在重庆教师概况

表 4-15 至表 4-25、图 4-9 是 1938 年至 1946 年部分年度中华大学在重庆的教师情况，根据华中师范大学档案馆有关中华大学档案整理。

表 4-15 私立武昌中华大学二十七年度教职员名册

姓名	别字	性别	籍贯	学历	经历	担授课程	职别	备注
陈时	叔澄	男	湖北黄陂	日本中央大学法学士	本大学校长二十年以上	训育	校长	专任
鲁济恒	润玖	男	湖北黄陂	湖北存古学堂毕业	国立武昌商科大学、中山大学、武汉大学等大学教授	国文、杜诗、文字学、诗经学、春秋左氏学、说文研究	院长	专任
邹昌炽	允中	男	湖北宜昌	美国芝加哥大学文学博士	汉口自由西报社社长	英美文选、英文、莎士比亚、法文	教授	专任
叶孟安	子静	男	安徽桐城	法国巴黎大学研究生	安徽大学、河北女子师范学院教授	诗歌原理、小说、德文、中国文学批评研究	教授	兼任
曾庆锡	榆村	男	湖北南漳	优级师范毕业	军事委员会战史编撰会总编撰	文学史、中国通史、经济地理	讲师	专任
李晋芳	白华	男	湖北黄安	东南大学学士	黄梅、宜昌等县县长，中央政治学校教官	公牍文	讲师	兼任
张兰如		女	安徽定远	日本早稻田大学政治经济学部毕业	安徽大学讲师、教育部编辑	日文	讲师	兼任

续表

姓名	别字	性别	籍贯	学历	经历	担授课程	职别	备注
张安国	幼明	男	江西宜丰	日本中央大学研究生	江西省教育厅编辑主任	教育概论、教育社会学、现代教育思潮、教育制度研究	教授	专任
严绂苹	士佳	男	湖北黄冈	美国哥伦比亚大学教育学硕士	交通大学、湖北省立教育学院教授、湖北省教育厅秘书	训育论、民众教育、教育讲话、专门教材研究、伦理学	教授	专任
余家菊	景陶	男	湖北黄冈	英国伦敦大学研究生	东南大学、河南大学等大学教授	教育哲学	教授	兼任
卢振京		男	南京	美国西蒙斯图书馆学院硕士	行政院图书馆主任、大学就业训练班教授、中央政治学校教授	儿童心理、教学法、图书馆学	讲师兼图书馆主任	专任
钱云阶		男	湖北沔阳	日本明治大学研究生	教育部训育委员、汉口江汉中学校长	训育问题	教授	兼任
方辰	旦明	男	湖北鄂城	中山大学毕业	中国大学讲师	心理学	讲师	兼任

续表

姓名	别字	性别	籍贯	学历	经历	担授课程	职别	备注
李家光		男	湖北宜昌	化学博士	暨南大学、东吴大学、震旦大学及雷氏德工业专科学校教授	有机化学及实验、胶质化学、高等有机化学、工业分析及实验、专门问题	教授	专任
丁绪淮	导之	男	安徽怀宁	美国密西根大学博士	北洋工学院教授、巩县兵工分厂工程师	工业化学、物理化学、专题研究、工业化学计算	教授	兼任
曹焕文	明甫	男	山西浑源	日本东京工业大学电气化学科研究生	陆军科学研究所所长、西北实业公司工化组长	国防化学及实验	教授	兼任
汪显	定远	男	江西贵溪	浙江大学工学士	浙江大学讲师	无机化学、定性分析及实验、定量分析及实验、工业化学及实验	讲师	专任
刘咸一		男	黑龙江	德国柏林高等工业学校毕业	北平中国学院教授	去职，所教授课程由李家光代	教授	专任
胡乐德		男	山东临沂	齐鲁大学理学士	齐鲁大学教授	微分方程、微积分、高等算学	教授	专任

续表

姓名	别字	性别	籍贯	学历	经历	担授课程	职别	备注
陈祖炳	文彬	男	湖北江陵	德国柏林大学研究生	河南大学教授	普通物理、高等物理	教授	兼任
方宗汉		男	安徽太平	美国西北大学经济学硕士	湖北省立教育学院教授	统计学、会计学、经济学、公司财政、工商实习	院长兼教授	专任
唐学庠	山人	男	湖北汉阳	日本早稻田大学研究生	上海棉花公司会计主任	审计学、商业史	教授	专任
林穆光	天穆	男	浙江永嘉	社会学硕士	暨南大学、福建学院等校教授	财政学、国际贸易、社会学	教授	专任
郭庆元	善之	男	江苏溧阳	美国马尼拉大学商学士、菲律宾大学商学硕士	怡郎中山中学校长、沪江大学教授	会计学、商业学、商业英文、银行货币	教授	专任
苏祖南		男	上海	日本东京大学商学士	执行会计师职务四年	成本会计	教授	兼任
石毓符	育孚	男	河北	南京大学商学士	国民政府主计处会计局专员	政府会计	教授	兼任
徐寅魁		男	上海	光郅大学毕业	会计师	会计学	讲师	兼任

续表

姓名	别字	性别	籍贯	学历	经历	担授课程	职别	备注
林廷柯	天干	男	福建莆田	复旦大学毕业	安徽、四川、重庆等地地方法院推事及检察官	商事法规	讲师	兼任
王鲁仲		男	山东临淄	军校毕业	历任连排长等职	军训	军事教官	专任
赵子虬		男	四川广安	中央国术馆毕业	江苏绥靖督办公署国术教官	国术	国术指导	兼任
段麟郊	湘柱	男	湖南新化	本大学文学士	中央陆军军官学校教官	中山主义、政治学	教导兼教授	专任
陈庆普	普生	男	湖北黄陂	本大学法学士	本大学会计主任兼法专教员		事务主任	专任
汪缉熙		男	湖北黄冈	文华图书馆学专科学校毕业			注册主任	专任
程元潘	汉允	男	湖北武昌	本大学法学士			考勤	专任
周振训		男	湖南临湘	本大学文学士	湖北省立教育学院文牍		文牍	专任
秦大猷	钦若	男	江西吉安	江西省立法政专校毕业	江西省水上警察厅科员		会计	专任

续表

姓名	别字	性别	籍贯	学历	经历	担授课程	职别	备注
陈道经	孟权	男	湖北黄陂	本大学政治经济别科毕业	汉口民新中学教务主任		庶务	专任
范中慥		男		本大学理学士			仪器管理员	专任
刘骏民		男	湖北嘉鱼	本大学文学士			体育指导	专任
吴文棫							讲师	
孙中岳				本大学文学士				

表 4-16　私立武昌中华大学二十八年度第二学期教职员（职员之部）名册

姓名	别号	性别	籍贯	学籍	经历	担任职务
陈时	叔澄	男	湖北黄陂	日本中央大学法学士	本大学校长二十年以上	校长
邹昌炽	允中	男	湖北宜昌	美国西北大学法学博士，美国芝加哥大学文学博士	汉口自由西报社社长、外交部秘书	文学院院长
李家光		男	湖北宜昌	化学博士	暨南、东吴、震旦等大学教授	代理理学院院长
方宗汉	淡云	男	安徽太平	美国西北大学经济学硕士	湖北省立教育学院教授	商学院院长

续表

姓名	别号	性别	籍贯	学籍	经历	担任职务
张安国	幼名	男	江西宜丰	本大学毕业，日本中央大学研究生	江西省教育厅编辑主任	代理教务长
严绂苹	士佳	男	湖北黄冈	见前	交通大学、湖北教育学院教授、教育厅秘书	训导长
王治焯	季华	男	湖北黄陂	德国柏林大学毕业	暨南大学教授	总务长
汪缉熙		男	湖北黄冈	文华图书馆学专科学校毕业		注册组组长
彭振炯	勉吾	男	湖北黄陂	武汉大学理学士		图书馆馆长
罗哲明		男	湖北汉阳	本大学理学士	湖北省立农业专科学校教员	生活指导组组长
余五一		男	湖北英山	中央陆军校六期毕业生	连营参谋等职	军事训练组组长
刘雪松		男	四川眉山	美国南加州大学教育硕士	之江、沪江两大学体育主任等	体育卫生组组长
陈庆普	普生	男	湖北黄陂	本大学法学士		事务组组长
秦大猷	钦若	男	江西吉安	江西省立法政专门学校毕业		代理会计组组长
周振训	威泊	男	湖南临湘	本大学文学士	湖北省立教育学院文牍、陕西省公安局秘书	秘书

续表

姓名	别号	性别	籍贯	学籍	经历	担任职务
陈道经	孟权	男	湖北黄陂	本大学政治经济科毕业		助理秘书
范中慥		男	湖北黄陂	本大学理学士		理化实验室管理员
陈钟瑞		男	湖北黄陂			图书管理员
陈益明		男	湖北黄坡			书记
陈庆宪	少阶	男	湖北黄陂			书记
李定谦		男	江苏江宁	日本冈山医科大学毕业		校医

表 4-17 私立武昌中华大学二十八年度第二学期教职员（教员之部）名册

姓名	别号	性别	籍贯	学历	经历	担任课程	职务
邹昌炽	允中	男	湖北宜昌	美国西北大学法学博士，美国芝加哥大学文学博士	教授十五年以上	英文、法文、英文基础文学	文学院院长兼教授
鲁济恒	润玖	男	湖北黄陂	湖北存古学堂毕业	中山大学、武汉大学等大学教授	尚书、尔雅、说文、春秋、音韵、诗经学	教授

续表

姓名	别号	性别	籍贯	学历	经历	担任课程	职务
严绂莘	士佳	男	湖北黄冈	美国哥伦比亚大学教育学硕士	交通大学教授等	伦理学、训育论	训导主任兼教授
张安国	幼明	男	江西宜丰	日本中央大学研究科毕业	江西省教育厅编辑股长	教育原理、教育社会学、教育思潮、教育制度研究	教授代教务长
余家菊	景陶	男	湖北黄陂	本大学毕业，英国文学研究生	东南大学、河南大学等大学教授	教育哲学、心理学	兼任教授
段鳞郊	湘柱	男	湖南新化	本大学文学士	中央军校教官、中宣部编辑、行政院专员	三民主义、政治学	兼任讲师
龙侃	浩如	男	湖北黄冈	燕京大学研究生院毕业	上海中华书局、泰东书局编辑	西洋通史、中国通史、国文	专任讲师
方辰	旦明	男	湖北鄂城	中山大学毕业	北平中国大学讲师	哲学概论、测验与统计、心理卫生	专任讲师
李发政		男	湖北宜昌	日本明治大学毕业	宜昌中学校长	传记、历代诗历代词、写作练习	兼任讲师

续表

姓名	别号	性别	籍贯	学历	经历	担任课程	职务
许学源	觉圆	男	湖北随州	清庠生		中国文学史、国文、商业史	兼任讲师
张兰如		女	安徽定远	日本早稻田大学政治经济学部毕业	安徽大学讲师	日文	兼任讲师
李家光		男	湖北宜昌	见前	见前	生物、胶质化学、高等有机化学、有机分析	教授代理理学院院长
王治焯	季华	男	湖北黄陂	见前	见前	国防化学、德文、定性分析	总务长、教授
丁绪淮	导之	男	安徽怀宁	美国密歇根大学化工硕士、科学博士	北洋工学院正教授、巩县兵工厂工程师	理论化学、高等理论化学	兼任教授
蒯毅	毅伯	男	安徽合肥	英国格拉斯哥大学学士	庆华颜料化学厂技师	工业化学	兼任教授
彭振炯	励吾	男	湖北黄陂	武汉大学理学士	见前	无机化学、高等无机化学	助教
胡乐德		男	山东临沂	齐鲁大学理学士	齐鲁大学教授	高等微积分、高等解析几何、近代几何	专任教授

续表

姓名	别号	性别	籍贯	学历	经历	担任课程	职务
王炳霄	曜宸	男	山东博兴	燕京大学研究院毕业	齐鲁大学、西北农学院教授	普通物理、高等物理	兼任讲师
罗哲明		男	湖北汉阳	本大学理学士	见前	高等数学、方程式论、会计数学	助教
方宗汉	淡云	男	安徽太平	见前	见前	统计学、工商组织与管理、经济学	院长兼教授
陆玉堂		男	广东汕尾	新加坡高级学校毕业	卜内门洋行秘书	商业英文	兼任讲师
张绍书	洛逸	男	湖北随县	明德大学毕业	北京朝阳中国、民国等大学教授	经济学研究	
王适		男	湖北武昌	北京大学毕业	中央银行会计	会计学	兼任讲师
余五一		男	湖北英山	见前	见前	军事训练	军事教官
张圣奘		男	湖北江陵	德国莱比锡大学毕业	暨南大学、重庆大学教授	中国哲学史、目录学、西洋经济史	教授

表 4-18　私立武昌中华大学二十九年度第一学期教职员名册

姓名	别号	籍贯	学历	经历	担任课程	职务
陈时	叔澄	湖北黄陂	日本中央大学法学士	本大学校长二十年以上		校长
邹昌炽	允中	湖北宜昌	美国西北大学法学博士、芝加哥大学文学博士	汉口自由西报社社长、外交部秘书	英文、法文、英文文学	教授兼文学院院长
严绂苹	士佳	湖北黄冈	美国哥伦比亚大学教育学硕士	交通大学、湖北教育学院教授、教育厅秘书	伦理学、哲学、教育学	教授兼训导长
鲁济恒	润玖	湖北黄陂	湖北存古学堂毕业	国立商科、武汉中山等大学教授	见前	教授
霍树威	自庭	河南安阳	日本庆应大学毕业	河南大学、安徽大学教授	英文作文、英文、英诗	教授
张安国	幼明	江西宜丰	本大学毕业、日本中央大学研究生	江西教育厅编辑主任、本大学教授	见前	教授
张圣奘		湖北江陵	德国莱比锡大学博士	暨南、重庆、中大大学教授	中国文学史	教授
龙侃	浩如	湖北黄冈	燕京大学研究院毕业	上海中华书局、东方书局编辑	见前	讲师
张西堂		湖北汉川	山西大学毕业	历任河北大学、武汉大学、师范大学讲师、教授	历代文选、诗词学	教授

续表

姓名	别号	籍贯	学历	经历	担任课程	职务
方辰	旦明	湖北鄂城	中山大学毕业	北平中国大学讲师	见前	讲师
刘邦绂	铁山	湖北汉川	俄文法政专门学校毕业	国立武昌中山大学讲师、军委会政治部专员	政治学、三民主义、俄文	讲师
许学源	觉圆	湖北随县	清庠生	湖北教育司司长、旅顺工科大学教授	中国文学史、国文	讲师
王文新	佑民	江苏东台	中山大学研究院毕业	教育部编辑、民众教育馆训练班讲师、国立音乐学院教授	师范教育	兼任教授
胡守棻	梅郇	河南信阳	暨南大学毕业	历任师范学校教员五年	战时教育	兼任讲师
浦洁修	逸清	江苏嘉应		北平中国学院化学系教授兼主任	工业化学、工业分析实验	教授
林清轩	春宴	黑龙江	工学博士	中央大学化工系兼任教授	有机化学、化学实验、有机分析	教授
鲁宝重	任庵	河南新野	德国柏林大学研究生	本大学及国立中央大学教授	有机化学、国防化学、生物化学	教授

续表

姓名	别号	籍贯	学历	经历	担任课程	职务
彭振炯	勉吾	河南新野	武汉大学理学士	本大学附设高中理化专任教员兼本大学助教	高等无机化学、有机化学、定性实验	讲师
王治焯	季华	湖北黄陂	柏林大学毕业	见前	德文、化学	教授兼理学院院长
单粹民		河南新蔡	法国里昂大学数学硕士	安徽大学数学系主任	函数、分析力学、复变数函数	教授
王炳霄	曜宸	山东博兴	燕京大学研究院毕业	齐鲁大学、西北农学院教授	物理学	教授
胡乐德		山东临沂	齐鲁大学理学士	齐鲁大学教授	微分方程	教授
罗哲明	经琳	湖北汉阳	本大学理学士	湖北省立农专及大学先修班教员	方程式论、解析几何	讲师
苏西第	丽生	河南灵宝	巴黎政治学院毕业	河南大学教授	货币学、会计学、经济史、经济地理	教授
方宗汉	淡云	安徽太平	美国西北大学经济硕士	湖北省立教育学院教授	商品学、统计学、经济学	教授兼商学院院长
林穆光	天穆	浙江永嘉	社会学硕士	暨南大学、福建学院教授	社会学	教授

续表

姓名	别号	籍贯	学历	经历	担任课程	职务
苏祖南		上海	商学士	任会计师 4 年	高等会计学	兼任教授
徐寅魁		上海	光华大学毕业	会计师	簿记学	兼任教授
周仁	力行		美国西北大学商科硕士	民生实业公司	成本会计	兼任教授
董承顯	绍前	贵州贵阳	美国俄亥俄州立大学商学士、会计学硕士	南开大学教授	会计学、工商管理	兼任教授
雷宝杏	言五	湖北松滋	法政大学毕业	武昌国立商科大学、湖北省立法政及本校教授	商法	
陆玉堂		广东汕尾			商业英文	兼任讲师
景振球		江苏丹阳	东京专修大学经济学部毕业	军委会干训团政治教官、留日同学会编辑	运输学、采购学	兼任讲师
陈庆普	普生	湖北黄陂	本大学法学士	在本校服务十年以上		事务主任
汪缉熙		湖北黄冈	文华图书馆专科学校毕业	在本校服务十年以上		注册主任
周振训		湖南临湘	本大学文学士	湖北省立教育学院文牍、陕西省公安局秘书		秘书
程元藩	汉元	湖北武昌	本大学法学士	高等文官考试及格		生活主任

续表

姓名	别号	籍贯	学历	经历	担任课程	职务
游国梁		贵州湄潭	本大学法学士	贵州县立安龙中学校长		助教
朱重明	了洲	江苏宜兴	日本体育会体操学校高等师范科毕业	江苏医科大学、齐鲁大学、华西协和大学体育主任等	体育	体育卫生主任
张君浚	均正	湖南华容	中央训练团教官班第一期	军委会政治部科员、教育部体考班军事教官	军事训练	军训主任
范中恺		湖北黄陂	本大学理学士			助教
陈道经	孟权	湖北黄陂	本大学政治经济别科毕业			图书馆主任
李定谦		江苏江宁	日本冈山医科大学毕业			校医
陈中瑞		湖北黄陂	湖北省立师范毕业			书记
秦大猷		江西吉安	江西省立法政专门学校毕业			会计
万迪宗		湖北黄冈	本校高中毕业			书记
陈庆江		湖北黄陂	湖北省立第一师范毕业			图书馆员
张绍书		湖北随县	明德大学毕业	中国民国、平民等大学教授		经济研究指导
徐建平		湖南长沙	日本明治大学毕业	持志大学教授	战时经济、财政学	讲师

表 4-19　私立武昌中华大学二十九年度第二学期教职员名册

姓名	别号	性别	籍贯	等别	薪给	专任或兼任及所兼职务	所授课程
陈时	叔澄	男	湖北黄陂	校长	无	专任	训育问题
邹昌炽	允中	男	湖北宜昌	教授	360 元	专任	英文、英文基础文学、文学史、法文
陆尔昭		女		教授	140 元	专任	英文诗、英文散文及作文
严绂苹	士佳	男	湖北黄冈	教授	360 元	专任	伦理学、哲学概论、教育行政、教学实习
张安国	幼明	男	江西宜兴	教授	220 元	专任	比较教育、教育思潮、教育制度研究
方辰	旦明	男	湖北鄂城	讲师	210 元	专任	教材教学法、心理测验、教育心理、工商心理、发展心理
胡守棻	梅郇	男	河南信阳	讲师	42 元	兼任	初等教育
鲁济恒	润玖	男	湖北黄陂	教授	260 元	专任	国文、文字学、词选、历代文选、中国哲学史、中国专书选读
张圣奘		男	湖北江陵	教授	84 元	兼任重庆大学教授	中国经济史、曲选、文学批评

续表

姓名	别号	性别	籍贯	等别	薪给	专任或兼任及所兼职务	所授课程
张西堂		男	湖北汉阳	教授	98 元	兼任教育部编辑	目录学、言语学、毕业论文
段熙仲	天炯	男	安徽	教授	42 元	兼任教育部秘书	中国文学史
王子游		男		讲师	42 元	兼任南开中学国文教员	古声韵学
龙侃	浩如	男	湖北黄冈	讲师	180 元	专任	国文、中国通史、法学通论
刘邦绂	铁山	男	湖北汉阳	讲师	182 元	专任	三民主义、政治学、俄文、西洋通史
黄超	澹如	男	湖北武昌	教授	320 元	专任	工业分析、工业化学、德文、工厂实习
鲁宝重	任庵	男	河南新野	教授	120 元	兼任中央大学教授	生物化学、高等有机化学
张西林		男		讲师	63 元	兼任砖瓦厂厂长	物理化学
王治樑		男	湖北黄陂	讲师	165 元	专任	物理学、高等物理应用、化学
高贻善	诒善	男	江苏江宁	教授	112 元	兼任国立中央工业学校教授	有机化学、热力化学、化工原理及计算
单粹民		男	河南新蔡	教授	190 元	专任	级数论分析、力学、微分几何、复变数函数论
胡乐德		男	山东临沂	教授	190 元	专任	微积分、微分方程、近世几何、高等微积分

续表

姓名	别号	性别	籍贯	等别	薪给	专任或兼任及所兼职务	所授课程
罗哲明	经琳	男	湖北汉阳	讲师	210 元	专任	商业数学、统计学、方程式论、高等解析几何
彭振炯	勉吾	男	湖北黄陂	讲师	210 元	专任	定性定量、无机化学、高等无机
方宗汉	淡云	男	安徽太平	教授	320 元	专任	经济学、簿记市场学、英文、公司财政
苏西第	丽生	男	河南灵宝	教授	160 元	专任	审计、银行、商业史、经济地理、国际汇兑
傅德润	克明	男		教授	140 元	专任	保险学、高等会计学、工商组织与管理
林天目	穆光	男	浙江永嘉	教授	42 元	兼任大公职业学校教员	社会学
姚铁心		男	江苏吴县	教授	98 元	兼任四行办事处专员	会计学、经济学
景振球		男	江苏丹阳	讲师	140 元	专任	战时财政、工厂法、销售学、工厂管理
陆鼎升	调梅	男	北平	讲师	84 元	兼任教师服务团副团长	财政学（一）、（二）
褚汇宗	容川	男	湖北云梦	讲师	84 元	兼任最高法院主任	银行会计、成本会计
雷宝杏	言五	男	湖北松滋	讲师	56 元	兼任	商法

续表

姓名	别号	性别	籍贯	等别	薪给	专任或兼任及所兼职务	所授课程
李哲愚		男		讲师	42 元	兼任	财政学
陈梦虬		男	福建闽侯	讲师	42 元	兼任	高等会计
陆玉堂		男	广东汕尾	讲师	42 元	兼任卜内门洋行秘书	商业英文
许学源	觉园	男	湖北随县	讲师	42 元	兼任教育部编辑	国文
张君浚	均正	男	湖南华容		160 元	专任	军训
朱重明	了洲	男	江苏宜兴		150 元	专任	体育

表 4-20　私立武昌中华大学三十年度教职员名单

姓名	别号	性别	籍贯	等别	专任或兼任及所兼职务	所授课程
陈时	叔澄	男	湖北黄陂	校长	专任	
邹昌炽	允中	男	湖北宜昌	教授	专任	莎士比亚、法文、英语选读、英国文学史、英文基础文学
严绂苹	士佳	男	湖北黄冈	教授	专任	教学法、教学实习、伦理学、英文
鲁济恒	润玖	男	湖北黄陂	教授	专任	国文、文字学、词选、历代诗选、历代文选、训诂学

续表

姓名	别号	性别	籍贯	等别	专任或兼任及所兼职务	所授课程
余家菊	景陶	男	湖北黄陂	教授	专任	哲学概论、中国文学专书、中国教育思想
张西堂		男	湖北汉川	教授	专任	修辞研究、诗经学、中国哲学史、史汉研究、各文体习作
单粹民		男	河南新蔡	教授	专任	高等数学、分析函数、微积分、微分几何
姚铁心		男	江苏吴县	教授	专任	高等会计学、经济学、货币学
黄超	澹如	男	湖北武昌	教授	兼任	工业化学、德文、国防化学、工厂实习
朱重明	了洲	男	江苏宜兴	日本高等师范体育研究科毕业	专任	体育
李德明		男	浙江吴兴	教授	兼任	英文散文选、小说、作文
沈昌焕	揆一	男	江苏吴县	教授	兼任	英文散文选、分期英国文学
周焕章		男	湖北黄陂	教授	兼任	油脂化学
任作君		男	浙江奉化	教授	兼任	商法、保险学
王北辰	星巩	男	河南孟津	教授	兼任	经济思想史、政府会计、经济政策、审计学
叶仲春		男		教授	兼任	政府会计、西洋经济史、工商管理、商业史

续表

姓名	别号	性别	籍贯	等别	专任或兼任及所兼职务	所授课程
王玮	涤瑕	男	江苏宜兴	教授		成本会计
郑涛		男				商法
吴荣熙		男		教授	兼任	有机化学
刘世超		男		教授	兼任	劳动问题
王思澄		男		讲师	兼任	欧洲名著选读
罗孝超		男		讲师	兼任	英文散文选、翻译
胡守棻	梅郜	男	河南信阳	讲师	兼任	教育行政
龙侃	浩如	男	湖北黄冈	讲师	专任	国文、社会学、中国通史、法学通论
叶鸣瑞	孝发	男	湖北黄陂	讲师	兼任	国文
陆玉堂		男	广东汕尾	讲师	兼任	商业英文
刘邦线	铁山	男	湖北汉川	讲师		政治学、党义、西洋通史、俄文
彭振炯	勉吾	男	湖北黄陂	讲师		无机化学、高等无机化学、定性分析、定量分析
王治樑		男	湖北黄陂	讲师	专任	高等算学、高等物理、物理学、应用力学
罗哲明	经琳	男	湖北汉阳	讲师	专任	高等算学、统计学、高等解析几何、方程式论、高等算学分析、数理统计
蒋明祺		男		讲师	兼任	成本会计

续表

姓名	别号	性别	籍贯	等别	专任或兼任及所兼职务	所授课程
汪育春	云天	男	安徽黟县	讲师	兼任	公司会计、会计学、簿记学
张修山	椒青	男	安徽无为	讲师	兼任	银行会计
潘沃权		男		讲师		国际贸易
吴友清		男	上海	讲师		会计法规
李春萍		男				文学史、音韵学
王固深		男				工商组织与管理、运输学、商品学、采购学
胡乐德		男		讲师		高等化学分析、微分方程、近世几何、级数论

表 4-21　私立武昌中华大学三十一年度职员名册

姓名	别号	性别	籍贯	学历	经历	职务	专任或兼任
陈时	叔澄	男	湖北黄陂	日本中央大学法学士	本大学校长二十五年	校长	专任
严绂苹	士佳	男	湖北黄冈	美国哥伦比亚大学硕士	交通大学、湖北省立教育学院教授、教育厅秘书	教务长兼训导长	专任
邹昌炽	允中	男	湖北宜昌	美国芝加哥大学、西北大学博士	外交部秘书、汉口自由西报社社长	文学院院长	专任

续表

姓名	别号	性别	籍贯	学历	经历	职务	专任或兼任
姚铁心		男	江苏吴县	美国哥伦比亚大学经济学硕士	沪江大学教授、东吴大学系主任十一年、中央银行专员	商学院院长	专任
罗哲明	经琳	男	湖北汉阳	本大学毕业	各中学教导主任	主任导师	专任
周振训	威伯	男	湖南临湘	本大学毕业	湖北教育学院、陕西警察局秘书	秘书	专任
陈庆普	普生	男	湖北黄陂	本大学毕业	本校服务十年以上	会计主任	专任
彭光汉		男	湖北黄陂	本大学毕业		会计员	专任
汪缉熙		男	湖北黄冈	文华图专毕业	在校服务十年以上	注册主任	专任
陈庆江	益民	男	湖北黄陂	湖北省立第一师范学院毕业		图书管理员	专任
萧仁瑞		男	湖北汉川	本大学毕业		生活指导主任	专任
朱重明	了洲	男	江苏宜兴	日本高等师范体育研究科毕业	中央警校教官、中山体专校长	体育卫生主任	专任

续表

姓名	别号	性别	籍贯	学历	经历	职务	专任或兼任
吴传璧	阴先	男	湖北黄陂	中央军校特别班毕业		军事助教兼训育员	专任
范中恺		男	湖北黄陂	本大学理学士			专任
叶鸣瑞	孝发	男	湖北黄陂	本大学毕业	本校事务主任	事务主任	专任
陈道经		男	湖北黄陂	本大学政治经济别科毕业		出纳主任	专任
万迪宗	鹏阶	男	湖北黄冈	本校高中毕业		文牍员	专任
李福箴		女	云南			女生体育指导	专任

表 4-22　私立武昌中华大学三十二年度教员名册

姓名	别号	性别	学历	经历	职务	担任课程	薪酬
陈时	叔澄	男	见前介绍	见前介绍	校长	伦理学	
余家菊	景陶	男	见前介绍	见前介绍	教授兼中国文学系主任	中国文学专书、英译汉、哲学概论	400 元
严绂苹	士佳	男	见前介绍	见前介绍	教授	伦理学、英文	440 元
邹昌炽	允中	男	美国芝加哥大学硕士、西北大学博士	外交部秘书、汉口自由西报社社长	教授兼文学院长、外国语文系主任	英文选读、英国文学史、英文基础文学	440 元

续表

姓名	别号	性别	学历	经历	职务	担任课程	薪酬
陈修平		男	本大学政治经济别科毕业、国立东南大学毕业		教授	子部专书研究	150元
施端履		男	上海圣约翰大学毕业	安徽、武汉大学讲师、教授十六年		英文散文选、小说、作文、戏剧	320元
潘新藻	泮池	男	本大学毕业	光华大学教授	教授	国文、中国文学专书、历代文选	320元
傅严佛		男	国立武昌高等师范毕业	历任中等学校教员二十年	讲师	国文、文学批评、历代诗选	260元
曾庆锡	榆村	男	见前介绍	见前介绍	教授	国文、经济地理	280元
叶鸣瑞		男	本大学毕业		讲师	国文、文字学	职员薪
涂亚伯		男	本大学毕业			英文	职员薪
单粹民		男	见前介绍	见前介绍	教授兼理学院院长、数学系主任	理论力学、微积分、微分方程、函数	360元
曹自晏	海恬	男	化学硕士	湖北省立教育学院、山东大学教授	教授	工业化学	360元

续表

姓名	别号	性别	学历	经历	职务	担任课程	薪酬
王治焯	季华	男	见前介绍	见前介绍	教授	德文、化学	300 元
周焕章		男	见前介绍	见前介绍	教授	油脂化学	120 元
曾六虞		男	德国莱城大学博士	重庆大学教授	教授	物理化学	180 元
胡乐德		男	见前介绍	见前介绍	副教授	高等微积分、近世几何、级数论	280 元
罗哲明	经琳	男	本大学毕业	各中学教导主任	讲师	高等数学、统计学、方程式	260 元
彭振炯	勉吾	男	见前介绍	见前介绍	讲师	无机化学、高等无机化学、定性分析	260 元
王治梁		男	武汉大学毕业		讲师	高等算学、物理学、高等物理	260 元
李铭		男	山东大学数学系毕业	同济大学、湖南师范学院讲师	教授	近代代数	150 元
姚铁心		男	见前介绍	见前介绍	教授兼商学院院长、经济系主任	经济学、银行学	360 元

续表

姓名	别号	性别	学历	经历	职务	担任课程	薪酬
王北辰	星巩	男	英国伦敦大学研究生	华北大学主任教授	教授兼工商管理系主任	经济思想史、经济政策、西洋经济史	360元
任作君		男	见前介绍	见前介绍	教授兼会计专修科主任	商法、保险学	100元
丁哲明		男	暨南大学毕业	重庆大学讲师、教授、二年执行律师，会计十二年	教授	民法	100元
张修山	椒青	男	国立武昌商科大学毕业	重庆高商教务主任、合作金库课长	讲师	银行统计、会计学	260元
汪育春	云天	男	中国公学商学士	安徽商业职校教务主任、独立出版社会计	讲师	公司会计、会计学、簿记学	260元
景振球		男	见前介绍	见前介绍	副教授	销售学、工厂管理、人事管理	280元
郑涛		男	美国密西根大学博士		教授	商法	100元

续表

姓名	别号	性别	学历	经历	职务	担任课程	薪酬
管照微	星掖	男	日本东京帝国大学研究生毕业	邮政局秘书	教授	财政学	150元
叶理中		男	上海大夏大学法学士、日本明治大学留学	财政部贸易委员会专员	教授	国际贸易	150元
孙家山		男	中央大学毕业、齐鲁大学研究所二年	中山大学讲师	讲师	中国经济史	150元
刘振群			日本京都帝国大学毕业、经济学士		讲师	工商组织与管理	150元
吴友清		男	东吴大学毕业	中央周刊编辑	副教授	商法	100元
陈学才		男	中央政校毕业	中央日报编辑	讲师	战时财政	150元
杨觉勇		男	日本东京帝大经济学士	外交部情报司专员	讲师	农业经济	100元
汪友明		男		财务署会计长	讲师	政府会计	260元
吴履绥		男	上海立信会计学校毕业	东吴沪江大学法商学院兼任教员	讲师	成本会计	150元

续表

姓名	别号	性别	学历	经历	职务	担任课程	薪酬
刘邦绂	铁山	男	北京俄文专修学校毕业	历任中各学史地教员、中山大学讲师	讲师	三民主义、俄文、西洋历史	260 元
杨玉清		男	日本早稻田大学政治学士、法国巴黎大学研究员		教授	政治学	150 元
胡百行		男	北京医科大学毕业		讲师	生理	150 元
朱重明		男	见前介绍	见前介绍	教授	体育	300 元
杨文采		男			讲师	体育	240 元
艾毓英		男			教授	伦理学、三民主义	200 元
卢前	冀野	男	东南大学文学士		教授	曲选	150 元
李春萍		男	章太炎门人	正风学院教授	讲师	音韵学	150 元
王世文			中央大学化工系毕业		助教		120 元
范中恺		男	见前介绍		讲师	理化实验	240 元
曹先锟		男	见前介绍	见前介绍	讲师	社会学	150 元
彭光汉		男	见前介绍				职员薪

续表

姓名	别号	性别	学历	经历	职务	担任课程	薪酬
陈庆中			本大学毕业		中文系助教		120 元
鲁洵			本大学毕业		外文系助教		120 元
金子和			中山体育专门学校毕业		体育助教		140 元
李福箴		女	见前介绍		女生体育指导		职员薪

表 4-23　私立武昌中华大学三十二年度职员名册

姓名	别号	性别	籍贯	学历	经历	职务
陈时	叔澄	男	湖北黄陂	见前介绍	见前介绍	校长
严绂苹	士佳	男	湖北黄冈	见前介绍	见前介绍	教务长
罗哲明	经琳	男	湖北汉阳	见前介绍	见前介绍	代理训导长
王治焯	季华	男	湖北黄陂	见前介绍	见前介绍	总务长
周振训		男	湖南临湘	见前介绍	见前介绍	秘书
汪缉熙		男	湖北黄冈	见前介绍	见前介绍	注册主任
陈庆江	益民	男	湖北黄陂	见前介绍		图书管理员
陈庆蕃		女	湖北黄陂	本大学毕业		图书管理员
王远光		男	江西萍乡	本大学师范专修科毕业		注册组员
王佐才		男	湖北汉川	中央军校六期毕业		军员管理主任

续表

姓名	别号	性别	籍贯	学历	经历	职务
胡百行		男	湖北汉阳	北京医科大学毕业		西医
李幼安		男	湖北武昌			中医
萧剑云	迈何	男	湖南益阳	本大学毕业		事务组主任
萧则林		男	四川巴县	中学毕业		书记
陈超	光裕	男	湖北孝感	本大学会计专修科毕业		事务员
涂亚伯		男	湖北黄陂	本大学毕业		生活指导组主任
朱重明		男	江苏宜兴	见前介绍	见前介绍	体育卫生组主任
李福箴		女	云南弥渡	见前介绍		女生管理员
吴荫先		男	湖北黄陂	中央军校特别班毕业		训育员
叶鸣瑞		男	湖北黄陂			出纳组主任
陈道经		男	湖北黄陂			文书组主任
陈庆普		男	湖北黄陂			会计主任
彭光汉		男				会计员
杨元才		男	湖北武昌			事务员

表 4-24 私立武昌中华大学三十四年度教职员名册

姓名	性别	学历	经历	任教课程	职别
陈时	男	见前介绍	见前介绍		校长
严绂苹	男	见前介绍			教务长兼训育主任
王治焯	男	见前介绍			总务长
邹昌炽	男	见前介绍			文学院院长兼外文系主任
余家菊	男	见前介绍			中文系主任、教授
鲁济恒	男	见前介绍			
潘新藻	男	见前介绍			副教授
施端履	男	见前介绍			教授
叶鸣瑞	男	见前介绍			副教授
傅佛崖	男	见前介绍			副教授
安迪生	女			英文会话	讲师
欧阳地	男	燕京大学研究院硕士	燕京大学讲师	作文、翻译	教授
于汝钧	男	巴黎大学毕业		法文	讲师
萧仁瑞	男	见前介绍	见前介绍		讲师
陈庆中	男	见前介绍	见前介绍		助教
鲁珣	男	见前介绍	见前介绍		
单粹民	男	见前介绍	见前介绍		教授
曾石云	男	德国莱城大学博士	重庆大学教授		教授

续表

姓名	性别	学历	经历	任教课程	职别
曹自晏	男	见前介绍	见前介绍		教授、化学系主任
周焕章	男	见前介绍	见前介绍		
胡乐德	男	见前介绍	见前介绍		
彭振炯	男	见前介绍	见前介绍		
范中慥	男	见前介绍	见前介绍		
马芳琳	女	本大学毕业	高中教员	化学	助教
余传绶	男	武汉大学毕业	复旦大学副教授	物理、高等物理、近代物理	副教授
刘云浦	男	美国麻省理工学院化学博士	重庆大学教授	物理化学、热力学	兼任教授
李铭	男	见前介绍			
陆子芬	男	中央大学毕业	云南大学讲师等	方程式论	兼任副教授
王北辰	男	见前介绍			
景振球	男	见前介绍			
汪育春	男	见前介绍			副教授
张修山	男	见前介绍			副教授兼会计专修科主任
高叔康	男	日本明治大学政经科毕业	武昌中山大学、山西大学、复旦大学教授	中国经济史	兼任教授

续表

姓名	性别	学历	经历	任教课程	职别
潘力生	男	湖南大学毕业	湖南大学助教、讲师，立信会计专校教授	银行会计	兼任教授
景亮钧	男	北京大学法律系毕业	国立艺专教授	法学通论	兼任教授
管旺微	男	见前介绍			
郑涛	男	见前介绍		商法	
丁哲明	男	暨南大学毕业	重庆大学讲师、教授，执行律师	商法、民法	教授兼工商管理系主任
曹先锟	男	见前介绍			
张松年	男	中央大学、日本专修大学毕业	中央大学、上海中国公学、沪江法商学院等校教授	商业史	讲师
严潮泰	男	日本东京帝国大学经济学士、东吴大学法学院毕业	建国银行（重庆）襄理	银行学、货币学	讲师
曾庆锡	男	见前介绍			
刘邦绂	男	见前介绍			
胡百行	男	见前介绍			
金子和	男	中山体育专门学校毕业		体育	助教

续表

姓名	性别	学历	经历	任教课程	职别
李晋勋	男	本大学毕业			助教
王子骥	男	本大学毕业			助教
刘宅安	男	国立武昌商科大学毕业	湖北政商会计专员	高等算学、政府会计	兼任教授
王治津	男	日本东京帝国大学毕业	经济新闻社社长	经济学	兼任教授
胡守愚	男	中山大学毕业	四川大学教授	经济思想史、战时财政	兼任教授
周迪斐	男	美国芝加哥大学毕业	沪江大学训导长	市场学	兼任教授
秦宏济	男		经济部科长	工商组织与管理	兼任教授
吴温玉	女			工厂法	会计师、讲师
汪龙	男		社会部统计处长	统计学	讲师
傅绍霖	男	清华大学毕业		统计学	讲师
任作石	男	美国纽约大学毕业	会计师兼律师	保险学	兼任教授
曹磊石	男		军需学校教官	国际贸易金融学	兼任教授

续表

姓名	性别	学历	经历	任教课程	职别
陈庆普	男	见前介绍			会计主任
秦大猷	男	见前介绍			出纳组主任
陈孟权	男	见前介绍			文书组主任
涂亚伯	男	见前介绍			注册组主任
汪缉熙	男	见前介绍			出版组主任
陈庆蕃	女	见前介绍			图书馆主任
萧剑云	男	见前介绍			事务组主任
赖瑄	男	本大学毕业			生活管理组主任
王远先	男	本大学毕业			教务员
吴阴先	男	中央军校特别班毕业			训育员
段翠莲	女	上海劳动大学毕业			女生指导专员
唐智民	男	陆军军校广西分校经理班毕业			会计
陈超	男	见前介绍			事务员
杨元才	男	见前介绍			事务员
刘超	男	见前介绍			书记员
徐在权	男	中学肄业			事务员
周菁	男				合作社营业员
张绍书	男				经济研究指导
吴云青	男	中华职业学校会计科毕业	历任小学校长、中学文牍、机关会计		文牍

表 4-25 私立武昌中华大学三十五年度教职员名册

姓名	职别	薪额	新聘期年月	备注
陈道经	文书主任	340 元	三十五年八月	十月解聘
陈庆普	秘书	370 元	三十五年八月	十月解聘
胡正谊	讲师兼事务主任	360 元	三十五年八月	十月解聘
涂亚伯	讲师兼注册主任	340 元	三十五年八月	十一月解聘
王治桐	教务处考勤主任	300 元	三十五年一月	
龚养浩	秘书	360 元	三十五年八月	
陈庆蕃	图书馆主任	300 元	三十五年八月	
范中慥	图书仪器保管主任	280 元	三十五年八月	十月解聘
杨九乡	医务室主任	300 元	三十五年八月	十月解聘
周智	生活管理主任	300 元	三十五年八月	十月解聘
魏云	助教兼训导组员	240 元	三十五年八月	辞职
石秀松	助教兼总务处组员	220 元	三十五年八月	十月解聘
徐志恒	教务处组员	260 元	三十五年八月	十月解聘
丁声扬	教务处助理员	100 元	三十五年八月	十月解聘
张诚水	教务处助理员	未定	三十五年八月	
刘超	训导处书记	140 元	三十五年八月	
杨元才	总务处事务员	140 元	三十五年八月	
徐芝	会计室佐理员	140 元	三十五年八月	辞职
刘奇珍	医务室助理员	140 元	三十五年八月	
徐立权	图书馆助理员	80 元	三十五年八月	
吴云青	秘书室组员	160 元	三十五年八月	
叶鸣瑞	副教授兼出纳主任	360 元	三十五年八月	十月解聘

续表

姓名	职别	薪额	新聘期年月	备注
梅辅龙	总务处助理员	160 元	三十五年十月	
王为成	总务处出版组主任	300 元	三十五年九月	
王敏	训导处女生指导员	280 元	三十五年十月	
王羊僧	教务处组员	260 元	三十五年九月	
陈澄海	教务长书记	80 元	三十五年九月	
王治焯	专任教授兼教务长	560 元	三十五年八月	
严绂莘	专任教授兼训导长	600 元	三十五年八月	辞职
傅严	专任副教授兼中文系主任	370 元	三十五年八月	十月解聘
王越三	专任副教授	340 元	三十五年八月	
彭振炯	专任副教授	370 元	三十五年八月	十月解聘
潘新藻	专任教授	370 元	三十五年八月	十月解聘
胡乐德	专任副教授	370 元	三十五年八月	十月解聘
鲁济恒	专任教授	600 元	三十五年八月	
单粹民	专任教授	520 元	三十五年八月	十月解聘
曹自晏	专任教授	480 元	三十五年八月	十月解聘
张修山	专任副教授	370 元	三十五年八月	十月解聘
王正常	理学院助教	180 元	三十五年八月	
骆介子	专任教授兼文学院院长	600 元	三十五年八月	
陈美辉	专任讲师	340 元	三十五年八月	
刘逸吾	兼任教授		三十五年十月	
倪德刚	商学院兼任教授		三十五年十月	
沈俊达	兼任教授		三十五年十月	
杨守煦	商学院兼任教授		三十五年十月	
陈钟炬	商学院兼任讲师		三十五年十月	
胡自翔	商学院教授代院长	560 元	三十五年八月	

续表

姓名	职别	薪额	新聘期年月	备注
林椒青	专任教授兼外文系主任	480 元	三十五年十月	
周焕章	专任教授兼理学院院长	600 元	自到任之日起薪	
李天成	工学院助教	180 元	三十五年九月	
吕知行	商学院助教	180 元	三十五年九月	
刘绍典	理学院助教	180 元	三十五年十月	
邓通济	理学院数学系主任	薪未定	三十五年十月	
刘丙遒	商学院专任副教授	薪未定	三十五年十月	
任启珊	文学院专任教授	600 元	三十五年十月	
彭正浩	商学院专任教授	480 元	三十五年十月	
程起陆	特约讲师	以时计薪	三十五年十月	
雷伯衡	商学院助教	180 元	三十五年十月	
刘伯勋	商学院兼任讲师	暂未定	三十五年十月	
余极	兼任教授	未定	三十五年十月	
杨光第	兼任教授	未定	三十五年十月	
成开勋	专任讲师	320 元	三十五年十月	
王楚林	专任讲师	320 元	三十五年十月	
廖宅仁	兼任讲师	未定	三十五年十一月	
李志超	兼任副教授	未定	三十五年十一月	
徐乃德	特约讲师	以月计薪	三十五年十月	
白光照	特约讲师	以月计薪	三十五年十月	
温楚珩	会计主任	360 元	三十五年十月	十月接任
何志纯	出纳主任	360 元	三十五年十月	十月接任
韩简	会计佐理员	160 元	三十五年十月	十月接任
於润华	专任教授兼工商系主任	520 元	三十五年十月	十月接任
黄超	专任教授兼化学系主任	560 元	三十五年十月	

续表

姓名	职别	薪额	新聘期年月	备注
刘年规	专任讲师	340 元	三十五年十月	
白光华	兼任教授	12 万新币	三十五年十一月	每周六小时
任耀华	专任体育助教	200 元	三十五年十一月	
汤汝梅	商学院兼任讲师	未定薪	三十五年十月	
余传焘	商学院兼任讲师	未定薪	三十五年十月	
胡嗣臣	商学院兼任教授	未定薪	三十五年十月	
陈竹虚	秘书	340 元	三十五年十一月	接任
骆运乾	会计室值班员	100 元	三十五年十一月	
张汉樵	训导处组员	未定	三十五年十一月	
夏贯中	兼任讲师	未定	三十五年十月	改兼任副教授
徐公仆	兼任讲师	未定	三十五年十月	
何百克	特约讲师	15 万新币	三十五年十一月	每周六小时
谢主丽	特约讲师	15 万新币	三十五年十一月	每周六小时
张恕生	兼任讲师	未定	三十五年十一月	每周六小时
杨荣光	兼任讲师	未定	三十五年十一月	每周六小时
童光煐	专任教授兼训导长	560 元	三十五年十一月	接任
贺良潢	兼任副教授	未定	三十五年十一月	接任
范今	秘书室组员	220 元	三十五年十一月	接任
张於平	专任副教授	400 元	三十五年十一月	接任
王楚杞	事务员	160 元	三十五年十一月	接任
王荣迈	兼任讲师	未定	三十五年十一月	接任
金通林	专任讲师	三十六年二月起薪	三十五年十一月	
吴学尧	文学院助教	180 元	三十五年十二月	
谢寿孙	商学院兼任教授	未定	三十五年十一月	

续表

姓名	职别	薪额	新聘期年月	备注
何小龙	兼任讲师	未定	三十五年十一月	
叶之真	兼任教授	未定	三十五年十一月	
熊寿珩	兼任讲师	未定	三十五年十一月	
张希文	事务组主任兼讲师	未定	三十五年十二月	接任
刘乙阁	兼任教授	未定	三十五年十一月	
熊全涛	兼任副教授	未定	三十五年十一月	
张远达	兼任讲师	未定	三十五年十一月	
冒宪昌	兼任讲师	未定	三十五年十一月	
齐永魁	兼任副教授	未定	三十五年十一月	
吴亲仁	兼任副教授	未定	三十五年十二月	
张尧年	兼任教授	未定	三十五年十二月	
周慕英	理学院助教	未定	三十五年十二月	
舒登榜	兼任讲师	未定	三十五年十二月	
彭凤鸣	兼任讲师	未定	三十五年十二月	
余成章	兼任讲师	未定	三十五年十二月	
费多洛夫	兼任讲师	未定	三十五年十二月	
王世安	兼任讲师	未定	三十五年十二月	
宋如海	专任教授兼体育主任	未定	三十五年十二月	
夏振东	兼任讲师	未定	三十五年十二月	
骆见可	兼任讲师	未定	三十五年十二月	
谢乐康	专任教授兼会计主任	未定	三十五年十一月	十月接任
钟兴厚	兼任教授	未定	三十五年十一月	
邬志芳	英文打字员	十五万元新币	三十五年十二月	
邹正芬	会计佐理员	200元	三十五年十二月	十月接任

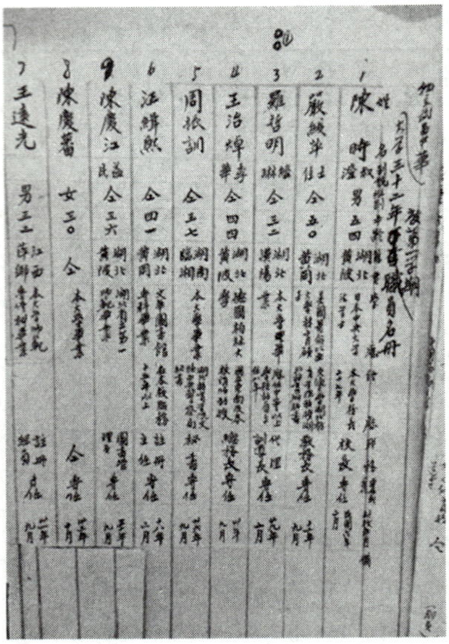

图 4-9　华中师范大学档案馆藏 1943 年度第二学期中华大学教师名册

分析以上各年度中华大学教职员情况可知，学校刚迁渝时，师资流失比较严重，教职员结构变化较大，好在当时在重庆的知识界、教育界人士较多，加上西迁重庆的大学不少，这为中华大学聘请兼职教师提供了便利。受学校精神之感召，一些教师在兼职后又被聘为专任教师，例如 1939 年聘请的兼任教师姚铁心、王北辰、单粹民、卢冀野、成开勋等后来陆续被聘为专职教师。随后的余家菊、陈启天、丁绪淮、苏西第等名师也是从兼任教师被聘为专任教师的。

除此之外，聘请名家到学校作报告也是弥补名师不足、开阔学生眼界、提高学术水平的一个好办法（中华大学二三十年代的名家暑假报告会曾名扬武汉）。其间，中华大学就聘请过卢前讲“中国文学史”、郭沫若讲“甲骨文研究”、陈启天讲“法家哲学”、张君劢讲“魏晋玄学”、太虚法师讲“佛学”、杨杰讲“抗战必胜”、冯玉祥讲“爱国主义与抗战胜利”、马寅初讲“新人口论”、邹韬奋讲“政治民主化”、范长江讲“抗战形势”、顾维钧讲“抗战与外交形势”等，这些报告在师资相对流失、物资极度匮乏的情况下，无疑是中华大学师生的精神大餐。

分析上面各年度教职员统计情况还可得出如下结论：

第一，各年度教职员中教师显然比职员多，这也是中华大学一贯之办学传统。全校专职职员仅有一名学校秘书、一名注册主任、一名会计主任、一名出纳主任、一名事务主任，其他行政工作均为教师兼任。

第二，教师队伍逐年稳定，甚至高级职称还多于其他职称教师，高级职称教师配置、结构状况等甚至优于学校西迁之前。如 1945 年学校教师总数为 46 人，其中教授就有 28 人，而副教授、讲师、助教则分别为 8 人、5 人、5 人，教授数量比其他教师数量的总和还要多。而这其中专任教师为 30 人，兼任教师为 16 人，专任教师又几乎是兼任教师的 2 倍。

第三，学校三个学院——文学院、理学院、商学院教师人数分别为 10 人、13 人、14 人，三个学院教师的数量和比例是比较均衡的，人数基本相当。

以上说明，中华大学迁渝后，教师队伍结构经过短暂的波动后，不久即趋于稳定，这应该得益于陈时校长及各位董事的努力和严绂莘、邹昌炽等名师的感召。国难当头之时，教师教育救国之理想战胜了其他一切功利目标。同时也说明，战争并没有降低中华大学对师资质量的要求。

三、中华大学在重庆的教学

（一）中华大学在重庆的教学情况

有关中华大学在重庆的教学情况，我们从以上章节中华大学的课程总表、考试科目等档案材料中基本可知：学校在各专业教材安排、教师安排、课程安排、考试安排上都比较细致，甚至可以说比较完善，虽然受战争侵扰不断，但学校教学基本上是按计划进行的。我们可以从中华大学当年的校友回忆中得到进一步证实。

1943 年在中华大学任助教的马芳琳回忆：“1939 年为使化学系能开学给学生上课，陈校长四处奔走，到 1939 年 4 月学校在重庆大学争取到了留美博士丁绪淮教授到我校化学系兼课，留学比利时博士李家光是圣约翰大学教授，也同意到我校来，应聘为专职教授。1939 年秋季开学时，王治焯老师自德国回来到中华大学任教，他是以科学救国为宗旨的，在德国求学主攻国防化学，到校后任教国防化学和第二外国语德文课程。在1940年初，又来了武汉大学化学系毕业的彭振炯，他除教无机化学和分析化学外，还兼管图书馆工作。筹建化学实验室，由范中造先生和四年级同学陈庆强参与设计，用地200平方米，采用当地民间建筑房屋的办法，以双编竹篾为墙体，两面糊熟泥草筋，然后用石灰浆刷白而成。实验室面向长江，背靠涂山，室内分一大间、两小间，大间放三四个木制长方形桌子作为实验台，由于化学系学生不多，每个年级一张桌子就够做实验了。由于没有围墙，每当学生做实验时，过往行人常在外观看，在进行国防化学实验制催泪气体时，过路行人就说，这是啥子嘛？怎么叫人流眼泪？这是因为篾编围墙漏气的原因。”“到1941年，学校又筹募了一笔款子，优先在禹王庙后面的山上建筑了一座青砖质量的、在当时算是比较正规的实验室，有电，有水，有仪器保管室、天平室（图4-10）和适合做实验的实验台。”①

图4-10　中华大学在重庆的实验室天平室一角

1942年级中国文学系的罗大同回忆，鲁润玖先生（图4-11）是当时400名教育部部聘教授之一，他在教学时给人印象最深的有这样三条：

① 马芳琳：《陈时校长“教育救国”的一个范例》，娄章胜、郑昌琳：《陈时教育思想与实践》，华中师范大学出版社，2003年，第175页。

图 4-11　鲁润玖先生

第一条是形象生动，让人终生难忘。比如他讲“旦”字，说是太阳冒出了地平线，天亮了，所以说“通宵达旦”；也可以引申为“诚挚”的意思，如信誓旦旦。他讲“國”字，便用粉笔在黑板上画，指出口下一横代表土地，口代表人民的住所，戈就是武器，外边的这个大框框表示疆界。看来要成为一个真正的国家，非得有土地、人民、武装不可，我们现在受到日本帝国主义的侵略，这三条都遭到损害，若长期下去，不加抵抗，则国将不“國”了。这种讲解，深入浅出，使人深受启迪。第二条是说得开，收得拢，引人入胜。记得每次上课时，一开头先生总是说：“先讲几句闲话……”这闲话包括生活琐事，社会见闻，抗战大业。然后再讲书，讲到一定的地方，先生把开头讲的那几句话一联系，恰好证明并非闲话，而是点拨学生开窍的话。第三条是他讲课的目的在于启迪学生思考，使学生能真正理解内容，获得知识，提高水平，不是为了给学生造成一个印象——我多么了不起！其实，先生读书多，学识是很渊博的。对学生的学习，则是把严格要求和热情鼓励结合在一起。记得学过《情采篇》后命题作文，我用文言仿照刘勰的笔调写了一篇五六百字的习作，他看了大为夸奖，提笔一挥打了八十五分，并说这是他教书数十年头一回打这么高的分，至今我记忆犹新，感到鼓舞！[①]

---

① 罗大同：《国学名师鲁润玖先生》，娄章胜、郑昌琳：《陈时教育思想与实践》，华中师范大学出版社，2003 年，第 255—256 页。

1942年级学生吴汉雄对邹昌炽老师十分钦佩，他回忆当年做邹老师学生时写道：

邹昌炽老师，湖北宜昌人，生于1888年，卒于1973年。1908年他毕业于武昌文华大学，先在中华大学教过一段时间英语。1918—1928年留学美国，就读于美国培植文理学院、美国西北大学、美国芝加哥大学法学院，并分别获得文学学士、文学硕士、法学博士学位。归国后在上海当律师，后回湖北任《自由西报》编辑。陈时校长求贤若渴，聘请他为中华大学文学院院长兼外文系主任，教授外文系几门课程。他那渊博的学识和一口流利纯正的美国英语，使他的讲课极具魅力，常常吸引外系学生也来听他讲课，并深受教益。

重庆中华大学在南岸禹王庙湖北同乡会旧址，那里有一间极简陋的不足10平方米的居室，这便是他的书房兼卧室，里面放了一张床和一张旧书桌。桌上摆了一台打字机和一台油印机。他单身一人住在这里，自编讲义，自刻蜡纸，并亲自印。教书是他的工作，他的乐趣，更是他唯一的嗜好。

1943年是抗战最艰苦时期，后方人民节衣缩食，一切为了抗战。中华大学的校园里依然是青年的世界。在邹老师的指导下，学校组织了一个Glee Club（即俱乐部），学生们在这里唱歌、跳舞、演戏，活跃了大学生活。在这个俱乐部里，邹老师组织我们唱英文歌曲，有时还带我们到教堂去唱圣歌。每逢圣诞节，组织我们搞圣诞晚会，唱歌跳舞，并到宿舍及医院为师生们祝福。1944年圣诞节，邹老师亲自领导我们排演《耶稣降生》英文歌舞剧，轰动全校。他搞的这些活动，不只活跃了我们的校园生活，而且寓教于乐，拓宽了我们的学习领域及知识境界，增强了我们的学习效果。①

---

① 吴汉雄：《忆在重庆抗战时期的邹昌炽老师》，娄章胜、郑昌琳：《陈时教育思想与实践》，华中师范大学出版社，2003年，第238—239页。

当年非外国语文系的学生范鸿元回忆邹昌炽老师：

第一次上课，邹老师就向同学们散发了他自刻自印的讲义，两节课下来，我们竟然觉得时间过得很快。他的讲台上放着《牛津词典》——他每天上课都带着它——这也足见他治学的严谨作风。我原来就比较爱好英语，但很多问题都没有弄懂。那一天的两节课，我一下子就学了不少知识，就好像邹先生是针对我的毛病讲的。

在中华大学的四年中，我以一个非外语系的学生，认认真真地接受邹老师的教诲。他的渊博的知识、严谨的治学作风和朴质无华的生活，无一不感染着我、影响着我，使我后来专门选择以英语专业为主的工作。1949 年后，我当过多年英语教师，很多教学方法都有我的老师邹先生的激励。我常对学生说，过去我的老师怎么讲的，我现在还是怎么对你们讲。①

20 世纪 80 年代中华大学校友会成立，80 年代末 90 年代初中华大学校友会先后出版内部刊物《中华大学校友通讯》，该刊中有多篇当年校友回忆他们在重庆学习的岁月，记录了中华大学的老师们乐于奉献、兢兢业业教学，不断创新教学模式、方法，利用各种资源提高教学质量的动人故事，其中还有不少回忆严绂苹、方宗汉、彭勉吾、王治焯、李家光等老师的文章，在此不一一列举。

重庆市档案馆也有零星的相关材料，现列举一些，以便读者更全面了解当年中华大学在重庆的教学情况。

例，1939 年 1 月 14 日，中华大学致函美丰银行，洽商学生前去参观见

① 范鸿元：《诲人不倦的邹昌炽老师》，娄章胜、郑昌琳：《陈时教育思想与实践》，华中师范大学出版社，2003 年，第 244 页。

习事宜，原文件[1]如下：

径启者：本星期二（十七日）敝校工商管理学系学生由唐教授率趋贵行参观，辱荷盛情招待，深感纫谨，此谢！即希登照为荷。此致。

重庆美丰银行

中华大学

二十八年一月十四日

美丰银行在收到中华大学的请求后于次日复函：

径复者：大函奉悉，承示贵校工商管理系学生十名拟于本月十七日由贵校教授唐学庠先生率领前来敝行参观一节，届时为荷，惠临无任欢迎，特此函复，仰祈查照为荷。此致。

武昌中华大学校

总经理　唐忠如

再如，中华大学致卫生署麻醉药品经理处拟购药品以作学生化学实验试剂的函[2]：

径启者：敝校化学实验需用以脱拾磅，哥罗仿特仿价，特函前来，请烦查照批购。如另有何手续，并乞示知为荷！此致。

麻醉药品购理处

三十年十一月七日中华大学于南岸下浩米市街

再例，1943 年 11 月中华大学关于告知商学院三年级学生参观实习致中

① 中华民国全宗，中华大学卷，档案号：02960014000290000192000，重庆市档案馆。
② 中华民国全宗，中华大学卷，档案号：02300002003530000239000，重庆市档案馆。

国毛纺厂公司的函[1]：

> 径启者：敝校商学院三年级学生约30人拟于本月二十二日（星期一）前来参观，藉自历练，特此函达，即希查照，惠于指导为荷！此致。
>
> 中国毛纺厂
>
> 中华大学启　十一月十八日

还如，中华大学商学院学生拟赴厂参观见习致裕华纱厂的函[2]：

> 径启者：敝校商学院学生十二人为工商实习拟于十二月二日（星期六）上午九时由方院长宗汉率领前来贵厂参观，先此奉达，即希查照，届时惠于指导为荷！此致。
>
> 裕华纱厂

以上中华大学重庆时期校友回忆录及相关档案材料进一步说明：

第一，中华大学教师系像当年西迁后方的大学教师一样满怀爱国之心，不愿当亡国奴在敌占区苟延残喘，为教育救国理想，而甘于吃苦乐于奉献。

第二，在抗日战争最艰苦的时候，一些教师放弃国外安稳优裕的生活环境，毅然回到国内，赴重庆乐于在中华大学从教，为实现抗战救国之理想。

第三，即使在极端恶劣条件下，中华大学教师仍注重教学方式、方法的改革，追求课堂教学效果，讲究启发学生思维。

第四，没有忽视开门办学，他们克服困难，利用资源，注重教学实践、教学应用。

第五，学生学习风气良好，能珍惜得来不易之学习机会。

---

① 中华民国全宗，中华大学卷，档案号：0230000353000023 9000，重庆市档案馆。

② 中华民国全宗，中华大学卷，档案号：0231001200015000011000，重庆市档案馆。

（二）中华大学在重庆的科研活动

相对于教学而言，中华大学的科研活动较少，所取得的成绩并不十分突出，这主要表现为学校在办学过程中科研活动少、规章制度缺乏、科研成果不突出等。但这并不是说，中华大学就不重视科学研究，只是其重视的程度、角度与国立大学有异。

1927 年 6 月 15 日，国民政府颁布了《大学教员资格条例》，该条例规定“凡私立大学审查合格之教员必须经大学呈请中央教育行政机关立案报由认可，经予证书，方为可效”。即要求审查“（一）履历，（二）毕业文凭，（三）著作品，（四）服务证书”。该条例在“附则”中还有补充：“凡于学术有特别研究无学位者，经大学之评议会议决，可充大学助教或讲师。”该条例可认为从制度层面对私立大学教师的科研提出了一定的要求，甚至可以这样理解：没有高级文凭、学位，而要成为私立校大学教师，其破格条件即是科研突出。当然，当时的所谓科研（主要指学术著作）与当今的科研在内涵和外延上都有着较大区别。中华大学虽然没有制定相关的科研制度要求，但教师聘任、职级评聘是参照了该《大学教员资格条例》执行的，在我们查到的有关中华大学教师履历的档案中，多有记载该校教员之“科研成果”，即教师的著作、译作等，即便在学校迁渝后，中华大学的教师聘任亦是如此要求的。

还有一个事实也可以说明中华大学重视科研工作，即学校重视图书、仪器、标本等科研基础条件的配置。1931 年学校图书馆藏书量已达 31 万卷，仪器价值 92440 元，标本模型价值 6740 美元①。1943 年在中华大学化学系任助教的马芳琳回忆：学校迁渝后，在教师无图书资料，学生无处做实验的情况下，学校筹募到一笔款子后就率先建了一间简陋的实验室。1941 年，学校又用筹到的款子优先建了一间在当时算是比较正规的实验室。

---

① 马敏、汪文汉：《百年校史（1903—2003）》，华中师范大学出版社，2003 年，第 145 页。

有鉴于此，当时政府在此方面也给中华大学一些帮助，如在抗战即将取得胜利的1945年4月，国民政府教育部有条件从外国购置图书、仪器后，随即致电中华大学“知照查购”①。

> 教育部代电
>
> 电仰开列购置图书仪器英文清单各五份报部由。
>
> 中华民国三十五年四月十七日
>
> 私立武昌中华大学：
>
> 本部为补充公私立专科以上学校暨研究编译机关教学研究设备起见，已向善后救济总署商妥指定专款，由该署向英美大量订购图书仪器，图书包括普通教科书、参考书、期刊、特殊参考书、教育影片等；仪器以工、农、医及数理化、生物、地质等基本科学之教学研究设备为限，至于医学院之临床设备、农院之实验站与农场等设备，总署另有专款补助，不在此内。仰就实际需要尽量开列英文清单各五份于电到三星期内报部俾与善后总署参酌办理，希勿过期致失机会，务需注意教育部条印。

中华大学收到教育部此电后，时为学校秘书的陈庆普马上签发了拟办文件：“交教务处会同各系主任开具图书清单及化学系主任开具仪器清单，并与图书馆仪器室陈、范两位主任会办。普签。”时任校长的王震寰4月22日即批示“拟速办”。

中华大学迁渝前夕，为响应政府号召，和其他大学一样对科研方向也进行了相应调整，那就是努力为抗战服务。如前所述的化学系成序庠教授(图4-12)牵头进行活性碳研究，其成果用来制作防毒面具，经过检验，其性能优良，获武汉防空委员会“特一号”生产许可证，用于生产防毒面具为抗战服务。

---

① 中华大学卷，档案号：LS11-165，华中师范大学档案馆。

图 4-12　成序庠教授

之所以说中华大学的科研力量相对薄弱些，还一个原因是中华大学在发展过程中规模始终较小，学科发展不全面，又是一所以人文社会科学为主的学校，理工科一直比较薄弱，如理学院数学系规模极小，物理系在迁渝前已停办，仅化学专业较强。再者，他们的办学经费、办学场所一直不足也是制约其相关学科规模发展、扩大的原因。

在重庆，中华大学在科研和学术上主要是承续以前的传统，在创办学术刊物、传播学术成果上做得不错，如创办《金融知识》杂志（图 4-13）。该刊创办于民国三十一年一月，即 1942 年元月，是一个学术性的金融专业杂志，该刊主编为刘攻云、杨荫溥，在该刊的发刊词上，刘攻云对刊物的宗旨作了很好的阐述，即“十个使命”[①]：

——本刊对现行金融法令，应尽量开发其理论，提高一般国民之信心，以利战时金融国策之推行。此本刊应负之使命一也。

——本刊汇集全国金融学术两界人士对金融问题之意见于一编，当更便于当局之参酌。此本刊应负之使命二也。

——本刊应报导各地金融实际情况，以期反映各地社会经济之趋向，及战时金融措施之成功，而备各方之参考。此本刊应负使命之三也。

——本刊应尽可能介绍各国战时金融之措施。此本刊应负使命之四也。

——本刊应尽可能刊布有关金融经济之通俗文学，以期普及一般之常识。此本刊之使命五也。

① 中华大学卷，档案号：LS11-484，华中师范大学档案馆。

——本刊应介绍现代各国货币金融学说，以期鼓起国内研究金融学术之空气。此本刊应负之使命六也。

——研究及设计我国金融建设之原理与方策，以求其具体化，并促其实现。此本刊应负之使命七也。

——本刊对各国金融之实情，应量予介绍，以资对照，而励国人求进之心。此本刊应负之使命八也。

——研究银行实务，介绍现代银行家应有之学识与修养，以期增进金融业同人之知能，充实金融建设人才。此本刊应负之使命九也。

——研讨国内一般财政经济问题，以期整个经济社会之进步。此本刊应负之使命十也。

这办刊宗旨阐述得非常全面，具体要求也十分明了，尤其对抗战内容的要求有着十分重要的现实意义，其行文风格即便放在当今也有启示借鉴作用。

不仅如此，中华大学在重庆时各学院还自办学术刊物，便于教师发表学术文章，交流教学研究心得。在重庆市档案馆中华民国全宗中华大学卷中有一份档案材料就说明了这个情况：

中国国民党中央直属重庆市执行委员会公函[①]

民国三十一年元月七日

检还中华大学商学会旬报等申请书，请查收由。

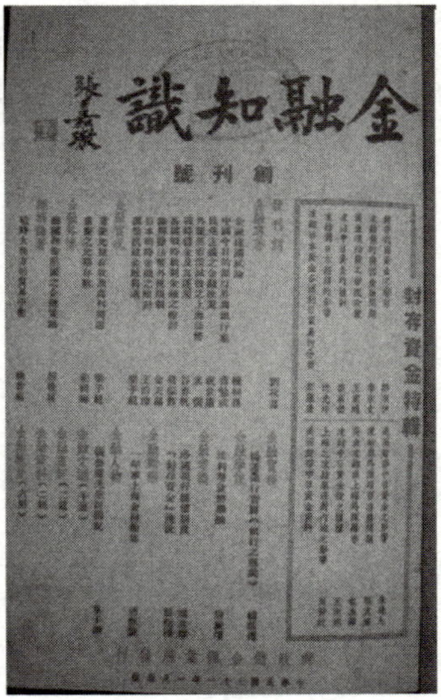

图 4-13　华中师范大学档案馆藏中华大学在重庆创办的学术刊物《金融知识》封面

① 中华民国全宗，中华大学卷，档案号：00600013000760000011，重庆市档案馆。

案准：

贵局社元一字第七零七八号及七零九四号函，送中华大学商学会旬报及复苏月刊登记声请书各四份，嘱审核盖章检还等由，查无不合，唯中华大学商学院旬报名称贵函误为中华大学商学院旬刊，应请更正，相应盖章检还原件，即希查收为荷。此致。

重庆市社会局

附：中华大学商学会旬报及复苏月刊登记声请书各四份。

主任委员　陈访光

从此档案内容可知，中华大学商学会1942年元月创办了一份旬报（《复苏月刊》为谁创办、内容为甚等待考），报重庆市社会局申请登记，社会局就有关材料报国民党重庆市执委核查，国民党重庆市执委审核无问题之后随即给重庆市社会局复函，称准予照办，并指出了文件中的笔误。

第五章　中华大学在重庆的招生考试

一、国民政府战时高校招生考试制度的变革

全面抗战爆发后，国民政府经过短暂的彷徨和观望，随即作出了战区高校向内地迁移的决定。1938 年国民政府还成立了“全国战争教育协会”，具体负责全国各高校的内迁工作。据统计，抗战期间，全国内迁的高校达 100 余所，占全国高校的九成以上。

关于抗战期间国民政府对高校招生考试制度的变革，余子侠教授等学者有过比较全面的阐述。

> 随着战区大批高校向西部及一些边远地区迁移，以及这些地方相继也有高校新生，高等教育领域出现了一些亟待解决的问题。诸如所属学校性质不一，学科专业设置不尽合理，尤其是一些战区省立、私立高校在经费上失去依托而亟待国家救助。于是教育部在将某些战前的省立、私立大学渐次收为国有的同时，在招生方面对全国高校也加紧了统一管理的步伐。1938 年国民政府教育部首次颁布了《国立各院校统一招生办法大纲》，规定国立各大学及独立学院（除在上海的高校外）一年级新生均由教育部统一招考，录取后再分发到各院校。该大纲还就统一招生的行政管理、考试科目、考生资格、录取标准、保送

比例、命题阅卷等各方面都作了相当详尽的说明。这个大纲也就成为后来历年高校统招政策的基础和模板，此后几届的招生办法都是在此基础上修订而成。在大纲公布的当年，1938 年度即有 20 所国立高校和省立重庆大学、省立广西大学参加了统一招考。从这些高校当时所处的地理位置和全国共分为 12 个考区的具体设置来看，大部分都位于西部地区。

1939 年高校统一招生的范围更加广泛，全部国立高校加上省立河南大学、省立重庆大学，共计 28 所公立院校参加，全国分为 15 个考区，但由教育部统一命题，而且考虑到各考区教育水平的差距和阅卷时的误差，遂决定将各考区分数加以调整后再在全国范围内统一录取。1940 年高校统一招生的范围再次扩大：除上年度的 28 校外，又加入了各省立大学及独立学院 13 所，共有 41 所高校参加，包括了当时几乎全部的公立高校。在全国分为 16 区同时举行报名考试，并且教育部还专门设立了常设机构“公立各院校统一招生委员会”进行统筹安排，并对招考制度作了一些改革和调整。虽然这两年参加统招的高校和考区较首次渐有增加，但从地理分布上来看仍以西部地区为主。

1941 年抗战进入最为艰难时期，华北、华东、华南、华中大片国土俱已丧失，后方的交通也变得日益困难，要想再在全国范围内进行大规模的统一招考已经不太现实，于是教育部决定颁发《公立各大学及独立学院招生办法》，暂停高校统一招生：各公立大学及独立学院可自行招考，但是招生名额和专业设置仍须呈交教育部核准，由教育部在总体方面宏观调控。次年，教育部试图恢复高校统一招生，但局势仍然没有多少缓解，无奈只得采用了一个折中的办法：将全国划分为重庆、成都、昆明、贵阳、西北、粤桂、福建、湖南、湖北九个考区，每一考区各有若干公立高校，再由本考区内的这些公立高校联合起来举行统一招生，但即使这样做也实属不易：粤桂、福建两考区已深处敌占区之内，招集考生相当困难，而湖南、湖北两考区内当时也仅各有两三所公立高校。

到1943年，国民政府教育部眼看短期内无望恢复全国范围内高校统一招生，干脆连前设的“公立各院校统一招生委员会”一并撤除，规定各公立高校可于单独招生、联合招生、委托招生、成绩审查四种方法中任选一种，但这项政策作出的让步还是有所保留：在局势较为缓和的赣、黔、甘三省，组织高中毕业学生以参加夏令营的形式在本省进行联合考试来取得升入高校的资格。1944年，政策又有变化：废除了上年度的暑期夏令营招考办法，各高校仍可自选招生办法但须参照学生的高中毕业会考成绩来录取。1945年，抗战胜利在望，国民政府教育部又试图逐渐恢复高校统一招生制度：在当时的后方，即川、甘、陕、黔、滇等省，再次采用分区联合考试的办法，分为重庆、成都、兰州、城固、贵阳、昆明、辰溪七个考区进行。然而抗战胜利后，内战烽烟又起，局势再次动荡，不得不再次采用各校自定招生办法的政策。1947年国民政府教育部在时局窘迫之中出台了《各省市高中毕业会考与大学入学考试联合举行办法》，但因内战不止，人心不稳，连会考都无法正常举行，于是这最后一次统一招生的计划亦随之成为泡影。①

二、教育部对中华大学招生的指令

正如前面所述，战时国民政府一直希望将全国高校招生考试工作统一规范，甚至拟根据各地情况不同，将高考招生分区、分时分别部分统一进行，但由于战争太残酷，局势发展变化又常常出乎意料，各校教学招生工作没法步调一致。因此，政府战时统一高校招生考试工作只是一直在努力过程中，没有也不可能完全实现。尽管统一招生考试工作没有开展，但国民政府教育部并没有放松对招生考试工作的要求和管理，对中华大学这样的私立

① 余子侠、冉春：《抗日战争时期中国教育研究》，团结出版社，2015年，第115—118页。

大学亦是如此。如，教育部就明确要求中华大学必须将每年度的招生考试简章，含招生计划、招生学科、招生名额、招生试题、报考资格、学费收取等一一报教育部核查，教育部将派员进校抽查，如一旦发现问题，轻则勒令整改，重则撤办。下面将 1939 年至 1946 年中华大学迁渝后可搜集到的教育部关于招生考试工作致中华大学的令、电整理如下，可使读者能更清晰地了解当时教育部对招生工作的要求，以及中华大学在重庆时的招生考试工作。

(1939 年 6 月）教育部训令①

高字 14330 号

中华民国二十八年六月

令私立武昌中华大学：

查专科以上学校招考新生应由本部统筹支配，经于上年通饬各校知照。本年本部仍设统一招生事宜。其他国立各专科学校及省私立各专科以上学校仍照上年成例，应将招考科系及名额先期呈部核准，再自行招生。除分令外，合行令仰该校知照。此令。

部长　陈立夫

(1939 年 7 月 5 日）教育部指令(图 5-1)

中华民国二十八年七月五日

高字第 17249 号

令私立武昌中华大学：

二十八年七月十一日呈一件——呈报拟招二十八年度新生及编级生祈鉴核示遵由。

呈件均悉。所请恢复法律学系一节，未便照准。

文学系仍应分设为中国文学系及外国语文系，并准与其他各系二十八年度上学期照所拟名额自行招生。

招收同等学力学生应遵照前电录取名额，不得超过录取总额的百

① 中华大学卷，档案号：LS11-128，华中师范大学档案馆。

分之五。

入学试验科目、军训可暂勿列入。又鄂籍学生升学仍应令其参加入学试验。

件存。此令。

部长 陈立夫

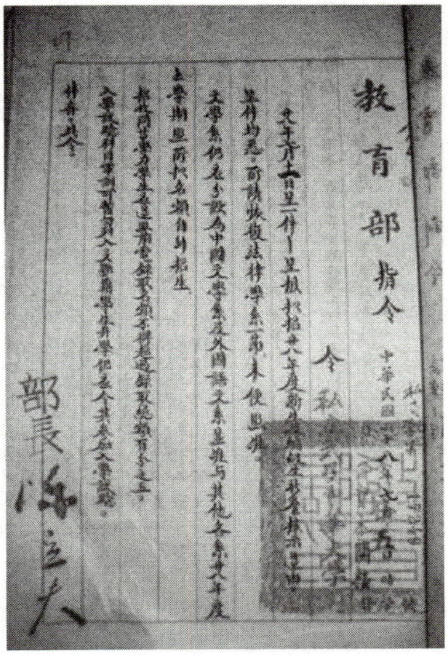
教育部指令

部長 陳立夫

图 5-1 1939 年 7 月教育部就招生问题致中华大学的指令①

（1940 年 2 月 2 日）教育部指令（图 5-2）

高字第 5144 号

中华民国二十九年二月二日

令私立武昌中华大学：

二十九年一月十九日辰字第十号呈一件——呈请于本年春季招收商学院会计专修科暨大学各学系三、二、一年级下学期编级生，祈鉴核由。

① 中华大学卷，档案号：LS11-128，华中师范大学档案馆。

呈悉。该校商学院准自二十八年度下学期起添设会计专修科，该科主任应另选专任人员充任。招收该科新生及其他各学系转学生，应俟补呈招生简单并补报各系拟招名额到部，再行核办。此令。

部长　陈立夫

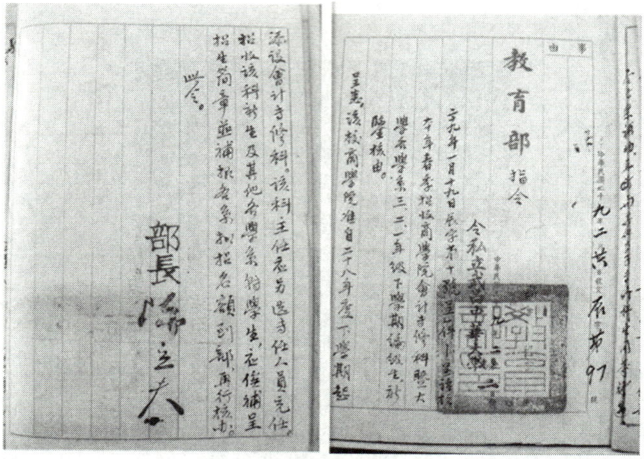

图 5-2　1940 年 2 月教育部批复准中华大学商学院增设会计专修科的指令①

（1940 年 3 月 1 日）教育部指令②

高字第 06124 号

中华民国二十九年三月一日

令私立武昌中华大学：

二十九年二月二十五日辰字第三二号呈一件——遵令呈送招收会计专修科及院系编级生简章，祈核备，并请补助专修科费用，免收该科学生学费以宏造就由。

呈件均悉。该校自行添设会计专修科与本部指定特设大学专修科性质不同，该校本年补助费业经另案核定，所请补助该科经费，应毋庸议。

招收同等学力学生，其名额不得超过录取新生总额百分之五，招

①② 中华大学卷，档案号：LS11-133，华中师范大学档案馆。

生简章第九条附告应删，余准备查，件存。此令。

部长　陈立夫

(1940年5月) 教育部代电[①]

高字第4769号

中华民国二十九年五月

私立武昌中华大学：

览本年国省立大学及独立学院由部统一招生，私立大学及独立学院暨公私立专科学校招生应依照下列各项办理：

(一) 各校应将二十九年度上学期拟招新生名额及招生简章呈部核定。

(二) 私立大学及独立学院入学考试科目应参照本年统一招生笔试课目编列。

(三) 私立大学及独立学院自二十九年度起不准再招收同等学力学生。

(四) 各校举行新生入学试验时，本部将派员监试。

(五) 各校办理招生事务完毕后，应将全部考生成绩列册连同各科试题报部备核。

(六) 各校新生入学试验试卷必要时，本部得随时抽阅。

除分电外，合行检发统一招生笔试课目表，电仰遵照办理。

附发本年统一招生笔试课目表一份：

统一招生笔试课目表

第一组：

志愿院系：文法商（管理学院各系包括在内），教育学院、师范学院文（科）组（教育公民训育、国文、外国语、史地、家政、文史、音乐各系）。

必试课目：1. 公民，2. 国文，3. 英文，4. 数学（高等代数、平面几何、三角），5. 中外历史，6. 中外地理，7. 理化，8. 生物。

加试课目：志愿体育系加试术科课目：1. 田径赛，2. 球类（女

① 中华大学卷，档案号：LS11-133，华中师范大学档案馆。

生免试足球)，3. 器械；志愿音乐系加试音乐常识。

附注：以本组所属中三院为第一志愿者，只能选择本组之其他院为第二、第三志愿。

第二组：

志愿院系：理工各学院，师范学院理（科）组（理化、博物各学系）。

必试课目：1. 公民，2. 国文，3. 英文（或德文），4. 数学（高等代数、解析几何、三角），5. 物理，6. 化学，7. 中外史地，8. 生物。

附注：以本组所属三院为第一志愿者，得以本组其他院及第三组所属院为第二、第三志愿。投考同济大学者英文改试德文。

第三组：

志愿院系：医农各学院。

必试课目：1. 公民，2. 国文，3. 英文（或德文），4. 数学（高等代数、平面几何、三角），5. 物理，6. 化学，7. 中外史地，8. 生物。

附注：以本组所属中三院为第一志愿者，只能选择本组之其他院为第二、第三志愿。投考同济大学及中山大学医学院者英文改试德文。

说明：公民、国文、英文、生物四课目，试题一、二、三组均相同；第一组数学与第三组数学试题相同；第二组及第三组之德文、物理、化学、中外史地试题均相同。

（1941 年 4 月）教育部代电[①]

事由：电知该校办理招生时，对于蒙藏及边省暨海外侨生应酌予从宽录取。

高字第 16284 号

中华民国三十年四月

私立武昌中华大学：

览查本部为优待蒙藏暨新疆、西康、青海、宁夏、绥远、甘肃等省

① 中华大学卷，档案号：LS11-137，华中师范大学档案馆。

及西南边地学生升学专科以上学校，并鼓励海外侨生回国升学起见，历年举办统一招生时，对于该项学生，均酌予从宽录取，本年统一招生暂停举行，各该校办理招生时，对于蒙藏暨新疆、西康、青海、宁夏、绥远、甘肃及西南边地学生经缴验证明文件属实者，应从宽录取，海外侨生经缴验证明文件属实者，亦应酌予从宽录取，除分电外，合行电仰遵照办理。

附：三十年度私立各大学及独立学院暨公私立专科学校自行招生办法

（一）私立各大学及独立学院暨公私立专科学校应参酌二十九年度招收新生数额，拟定三十年度各系科招生名额，订定招生简章于本年四月底以前呈部备核。

（二）各校院应依照核定名额自行定期招生，在招生简章未经本部核定前不得先行送登招生广告。

（三）私立大学及独立学院入学试验科目应参照下列规定订定之：

（甲）文法商、教育各学院：公民、国文、英文（或法文）、数学（高等代数、平面几何、三角）、中外历史、中外地理、理化、生物。

（乙）理工各学院：公民、国文、英文（或法文、德文）、数学（高等代数、解析几何、三角）、物理、化学、中外史地、生物。

（丙）医农各学院：公民、国文、英文（或法文、德文）、数学（高等代数、平面几何、三角）、物理、化学、中外史地、生物。

体育音乐学系新生试验甲组科目外，并分别加试术科及音乐常识，各院学生除笔试外并应口试，各院校附设有专修科者其入学试验科目亦参照前项规定办理。

（四）公私立专科学校新生入学试验科目由各校酌定报部备核。

（五）入学试验各科试题应严格依照高中课程标准（五年制专科依照初中课程标准）命题。

（六）私立大学及独立学院暨五年制专科（艺术音乐专科除外）不准招收同等学力学生。

（七）各校和拟招收转学生应将各系科拟招转学生名额等项与新生招生简章同时呈核。

（八）各校办理招生事务完毕后应将已取、未取考生各科成绩列册连同各科试题报部备核。

（1942 年 1 月 19 日）教育部指令（图 5-3）

高字第 02577 号

中华民国三十一年一月十九日

令私立武昌中华大学：

三十一年一月六日渝字第一五四号呈一件，呈送三十一年春季招生简章，祈鉴核由。

呈件均悉。查专科以上学校最后一年级照章不得招收转学生，该校拟招会计专修科二年级转学生核与规定不合，招生简章内关于招收会计专修科转学生部分均应删，余准备查。件存。此令。

部长　陈立夫

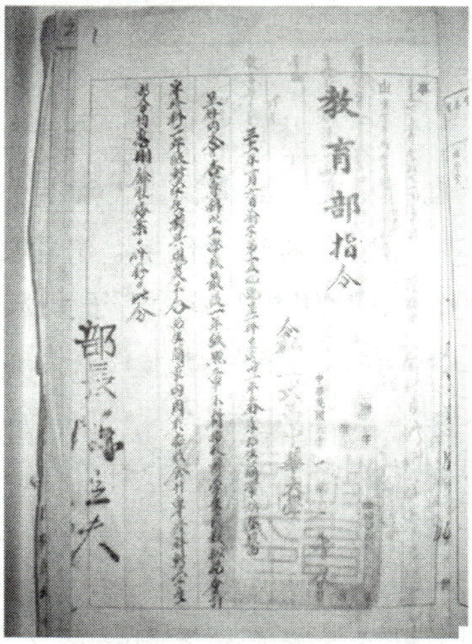
教育部指令

部長　陳立夫

图 5-3　教育部 1942 年关于招生工作给中华大学的指令①

① 中华大学卷，档案号：LS11-141，华中师范大学档案馆。

（1942年4月25日）教育部训令[①]

令发三十一年度公私立专科以上学校招生办法，仰遵办具报。

高字第15701号

中华民国三十一年四月二十五日

令私立武昌中华大学：

查近来国内交通情形较之过去两年尤为困难，统一招生本年仍停进行，惟交通状况目前未见改善而物价飞涨，学生辗转投考力有不逮，关于三十一年度专科以上学校招生办法本部为慎重周密起见，曾征询国立各院校之意见，以凭采择曾参酌各校所提供之意见，订定三十一年度公私立专科以上学校招生办法通饬实施，各该校应体验时势及一般中等学校毕业生之困难情形，与他校互助合作，务须依照部定办法办理，除分令外，合行检验该项办法令仰遵照办理具报。此令。

部长　陈立夫

（1942年9月）教育部训令（图5-4）

中华民国三十一年九月

令私立武昌中华大学：

案奉：委员长机密甲第6951号手令内闻："现在中学国文程度低落，应令各中学校长切实注意并设法提高，以后凡大学招生如有国文程度不能及格者，不准录取为要。"等，因奉此，除分令各省市教育厅局转饬所属各中学，并饬国立各中学、各师范学院附中等校，切实注意提高学生国文程度外，令仰该校以后招考新生时遵照办理为要。此令。

部长　陈立夫

（1942年9月10日）教育部指令[②]

中华民国三十一年九月十日

[①][②] 中华大学卷，档案号：LS11-141，华中师范大学档案馆。

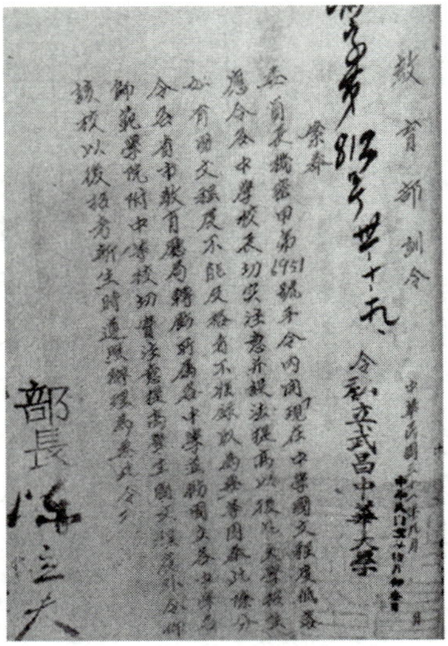

图 5-4　关于各大学招生考试国文成绩要求问题，教育部致中华大学的训令①

令私立武昌中华大学：

三十年八月二十日渝字第二十七号呈一件——申复程淡泉等学历，祈鉴核示遵由。

呈件均悉。程淡泉一名入学资格查与规定不合，应不予备案，其余宋文献等三名仍应遵照规定办理。此令。

附 发送证件三件。

部长　陈立夫

附：证明书

查学生程淡泉，现年二十岁，系四川省长寿县人，曾于民国二十九年秋季在本校师范第二十班毕业并遵章在本校附小学校服务壹年，成绩优良，兹该生有志升学深造，除遵照四川省立师范学校毕业生服务细则第十六条之规定，由本校具呈省政府教育厅核准外，特此备书

① 中华大学卷，档案号：LS11-141，华中师范大学档案馆。

证明以便报考。此证。

（四川省立师范学校）校长 江学珠
中华民国三十一年七月

（1943 年 2 月 10 日）教育部指令①

高字第 05929 号

中华民国三十二年二月十日

令私立武昌中华大学：

三十一年十二月二十八日渝字第三三三号呈一件——呈送三十二年春季简章由。

呈件均悉。该校不必招收三年级下学期转学生，师范学校毕业生未服务期满者应不准其投考，招生简章内有关条文应改正，合令知照。件存。此令。

部长 陈立夫

（1945 年 5 月 5 日）教育部代电②

事由：电发本年度招生办法，仰预为准备，俟另令饬知后再正式公告招生由。

高字第 23482 号

中华民国三十四年五月五日

私立武昌中华大学：

查三十四学年度公私立专科以上学校招生办法业经订定，各该校应即遵照该项办法规定各点预为准备，俟本部另令饬知后再行正式公告，招生除分令外，合亟检发招生办法一份，电仰知照教育部，印附招生办法一份。

① 中华大学卷，档案号 LS11-146，华中师范大学档案馆。

② 中华大学卷，档案号：LS11-159，华中师范大学档案馆。

附：三十四年度公私立专科以上学校招生办法

（一）三十四年度公私立专科以上学校招生应依照本办法之规定办理。

（二）专科以上学校招生应尽量顾全学校及学生之便利，采用下列各项招生方式：

1. 联合招生：各院校联合招生；

2. 单独招生：应于可能范围内多设招生分处；

3. 委托招生：各校得委托其他专科以上学校代为招生；

4. 成绩审查：以远地办理成绩，优良高级中学毕业成绩优秀学生，由原校开送历年学行成绩表，保送者为限，经审查合格后令其参加复试，及格者予以录取，成绩较次者得暂作试读生或派入先修班，成绩过劣者不予录取。

前项优良高级中学名单应由校先行报部核定。

（三）川、甘、陕、黔、滇、湘等省境内国立大学及独立学院指定采用联合招生方式分区及所属学校规定如下：

1. 重庆区：国立中央大学、国立重庆大学、国立交通大学、国立复旦大学、国立交通大学贵州分校、国立同济大学、国立上海医学院、国立湘雅医学院、国立江苏医学院、国立社会教育学院、国立女子师范学院，分设沙磁、九龙坡、歌乐山、北碚、璧山、南溪、白沙等七招生分处，由中央大学为召集学校；

2. 成都区：国立武汉大学、国立四川大学、国立东北大学，分设乐山、成都、三台等三招生分处，由武汉大学为召集学校；

3. 兰州区：国立西北师范学院、国立甘肃学院由西北师范学院为召集学校；

4. 城固区：国立西北大学、国立西北工学院、国立西北医学院、国立西北农学院、国立北洋工学院西京分院，分设城固、南郑、西安、武功等四招生分处，由西北大学为召集学校；

5. 贵阳区：国立浙江大学、国立贵州大学、国立贵阳医学院、国立贵阳师范学院，分遵义、贵阳等二招生分处，由浙江大学为召集学校；

6. 昆明区：国立西南联合大学、国立云南大学，由西南联合大学为召集学校；

7. 辰溪区：国立湖南大学、国立师范学院、国立商学院，分辰溪、溆浦、所里等三招生分处，由湖南大学为召集学校。

（四）前条举行联合招生之各区得组织招生委员会主持各项招生事宜，以召集学校校长为召集人，委员会之组织由各区自行订定报部备案。

（五）参加联合招生各院校应互相委托其他各区同性质学校代为招生，各区投考学生得以本区及其他各区学校为志愿，但以三个志愿学校为限。

（六）联合招生报名命题阅卷等事宜，由各区自行办理。

（七）参加联合招生各院校委托其他各区学校代招学生录取名额，由各校径行商定之。

（八）联合招生及委托招生结果应于八月十五日以前由原考区学校揭晓。

（九）联合招生各院校除联合招生考试外，得兼采成绩审查方式，并得委托联合招生各区以外之专科以上学校代为招生。

（十）专科以上学校新生入学试验科目规定如下：

1. 笔试科目：

甲组（理工、师范学院，理组及统计系）：国文，英文，数学（高等代数、解析几何、三角），公民，物理，化学，史地；

乙组（文法商、师范学院，文组及地理系）：国文，英文，数学（高等代数、平面几何、三角），公民，中外历史，中外地理，理化；

丙组（医农学院及博物生物等系）：国文，英文，数学（高等代数、平面几何、三角），公民，史地，理化，生物；

艺术、音乐、体育系科应参照乙组酌定笔试科目外，应加试专门学科或术科；

师范学校毕业生升学师范学院者得免试英文改试教育科目；

第三条规定举行联合招生各院校笔试，科目分为初试及再试两部分，初试科目定为国文、英文、数学三科目，俟录取入学时视其志愿学系依照上列组别再试其他规定科目，再试成绩及格者编入一年级，肄业成绩较次者暂予试读或派先修班，肄业惟以同等学力应考学生仍应考试全部笔试科目，不分初试再试；

2. 体格检查：录取新生入学时应缴验体格检查合格证件（如招考学校于考试时已举行体格检查者可以免缴）；

3. 口试：各校认为必要时得举行口试；

4. 招收初中毕业生之专科学校或专修科新生入学试验科目由校拟定报部备查。

（十一）专科以上学校招生名额应参酌各校师资设备及下列各项规定办理：

1. 文、理、法、商、师范、农工等院各系科以每系科招收三十名至四十名为原则；

2. 医学院或医学专科学校以每院校招入十名，附设之专修科以每科招收四十名为原则；

3. 由部指定加班各系科应按照规定名额招收。

（十二）前条招生名额各校如因特殊情形须加变更时应先呈报教育部核准，如录取不足额时得呈报教育部举行续招，由部指定加班各系科并应招收足额。

（十三）专科以上学校各年级（学科最高年级除外）如有缺额时得招收转学生，其名额由校报部核定，转学试验科目由校参照部颁科目表订定。

（十四）各校新生入学试验各科试题应严格依照高中课程标准（招收初中毕业生之专科或专修科应照初中课程标准）命题。

（十五）第（三）条联合招生各院校一律定于七月二十二日至二十四日报名，七月二十六、二十七、二十八日考试，其他同一区域之专科以上学校除自行办理联合招生者外，应互相商量招考日期，以便利学生应考为原则。

（十六）公私立专科以上学校招收同等学力学生应依照下列之规定：

1. 公私立专科学校招收同等学力学生至多不得超过录取新生总额百分之二十，但招收初中毕业生之专科或专修科除艺术、音乐、戏剧等科外，仍不得招收同等学力学生；

2. 公私立大学暨独立学院得招收同等学力学生百分之十；

3. 以同等学力报考公私立专科以上学校应具有下列资格之一：

甲、因战时关系失学一年以上并于失学前修满高中二年级课程，缴验原肄业学校成绩单，经审查合格者；

乙、未经入学在家自修，经家长及授课教师证明其自修各科之成绩具有高中毕业程度者；

4. 曾在职业学校及师范学校肄业或现在中等学校肄业学生不得以同等学力资格报考。

（十七）公私立专科以上学校新生入学试验录取标准除联合招生由各区拟定外，侨生均应酌予从宽录取。

（十八）各校招生简章应先报部备案并应于考试揭晓后将各科系报考男女生人数及录取人数列表（同等学力学生报考及录取人数应另加一表）报部备查。

（十九）各校一部分科系新生须分请各省市教育厅局，保送学生应考者应由校参照本办法有关项目拟定办法呈部备案，并将该项办法先行径送有关各省教育厅局。

（二十）设有大学生先修班之院校应于大学新生考试揭晓后（举行联合招生各校得于再试完毕后）再举行先修班入学试验。

（二十一）本年各大学先修班肄业期满成绩优秀免试升学学生及其他免试升学学生仍由教育部依照向例分发公私立专科以上学校肄业。

（二十二）专科以上学校征收新生报名费至多以国币叁佰元为限，联合招生经费由有关各院校互商，参照报名或录取人数为比例分摊之。

（二十三）各校办理招生试务相关防务须严密考生膳宿事宜，应尽可能酌予照料。

（1946年2月）军事委员会全国知识青年志愿从军编练总监部女青年服务总队部公函（图5-5）

事由：为准女青年吴国英免试入学由。

民国三十五年二月

查“从军学生学业优待办法”业经教育部颁布在案，现本总队奉令复员，兹有退役女青年吴国英一名，系湖北省立第一师毕业，在受训及服务期间成绩优异，闻贵校办理完善，请求分发肄业，兹持备函前来，敬希惠准免试入学并请代为补习所缺乏之课以符优待，不胜感盼。此致。

武昌中华大学

总队长　陈逸云

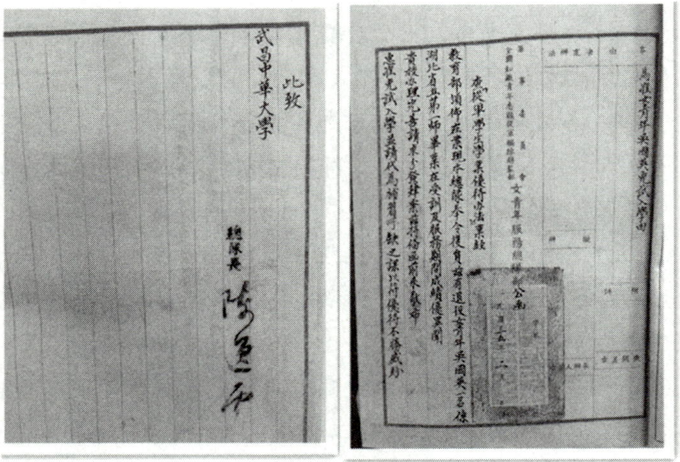
此致
武昌中華大學
總隊長

图5-5　国民政府军事委员会女青年服务总队关于优待荣休军人入学政策致中华大学的函①

① 中华大学卷，档案号：LS11-165，华中师范大学档案馆。

（1946 年 5 月 30 日）教育部训令①

事由：令知修正荣誉军人就学公立中等以上学校办法，仰即知照由。

中华民国三十五年五月三十日

令私立武昌中华大学：

查本部前为优待荣誉军人起见，经订颁荣誉军人就学公立中等以上学校办法，通饬实施在案，顷准军政部函，为荣誉军人总管理处业已裁撤，其业务由军医署接办，原订办法内第一三四各条“荣誉军人总管处”字样请一律修改为军医署，事由过部，经本部呈行政院，指令准予修正，由部公布施行，仰遵照公布并函复军政部暨分令外，合行检发修正办法一份。

附发修正荣誉军人就学公立中等以上学校办法一份。

部长　朱家骅

（1946 年 6 月 19 日）教育部训令（图 5-6）

事由：令饬优待抗战阵亡将士子女就学免费，仰即遵照由。

中字第 4625 号

中华民国卅五年六月十九日

令私立武昌中华大学：

查抗战八年幸赖我全国忠勇将士浴血奋斗，前仆后继底于最后胜利，方今复员建国，教育为先，抗战阵亡将士既已为国尽其天职，所遗子女孤苦无依，亟应予以就学免费之优待，以资培植而慰忠魂。兹规定自本年度起，全国各级公立学校无论招收新生或插班生，如有抗战阵亡将士子女持证报名报考，应予优先，考试录取入学后，得依照抗战功勋子女就学免费条例申请免费待遇，由各校报请主管教育行政

① 中华大学卷，档案号：LS11-165，华中师范大学档案馆。

机关核定，各报主管教育机关并应依照抗战功勋子女就学免费条例之规定于主管经费预算内专项宽列，以便核补各校此款费用，及申请免费依照规定以公立学校为限。惟抗战阵亡将士子女自愿入私立学校肄业，而各该私立学校没有免费名额者得申请优先给予。仰一体遵令办理，除分令外，合行令饬遵照为要。此令。

部长　朱家骅

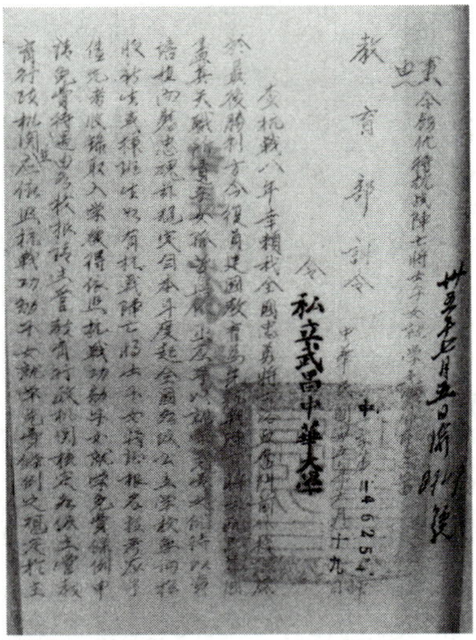
教育部訓令

私立武昌中華大學

图 5-6　1946 年，教育部关于优待抗战阵亡将士子女免费就学给中华大学的训令①

联系国民政府抗战时期大学招生考试制度及制度之变更，分析部分本时期教育部关于招生考试工作致中华大学的指令、训令、代电可知：

第一，抗战时期国民政府对高校的招生考试工作非常重视，曾力图实施全国高校统一招生考试制度，国民政府教育部几次把制度、方案等都订制完毕并通饬各校，遗憾的是计划没有变化快，因战事的变化太快而作罢。

① 中华大学卷，档案号：LS11-165，华中师范大学档案馆

第二，尽管无法实施高考招生统考制度，但国民政府并没有放松对该项工作的严格要求，多次饬令中华大学将每次各类学生招生考试的科目、计划、试卷、成绩、考生资格等报教育部备案并要求学校考试时接受教育部派员审查。教育部对私立大学要求都如此严格，体现当时国民政府“战时须如平时看”的教育政策，为抗战建国作育人才的长远打算。

第三，抗战时期，国民政府依然十分重视人才培养的科学性，中学不分文理科，在各年度大学招生考试大纲中其考试科目明确要求报考文科考生须考理科科目，报考理工科考生须考文科科目。国民政府还尤其重视学生的国文修养，对考生国文素质作出明确要求。1942 年教育部训令各大学就明确要求“以后大学招生考试国文不及格者不予录取”。

第四，中华大学是严格执行教育部战时招生考试制度的，在招生考试科目设定、过程、委员会组织以及各细节等方面都按教育部要求办理并有周全之计划。

第五，中华大学与教育部联系较为密切。教育部对中华大学的办学质量比较信任，在招生时多次向学校推荐侨生、边疆及少数民族学生、荣誉军人及抗战烈士后代到校就读。

第六，教育部对中华大学在招生考试方面没有“网开一面”，对其在“专修科、转学生、借读生、编级生及同等学力”等特别招生类别方面在报部备案时也多有被“训诫”和“驳回”。

第七，教育部对各高校报部材料审核上非常全面、严格，如与教育部要求稍有不合，一律退回重新检查，再行报备。

三、中华大学在重庆的招生考试

生源及其质量是私立大学的生命线。中华大学的创办者和决策者们深知这一道理，因而不论在什么时候，甚至是迁到重庆后办学，他们对招生考试工作没有丝毫的马虎。下面我们将所能查找到的中华大学迁往重庆过程中及迁到重庆后历年招生考试简章及招收各类学生资料等加以整理，以便读者能全面了解中华大学在重庆的招生考试情况。

武昌中华大学二十七年度（1938年）招生简章（二十七年七月一日订）①

一、学额：本大学奉教育部令准，招收文、理、商三学院新生及编级生三学系名额如下：

甲、新生：

1. 文学院：文学系、教育学系。

2. 理学院：化学系、数学系。

3. 商学院：工商管理系、经济学系。

乙、编级生：

文学院文学系、教育学系，理学院化学系，商学院工商管理学系二、三年级上学期，师范专修科数理化组一年级下学期，各招收编级生。

丙、名额：

文、商两学院各学系新生及编级生各招收三十名，理学院各学系名额俟考试结束决定。

二、资格：

甲、新生：以国、省、市、县立及已立案之私立高中或与高中同等学校毕业者（如系师范学校毕业者并须缴验服务一年证明书）为原则，但具有同等学力经考试委员会认为成绩优异者，得遵章录取百分之十。

乙、编级生：大专各级编级生，须有性质相同、年级衔接之学校正式修业证书与历年成绩单，经审核合格者为有效。

---

① 中华大学卷，档案号：LS11-120，华中师范大学档案馆。

三、报名：

甲、手续：报名时须详填履历表，同时缴验证明文件——毕业证书或临时毕业证书与转学证书及成绩单，本人最近四寸半身相片三张（背面写明姓名、年龄、籍贯、学历及通讯处），报名费国币一元（相片及报名费，取录如否，概不退还）。

乙、地点：武昌粮道街本校及宜昌北门外正街本校办事处。

丙、日期：九月十八日起至九月二十二日止。

四、考试：

甲、报考学生：考试前二日凭报名收据来报名处领取考试证，考试时凭考试证号数对号入场，领取试卷，无证不得入场。

乙、地点：武昌本校及宜昌北门外正街本校办事处同时举行。

丙、日期及科目：

新生：九月二十五日：

上午七时半至九时半：公民。

上午十时至十二时：英文。

下午一时半至三时半：国文。

下午四时至六时：数学。

九月二十六日：

上午七时半至九时半：中外史地。

上午十时至十二时：

文学院：生物；理学院：数学；商学院：理化。

下午一时至三时半：

文学院：理化；理学院：理化；商学院：生物。

下午四时至五时：军事训练。

编级生（大学各院系及师范专修科）：

考试日期、时间同上；所有考生必试科目：公民、英文、国文、数学、军事训练。

分试科目：

文学院文学系（二上）：文学概论、文字学、英文文学；（三上）：目录学、音韵学、英文文学。

文学院教育系（二上）：教育原理、心理学、社会学；（三上）：教育心理、教育史、教育行政。

理学院化学系（二上、三上）：微积分、高等物理、高等化学。

商学院工商管理学系（二上）：经济学、政治学、社会学；（三上）：工商组织、簿记学、财政学。

师范专修科（一下）：教育概论、数学、化学。

（上述文字“一下”“二上”等为所属各年级各学期，下同）

九月二十六日：新生及编级生体格检查及口试。

五、考试前后应注意事项：

1. 凡投考学生所缴证明文件，经分函各原校调查后，如查出有伪造、冒名顶替、涂改或其他不法事，立即取消其学籍，所缴各费除膳费外，概不退还。

2. 凡未录取者，经揭晓之日起七日内向本校原报名处凭报名收据领取证件，逾期不负保管之责。

六、入学手续：考试结果揭晓后，凡已录取者，须于七日内来教务处详填登记表及保证书，换取入学通知单至事务股照章缴清各费，再持缴费收据至注册股登记及领选课表，即日将课表选就，送交注册股审核登记后方可按时受课。

七、学分：大学各院系及专修科，除遵照教育部通令规定毕业学年外，须修之学分如下：

甲、大学一百五十二学分。

乙、专修科——教育及实习学程三十二学分，数学及理化学程五十八学分，共九十学分。

八、纳费（以一学期计算）：

大学部、专修科：学费三十二元，图书费一元，周刊费五角，体育费五角，卫生费四角；理化实验费：每门实验费六元，实验赔偿准备金四元，宿费（走读学生免缴）三元，被单费（走读学生免缴）二元，服装费（盈还亏补）十二元，损失保证金（在校如无损失，离校全数返还）三元。

九、通讯注意：凡函索招生简单须附邮费二分，径寄武昌本校招生委员会或宜昌东正街本校办事处。

附告：欲知本校各种课程、规则、历史者，另有特刊详载，在报名处发行，取印刷费二角。

武昌中华大学二十七年度（1938年）重庆招生简章（图5-7）

一、学额：本大学奉教育部令准，招收文、理、商三学院新生及编级生三学系名额如次：

甲、新生

1. 文学院：文学系、教育学系。

2. 理学院：化学系、数学系。

3. 商学院：工商管理学系、经济学系（部令注重应用及会计学科）。

乙、编级生：

文学院文学系、教育学系，理学院化学系，商学院工商管理学系二、三年级上学期，师范专修科数理化组一年级下学期，各招收编级生。

丙、名额：

文、商两学院各学系新生及编级生各定为三十名，理学院各学系名额俟考试结束决定。

二、资格：

甲、新生：以国、省、市、县立及已立案之私立高中或与高中同等学校毕业者（如系师范学校毕业者并须缴验一年服务证明书）为原则，但具有同等学力经考试委员会认为成绩优异者，得遵章录取百分之十。

乙、编级生：大专各级编级生，均须有性质相同、年级衔接之学校正式修业证书与各级成绩单，经审查合格者为有效。

三、报名：

甲、手续：报名时须详填履历表，同时缴验证明文件——毕业证书或临时毕业证书与转学证书及成绩单，本人最近四寸半身相片二张（背面书写姓名、年龄、籍贯、学历及通讯处）。报名费国币一元（相片与报名费录取与否，概不退还）。

乙、地点：重庆白象街一〇七号二楼本校临时办事处。

丙、日期：自十月二十四起至二十八日止。

四、考试：

甲、投考学生于报考时在报名处领取考试证，考试时各凭考试证号数对号入场，领取试卷，无证不得入场。

乙、地点：假重庆下黉学巷储才小学内举行。

丙、日期及科目：

十月三十日上午八时至十时，十时十分至十二时十分：

新生：文学系、教育学系、化学系、数学系、工商管理学系、经济学系。科目：公民、国文、英文、史地。

编级生——大学各院系及师范专修科：公民、国文、英文、数学。

十月三十日下午一时半至三时半，三时四十分至五时四十分：

新生：文学院：数学、生物、理化、军事训练；理学院：数学、生物、理化、军事训练；商学院：数学、生物、理化、军事训练。

编级生（考试日期时间同上）：

文学院文学系（二上）：文学概论、文字学、英文文学、军事训练；（三上）：目录学、音韵学、英文文学；文学院教育系（二上）：教育原理、心理学、社会学、军事训练；（三上）：教育心理、教育史、教育行政、军事训练。

理学院化学系（二上、三上）：微积分、高等物理、高等化学、军事训练。

商学院工商管理学系（二上）：经济学、政治学、社会学、军事训练；（三上）：工商组织、簿记学、财政学、军事训练。

师范专修科（一下）：教育概论、数学、化学、军事训练。

新生及编级生体格检查及口试，于上、下午分别在交卷后举行。

五、考试前后应注意事项：

1. 凡投考学生所缴证明文件，经分函各原校调查后，如查出有伪造、冒顶、涂改，或其他不法情事，立即取消其学籍，所缴各费除膳费外，概不退还。

2. 凡未取录者，从揭晓之日起，七日内向本校原报名处凭报名收据领取证件，逾期不负保管之责。

六、入学手续：考试后五日内在临时办事处揭示结果后，凡已录取者，须于三日内来临时办事处报到，持介绍书至宜昌北门外正街二一七号转后坪本校办理入学手续。

七、学分：大学各院系及师范专修科，除遵照教育部通令规定毕业学年外，须修之学分如下：

甲、大学一百五十二学分；

乙、专修科——教育及实习学程三十二学分，专科学程五十八学分，共九十学分。

八、缴费（以一学期计算）：

大学部、专修科：学费三十二元（本期减收五元），图书费一元，周刊费五角，体育费五角，卫生费四角，理化实验费：每门实验费六元，实验赔偿准备金四元，宿费三元（走读生免交），被单费二元（走读生免交），服装费十二元（盈还亏补），损失保证金三元（在校如无损失离校全数付还）。

九、通讯注意：凡函索投考简章者，须附邮票二分，径寄重庆白象街一〇七号二楼本校临时办事处。

附告：招考大学免费生，及收容借读生，仍依上年定章办理，报名及口试期，均与新生编级生同时。

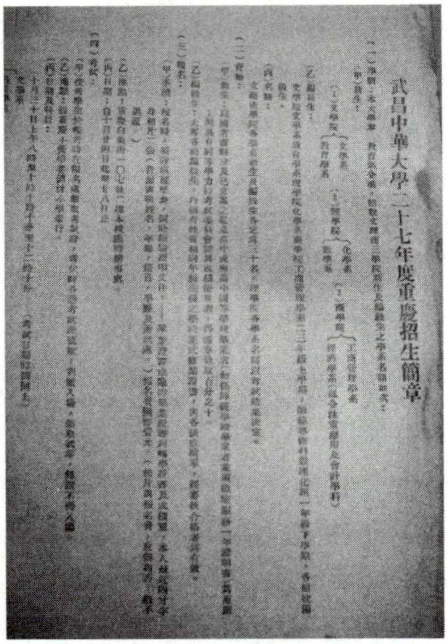
武昌中華大學二十七年度重慶招生簡章

图 5-7　中华大学 1938 年在重庆的招生简章①

武昌中华大学收容借读生办法（二十七年度）（1938 年）②

一、本校依据教育部通令就各院系原有各级，收容借读生（不限年级）。

二、凡战区各校学生，向本校声请借读者，须呈验原校发给之借读证，或最后一学期成绩单，或开学考试及格之证明文件，先行登记。

三、借读生登记后，经本校审查并于通知时间举行口试，合格后方准借读。

四、借读生缴费与本校原有学生同。

①② 中华大学卷，档案号：LS11-120，华中师范大学档案馆。

五、借读生借读一学期后得改为正式生。

六、借读生入校后，如发现呈交文件有冒顶涂改，及其他不合情事时，即取销借读资格，并没收其所缴各费。

七、借读生须受本校各种考试，于规定借读期满时，方可给予借读证明书。

武昌中华大学附设中学渝校招生简章（1938年）[①]

（一）学额：高、初级中学一、二年级各一百名。

（二）资格：高中以国、省、市、县立及已立案之私立初中毕业者；初中以小学毕业者为合格，但具有同等学力经考委会评为成绩优异者，得遵章录取百分之十。

（三）报名：

甲、手续：填写报名单，缴验毕业证书或临时毕业证书，本人最近半身四寸相片二张，考试费国币五角（后二项无论取录与否，概不退还），揭晓后凡未录取者在三日内向本校办公室凭报名收据领取证件，逾期不负保管责任。

乙、地点：重庆白象街一〇七号办事处。

丙、时间：自十二月十四日至十五日止。

（四）考试：

甲、考生于报名时领取考试证，考试时凭证入场，依号就座，领取试卷，无证不得入场。

乙、地点：重庆市下黉学巷十三号储材小学。

丙、日期及科目：

高中：十二月十八日上午八时至十时：国文、理化；十时十分至十二时十分：英文；下午一时半至三时半：数学；三时四十分至五时四十分：公民、史地。

① 中华大学卷，档案号：LS11-120，华中师范大学档案馆。

初中：十二月十八日上午八时至十时：国文；十时十分至十二时十分：算术；下午一时半至三时半：公民；三时四十分至五时四十分：常识。

口试及体格检查于上午、下午分别在交卷时举行。

（五）纳费（以一学期计算）：战区生依部章办理，鄂籍生待遇由同乡会议定。

费别	学费	图书费	体育费	卫生费	宿费	被单费	服装费	备注
高中	十四元	五角	五角	四角	三元	三元	十二元	宿费走读生免缴，被单费、服装费，盈还亏补
初中	十元	五角	五角	四角	三元	三元	十二元	

校址：重庆下黉学巷湖北同乡会。

通讯注意：凡函索简章附邮票二分即寄。

武昌中华大学二十八年度（1939年）招生简章[①]

一、学额：本大学奉教育令准招收文、理、商三学院新生及编级生三学系名额如次：

甲、新生：

1. 文学院：外国语文系、中国文学系、教育学系。

2. 理学院：化学系、数学系。

3. 商学院：工商管理学系、经济学系。

乙、编级生：文学系，教育学系，化学系，工商管理学系二、三年级，数学系，经济学系二年级上学期。

丙、名额：文、理、商三学院各学系新生各定为三十名，编级生各若干名。

① 中华大学卷，档案号：LS11-128，华中师范大学档案馆。

二、资格：

甲、新生：以国、省、市、县立及已立案之私立高中或与高中同等学校毕业者（师范及职业学校毕业者，限于报考与原肄业学校性质相同之学系，如师范学校毕业者并须缴验服务一年以上证明书）为原则，但有同等学力，经考试委员会认为成绩优异者得遵章录取百分之五。

乙、编级生：均须有性质相同年级衔接之学校正式修业证书与各级成绩单，经审查合格者为有效。

三、报名：

甲、手续：报名时须详填履历表，同时缴验证明文件——毕业证明或升学证明书与转学证明及成绩单，本人最近四寸半身照片二张（背面写明姓名、年龄、籍贯、学历及通讯处），报名费国币一元（相片与报名费取录与否概不退还）。

乙、地点：重庆南岸下龙门浩米市街老禹庙本校，另于宜昌、恩施及其他必要地点设分处。

丙：日期：重庆本校自八月二十日起至二十六日止，各分处另定。

四、考试：

甲、投考学生于报名时在报名处领取考试证，考试时各凭考试号数对号入场，领取试卷，无证不得入场。

乙、地点：本校及其他分处。

丙、日期（分处另定）及科目。

新生：八月二十九日各学系：数学、国文、英文、公民；八月三十日各学系：理化、史地、口试，体格检查。

编级生：八月二十九日各学系：数学、国文、英文、公民；八月三十日：文学系（三上）：目录学、音韵学、英文文学，（二上）：文学概论、文字学、英文文学；教育学系（二上）：教育原理、教育史、教育行政，（三上）：教育心理、教育史、教育行政；化学系（二上）（三上)：微积分、高等物理、高等化学；数学系（二上)：微积分、高等物理、大代数；经济学系（二上)：经济学、经济史、社会学；工商管理学系（二上)：经济学、商业史、社会学，(三上)：工商组织、簿记学、财政学。

五、考试前后应注意事项：

1. 凡投考学生所缴证明文件，经分函各原校调查后，如查出有伪造、冒顶、涂改或其他不法情事，立即取消其学籍，所缴各费，除膳费外，概不退还。

2. 凡未录取者，从揭晓之日起，七日内向本校原报名处凭报名收据领取证件，逾期不负保管之责。

六、入学手续：考试后五日内在本校及各分处揭示结果，凡经重庆本校录取者须于七日内来校报到，如经分处录取者，其报到日期就交通情形临时核定之。

七、纳费（以一学期计算)：

学费：三十二元（本期减收五元)，图书费一元五角，理化实验费：每门实验费六元，实验赔偿准备金四元（无实验课程者免缴)，宿费三元（走读生免缴)，杂费每月六角（走读生免缴)，服装费十二元(盈还亏补)。

八、通讯注意：凡函索投考简章者，须附邮票二分，经寄重庆南岸本校。

九、附告：(一）招考免费生及收容借读生，仍依上年定章办理，报名及日期均与新生及编级生同时；(二）本校南岸校舍不敷应用，现在计划扩充，选定后公告。

武昌中华大学三十一年（1942 年）春季招收各院系编级生、商学院会计专修科新生简章（图 5-8）

一、学额：本大学招收商学院会计专修科新生及文、理、商学院各系各年级编级生借读生名额如次：

甲、新生：会计专修科一年级新生五十名（毕业限期二年）。

乙、编级生：

中国文学系、外国语文系、经济系一年级下学期各五名，化学系、数学系各十名。

中国文学系、外国语文系、化学系、数学系、经济系、工商管理系二年级下学期各十名。

中国文学系、化学系、数学系、经济系、工商管理系三年级下学期各五名。

二、资格：

甲、专修科新生：须在公立或已立案之私立高级中学毕业并取得正式证书者。

乙、编级生：须有性质相同年级相衔接之学校修业证书与各年级成绩单，经审查合格者，入学时并须呈缴高中毕业证书。

丙、借读生：由（教育）部分发者或具有原校相当证件，经审查合格者（借读生之学籍除报部备案外，其借读成绩只对原校负责）。

三、报名：

甲、手续：详填报名单，缴验证明文件——毕业证书或升学证明书与转学证书及历年学业成绩单，本人最近二寸半身相片三张，考试费国币五元（相片及考试费，取否概不退还）。

乙、地点：重庆市南岸下龙门浩米市街本校。

丙、日期：自二月二十四日至二月二十六日止。

四、考试

甲、考生于报名时，在报名处领取考试证，考试时各凭考试号码对号入场领取试卷，无证不准入场。

乙、地点：本校

丙：日期及科目：

会计专修科新生：二月二十八日上午八时至下午五时分别考试科

目：公民、数学、国文、英文；三月一日八时至下午五时：理化、史地、口试。

编级生：二月二十八日上午八时至下午五时：三民主义、数学、国文、英文；三月一日上午八时至下午五时：各院系（一下）：理化、史地、口试；中国文学系（二下）：国学常识、中国通史；中国文学系（三下）：目录学、文学史；外国语文系（二下）：英文文学、高等文法；外国语文系（三下）：英文文学、英文作文；化学系（二下、三下）：微积分、高等化学；数学系（二下、三下）：微积分、高等物理；经济学系（二下）、工商管理学系（二下）：经济学、财政学；经济学系（三下）、工商管理学系（三下）：统计学、高级会计。

丁、借读生须依章报名并须参加笔试口试及体格检查。

五、考试前后注意事项 ：

1. 凡报考学生所缴证明文件须分函各校调查，如查出有伪造、冒顶、涂改或其他不法情事，立即取消学籍，所缴各费除膳费外，概不退还。

2. 凡未录取者，自揭晓之日起三日内向本校原报名处凭报名收据领取证件，逾期不负保管之责；

六、入学手续：考试后五日内在本校揭示结果，凡经录取者，须于七日内来校报到。

七、纳费（以一学期计算）：

学费：二十七元，图书费一元五角，理化实验费：每门实验费六元，实验赔偿准备金四元，无实验课免缴，宿费三元，讲义费：按需用纸料临时酌定，服装费：按市价临时核定。

八、通讯注意：凡函索报考简章者须附邮票八分径寄重庆南岸本校即复。

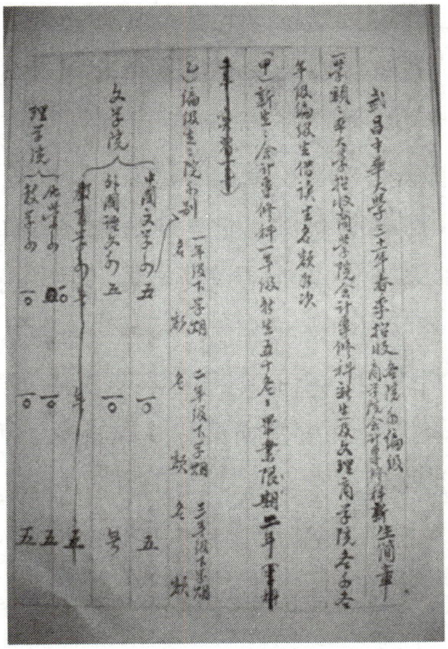
武昌中华大学三十一年春季招收各院系编级商学院会计专修科新生简章
一、学额：本大学招收商学院会计专修科新生及文理商学院各系各年级编级生借读生名额如次
（甲）新生：会计专修科一年级新生五十名，毕业限期二年
（乙）编级生：院系别 一年级下学期名额 二年级下学期名额 三年级下学期名额
文学院 中国文学系 五 一〇 五
外国语文系 五 一〇
理学院 化学系 一〇 五
数学系 一〇 一〇 五

图 5-8　1942 年中华大学春季招生简章[①]

中华大学三十一年度（1942 年）招生简章（图 5-9）

一、学额：本大学奉教育部令准招收文、理、商三学院新生及编级生及借读生各学系名额如次：

甲、新生：文、理学院每学系各定为三十名，商学院每学系各定为四十名。

乙、编级生：中国文学系、外国语文系、化学系、数学系、经济学系、工商管理系：（二上）各十名，（三上）各五名。

丙、借读生：各院系各年级（视情况再定）。

二、资格：

甲：新生：以国、省、市、县及已立案之私立高中或高中同等学校毕业者为限（职业学校毕业者限于报考性质相同之院系，师范学校

① 中华大学卷，档案号：LS11-141，华中师范大学档案馆。

毕业者须缴服务三年以上之证明书)。

乙、编级生:须有性质相同年级相衔接之学校正式修业证书及各级成绩单,及高中毕业

证书,经审查合格者为有效。

丙、借读生:由部令分发者或具有原校相当证件经审查合格者(借读生之学籍除报部备案外其借读成绩只对原校负责)。

三、报名:

甲、手续:(同民国三十一年度春季招生简章要求)。

乙、地点:1. 总处:重庆南岸下龙门浩米市街本校;2. 分处:恩施湖北教育厅,成都校友分会。

丙、日期:1. 总处自八月二十三日起至二十六日止;2. 分处:由各分处确定。

四、考试:

甲、(同民国三十一年度春季招生简章要求)。

乙、地点:本校及各分处。

丙、日期、科目:八月二十九日、八月三十日。

新生:各学系二十九日上午八时—十时、十时—十二时,下午一时—三时、三时—五时分别考试:公民、国文、英文、生物;八月三十日:文、商学院各系考试:数学、理化、中外历史、中外地理;理学院各系:数学、物理、化学、史地。

编级生:各系各年级八月二十九日:公民、国文、英文、史地。

八月三十日:中国文学系(二上):文学史、文字学,(三上):国学概论、文学专书;外国语文系(二上、三上):文学史、高等英文文法;化学系(二上):物理学、无机化学,(三上):高等物理、有机化学;数学系(二上):微积分、解析几何,(三上):微分方程、近世几何;经济系(二上):经济学、会计学,(三上):高等会计、银行货币;工商管理学系(二上):经济学、会计学,(三上):高等会计、商品学。

五、考试前后应注意事项：1. 凡报考学生所缴证明文件，如查出有伪造、冒顶、涂改或其他不法情事，立即取消其学籍，所缴各费除膳费外，概不退还；2. 凡未取录者从揭晓之日起三日内向本校之报名处持报名收据领取证件，逾期不负保管之责。

六、入学手续：考试后五日内在本校及各分处分别提示结果，凡经录取者须于规定期来校报到并缴呈证件，方准注册。

七、纳费（以一学期计算）：

学费：二十七元，图书费三元，理化实验费：每门实验费六元，实验赔偿准备金四元（无实验课程者免缴），宿费三元（走读生免缴），讲义费：按需用纸料临时酌定，服装费：按市价临时酌定。

八、附告：1. 凡战区学生请领贷金以审查合格经呈部核准者为限；2. 凡函索本简章者须附邮票本埠八分，外埠一角六分。

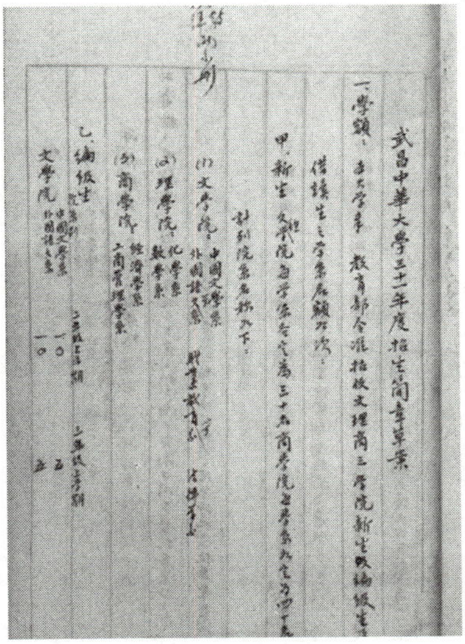
武昌中華大學三十一年度招生簡章草案

图 5-9　1942 年中华大学招生简章①

① 中华大学卷，档案号：LS11-141，华中师范大学档案馆。

私立武昌中华大学三十四年度（1945年）各院系招收新生简章[①]

一、名额：本校奉教育部令准招收文、理、商三学院新生名额如次：

甲、文、理学院每学系各二十名，商学院各学系各三十名，各该学系名称如下：

1. 文学院：中国文学系、外国语文系。

2. 理学院：化学系、数学系。

3. 商学院：经济学系、工商管理学系。

二、资格：

（一）以国省市县立及已立案之私立高中或高中同等学校毕业者为限（职业学校毕业者限于报考性质相同之院系、师范学校毕业者须缴验服务三年以上证明书）。

（二）本年度招收各院系同等学力生百分之五，其资格审查依照部定办法办理。

三、考试：

（一）地点：重庆南岸下龙门浩米市街本校。

（二）报名手续：考生报名时须填履历表，同时缴验证明文件——毕业证书或升学证书（同等学历考生须缴验大学一年级以前之高中二年级成绩单或家长教师之证明书），并缴本人最近二寸半身照片三张（背面写明姓名、年龄、籍贯及通讯处）及考试费用国币叁百元（相片与考试费取录与否概不退还）。

（三）报名日期：自十月七日起至十月九日止。

（四）考试日期及科目：

十月十三日：文商学院各学系：英文、国文、物理、化学、公民、史地；十月十四日：数学（高等代数、平面几何、三角）、口试、体格检查。

---

① 中华大学卷，档案号：LS11-159，华中师范大学档案馆。

十月十三日：理学院各学系：英文、国文、物理、化学、公民、史地；八月十四日：数学（高等代数、解析几何、三角）、口试、体格检查。

（五）投考生于报名时领取考试证，考试时各凭考试证号数对号入场，领取试卷，无证者不得入场。

四、考试前后应注意事项：

（一）凡录取学生所缴证明文件如查出有伪造、冒顶、涂改或其他不法情事，立即取消其学籍，所缴各费除膳费外，概不发还。

（二）录取学生须于规定期内来校报到，并缴呈证件，方准注册。

五、纳费：

学费：10000元，什费9000元，图书、体育费2000元，宿费2000元（走读生免缴），膳费：每月4500元（按部定公费生膳费以四个月计），化学实验费：每门1000元（无实验课程免缴）。

武昌中华大学三十五年（1946年）春季招生简章①

一、名额：本大学招收会计专修科新生五十名，各毕业年限二年。

二、资格：曾在公立或已立案之私立高级中学毕业者（如师范学校毕业者须缴服务三年期满证明书）。

三、报名：

甲、手续：填具报名单，缴验毕业证明文件，并缴本人最近二寸半身相片三张及考试费用叁百元（相片及考试费取否概不退还）。

乙、日期：自元月十五日至元月十七日止。

丙、地点：南岸下浩本校。

四、考试：

（一）考生报名时在报名处领取考试证，考试时各凭考试证号码对号入场，领取试卷，无证者不准入场。

① 中华大学卷，档案号：LS11-164，华中师范大学档案馆。

（二）日期及科目：

元月二十日：公民、数学、国文、英文。

元月二十一日：理化、史地、口试，体格检查。

五、注意事项：考生所缴证件如有伪造、冒顶、涂改或其他不法情事，经查明属实者，取消其学籍，其所缴各费除膳费外，概不发还。

六、纳费：

学费：10000 元，图书体育费 2000 元，杂费 9000 元，讲义费 1000 元，膳费 7000 元。备考：上列各费除膳费系以一日计算外，其余以一学期计算。

七、函索简章须附邮票二十元。

武昌中华大学三十五年度（1946 年）各院系招收新生、转学生简章①

一、学额：本大学本年度招收文、理、商学院新生及转学生其学系名称及各系名额如次：

甲、新生：文、理、商三学院每学系各若干名，其院系名称如后：

1. 文学院——中国文学系、外国语文系。

2. 理学院——化学系、数学系。

3. 商学院——经济学系、工商管理学系。

乙、转学生：就上列各院系招收三、二年级上学期转学生。

二、资格：具有下列资格之一而能呈验各项相当证件者均可分别投考。

甲、新生：1. 曾在国、省、市及已立案之私立高中毕业领有毕业证书者（职业学校毕业者限于投考性质相同之院系，师范学校毕业须加缴验三年以上服务证明书）；2. 因战事关系失学一年以上者并于失学前修满高中二年级课程领有原校肄业成绩单经审查合格者，或收复区学生在家自修确具有高中毕业程度，经家长及教师负责证明经审查

① 中华大学卷，档案号：LS11-164，华中师范大学档案馆。

合格者（此项学生遵照本年度部定录取比额百分之十，但从军退伍学生领有退伍证明书者不在此限）。

乙、转学生：曾在国、省立及已立案之私立大学性质相同之院系修业满一、二年级并取得原校学籍，领有原校正式转学证书及高中毕业证书经审查合格者。

三、考试：本年度为顾及学校及学生便利计分，重庆及武汉两区办理入学考试。

甲、报名及考试地点：

1. 重庆区：南岸龙门下浩米市街本校。

2. 武汉区：武昌粮道街本校原址。

乙、报名日期：1. 重庆区：八月八日至十日；2. 武汉区：九月九日至十一日。

丙、报名手续：考生报名时须详填报名单，同时：(1) 缴验资格证明文件（甲项一类缴验高中毕业证书或加三年以上服务证，甲项二类缴验失学前一年前之高中二年级成绩单或家长及教师负责证明书，乙项缴验年级相衔接之正式转学证书及高中毕业证书；(2) 呈缴最近半身无帽二寸同样相片三张（背面写明报考院系及姓名）；(3) 缴纳考试费国币一千元［(2)、(3) 两项录取与否概不退还］。

丁、考试日期及科目：

重庆区、武汉区分别为八月十四日、十五日，九月十五日、十六日。考试科目顺序相同，如下：

新生：文、商学院各学系：国文、英文、理化、中外历史、数学（高等代数、平面几何、三角）、公民、中外地理。

理学院各学系：国文、英文、物理、化学、数学（高等代数、解析几何、三角）、公民、史地。

转学生：中国文学系（二上）：国文、英文、文字学、中国通史、中国文学史、三民主义，（三上）：国文、英文、国学概论、中国通史、文学专书、三民主义。

外国语文系（二上）：国文、英文、英文文法、中国通史、作文、三民主义，（三上）：国文、英文、英国文学史、中国通史、作文、三民主义；化学系（二上）：国文、英文、普通物理、无机化学、数学、三民主义，（三上）：国文、英文、高等物理、有机化学、数学、三民主义。

数学系（二上）：国文、英文、普通物理、微积分、解析几何、三民主义，（三上）：国文、英文、高等物理、高等微积分、方程式论、三民主义。

经济学系（二上）：国文、英文、经济学、中国通史、会计学、三民主义，（三上）：国文、英文、会计学、中国通史、银行货币学、三民主义。

工商管理系（二上）：国文、英文、经济学、中国通史、会计学、三民主义，（三上）：国文、英文、会计学、中国通史、商业史、三民主义。

四、考试时间及其前后应注意事项：

1. 报名手续完成时领取考试证，考试时凭考试证号码对号入座并将考试证陈列案前以便发给试卷时核对相片，无证者不准入座；2. 重庆区录取学生须于规定日期自行赴武昌本校原址报到，并缴呈入学证件，填具保单，方准注册；3. 录取学生所缴证明文件如查有伪造、冒项、涂改或其他不发情事，立即取消其学籍，所缴各费除膳费剩余概不退还；4. 录取学生如入学不能呈缴报名单所填毕业学校之正式毕业证书，即取消其学籍，不得改为同等学力。

五、纳费：本年度录取学生按下列各项缴费：

（一）学费十二万元。

（二）宿费六千元（走读学生免收）。

（三）电费六千元（走读学生免收）。

（四）伙食费六万八千元（以四个月计算，一次收齐，多退少补）。

（五）实验费每学程五千元（暂收两学程共计壹万元）。

（六）讲义费每学程三千元（暂收两学程共计六千元，多退少补）。

六、附告：函索本简章附邮票二十元。

通过以上教育部发给中华大学有关招生考试的通令和可以搜集到的中华大学在重庆1938年、1939年、1942年、1945年、1946年等年度的招生简章和说明，以及中华大学在重庆各年度实际招生情况，可以比较全面地了解中华大学在重庆的招生考试情况。

第一，中华大学深知招生考试对学校生存发展的重要性，抗战时也一直在努力扩大办学规模，丰富办学模式，充分利用私立大学的相对灵活性，除招收普通本科生外，还开办了两年制专修科，并招收编级生（插班生）、借读生、保送生、同等学力学生等。1939年、1940年，教育部为规范统一全国师范教育，分别电令中华大学停办师范专修科和教育学系（此前中华大学的师范专修科和教育系都办得不错，生源也好）。在这样的情况下，为了保障学校学科的系统性尤其是招生之规模，学校于1939年6月，曾申请恢复法律学系，1943年秋又申请增办文史专修科，遗憾的是该两项申请均被教育部否决。有鉴于此，1940年元月，中华大学再向教育部申请开办会计专修科（两年制），这次申请很快得到了教育部的批准，其原因一是中华大学的商学院办得不错，有一定的学科基础和师资力量，二是战时政府急需财会专业人员。事实证明，中华大学此后会计专修科办得不错，学生报考较踊跃，并且一直办到了1952年中华大学改革停办为止。华中师范大学档案馆存有当年中华大学向教育部呈办会计专修科申请书的草稿，可证明学校为广开办学渠道，努力发挥办学优势的良苦用心。如下：

为呈拟于本年春季招收商学院会计专修科祈鉴核由

案查本校为秋季始业，春季除招收编级生及借读生外，例不招收新生，惟各地空假高中毕业生及战区退出失学学生，均纷纷请求入学，且贸易委员会与财政金融机关多来函征用毕业生。为适应急切需要，拟于本年春季招收二年制（上课一年，实习一年）之会计专修科，新生一班约五十人，隶属商学院，已由校董事会推选闻亦有校董为主任，可否之处，理合具文呈请钧部鉴核示遵，一切遵照部定规程办理。再本学期即将举行考试结束，春季始业时现常有因战区及由远道来此之曾肄业他校学生请求救济，拟就现在各学期在准名额范围内，招收编级生及借读生若干名。并恳教育部部长陈（立夫）。

私立武昌中华大学

二九年一月八日

该呈请书原件上校长陈时修改较多，经他改好核准后于该月十九日报部。不久教育部即准其新开设会计专修科，但要求主任不得兼任，并批示当年即可招收新生。不久学校开班，学生报名踊跃，顺利招到新生 100 余人，以至学校其后将其分为两个班来上课。

第二，中华大学对招生考试工作准备充分、细致，是按照教育部战时高校招生制度要求在进行。从招考时间看，即便在重庆非常时期，中华大学也在努力提前一个多月做好宣传工作，并多有登报广而告之。从招考简章看，对考试的科目、内容、时间、资格、学额、过程等说明得全面、明晰，对一些关键的事项如对考生各类报考条件的要求以及考生诚信方面的要求交待得详细、具体。事实证明，他们这样做是明智、正确的，是对国家、对学校、对考生负责。

第三，1938 年和 1945 年是两个特殊的年份，一个是中华大学着手准备内迁时期，另一个是抗战胜利后中华大学准备复员武昌时期。从这两年度招生简章看，时势的变化给中华大学招生考试工作带来很大的影响。如 1938 年 7 月中华大学刚做好内迁宜昌的准备，招生简章已对外发布，并已在宜昌临时办事处设置了招考处，遗憾的是，由于日寇加紧向内地进攻，是年 9 月，中华大学刚落脚宜昌又不得不再向重庆迁移，在宜昌的招考工作只好作罢。在中华大学再迁移过程中，招生工作先头人员即赶去重庆开展招生考试工作，因此，他们这次在重庆的招生广告发布较晚，到 10 月 20 日才开始启动报名工作，10 月 30 日即开始考试，可见时间的仓促。由于 1938 年招考工作变故多、招生少，更由于在学校迁移中流失的在校生不少，以致于 1938 年底学校在重庆开课时，文学院的中文系、外文系难以单独开班，学校不得不将两系临时合并改称为文学系（随着形势的好转，1939 年又恢复了两系，称中国文学系、外国语文系）。1945 年抗战胜利前后，正是各大学新生招考时节，中华大学一边忙于复员武昌工作，一边计划在重庆和武昌先后举行招生工作。本次招生工作尽管在安排上和在组织上有些紧张和忙乱，甚至还有该年四月份中华大学爆发的学潮和学校董事会、校领导的调整等影响，但由于招生工作先头人员在武昌工作得力，成绩不错，招到新生 384 人。其中，中文系 68 人，外文系 67 人，数学系 39 人，化学系 37 人，经济系 76 人，工商管理系 77 人，会计专修科 20 人。1946 年 9 月，中华大学在武昌粮道街原址举行了复员后的第一个开学典礼。

1945 年 4 月上旬中华大学爆发的学潮是由学校学生自治会发起的，此次学潮影响较大，以至重庆市警察局和教育部都有介入。后在教育部的干预下，学校校务作了整顿，主要领导班子作了调整，事件较快得到平息，影响也很快得到消除。

中华大学在重庆计划复员前夕的这次校行政班子调整，除了学潮影响外，陈时此前多次提出辞职也是重要原因。1945 年 5 月，刘文岛接任中华大学校长。刘文岛（1893—1967），字永清，号尘苏，湖北广济人。其早年参加辛亥革命，1913 年赴日本早稻田大学政治经济学部留学，1918 年又赴法国留学，1925 年获巴黎大学博士学位，回国后受聘为中华大学教授，后历任国民革命军第八军党代表兼前敌总指挥部政治部主任、总司令部政治部副主任、汉口市市长等职。刘文岛 1931 年任中国驻德国公使，1933 年任驻意大利公使。抗战爆发后回国，刘文岛又任国防最高委员会委员、国民党中央常委。从刘文岛的任职情况看，他当时应该是兼任中华大学校长。刘文岛此前任过中华大学教授，又为中华大学校董，他应为非常适合校长职务的人选。刘文岛兼任校长后，励精图治，学校局面很快稳定并有所改观。然抗战胜利后，9 月他被任命为国民政府华中慰劳团团长，公务繁多，分身乏术，为不致影响校务，随后他辞去中华大学校长职务。这不能不说是中华大学借此机遇良好发展的一大缺憾，因为按刘文岛当时的身份和影响，以及他当时正着手拟以欧美办学方式改革中华大学，又借抗战胜利局面，中华大学将应该有很好的前景。

此次中华大学校领导班子改组后，教务长仍由严绂苹担任。教务处下设注册组、出版组、图书馆，各组主任分别由涂亚伯、汪缉熙、陈庆蕃担任，另配有教务员王远光、书记员徐在权参与教务管理。训导长亦由严绂苹兼任，生活管理组主任由赖琯担任，另有训育员吴荫光、女生指导员段翠莲。总务长由王治焯担任，出纳组主任为叶鸣瑞，文书组主任为肖剑云，事务员为陈超、杨元才，合作社营业员为周菁，秘书为陈庆普，书记兼文牍员为吴云青，会计主任为陈大猷，会计为唐智民。对比此前学校管理层结构和人员人数看，此次明显有所变化，尤其是加强了教务方面的管理。

其余学系改革没有什么大变化，仍设文、理、商三学院。文学院下设中文系、外文系，理学院下设数学系、化学系，商学院下设经济系、工商管理系、会计系（实际为会计专修科）。

刘文岛辞去校长职务后，1945 年 10 月，教育部批准王震寰接任中华大学校长（图 5-10）。王震寰（1903—1984），字铁生，湖北武汉人。1924 年毕业于湖北外语专科学校，1929 年赴欧美留学，先后肄业于英国伦敦大学、美国加州大学、德国柏林大学。1937 年获化学博士学位后回国。后历任重庆大学、中华大学教授。王震寰接任校长后，中华大学的行政班子又作了些许调整，但变动不大。王治焯改任教务长，严绂苹改任总务长，梁耀炳任训导长。此时学校正准备复员工作，王震寰对学校复员之事贡献颇大。

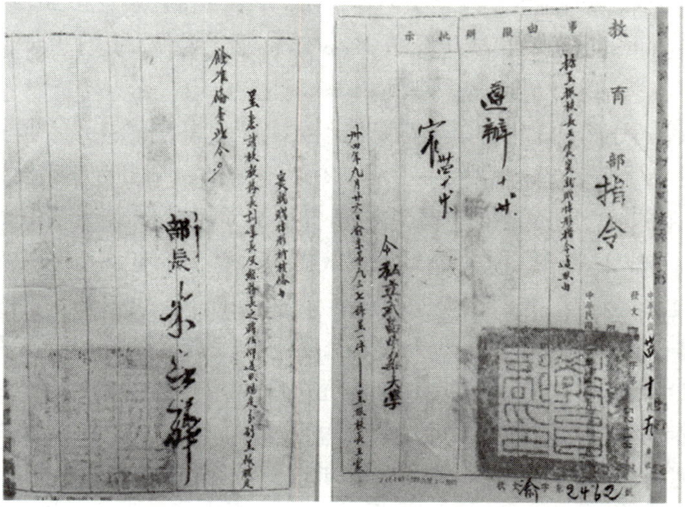

图 5-10　1945 年 10 月，教育部关于王震寰任职的批复

这里顺便介绍一下全面抗战后中华大学附中的情况。1938 年秋，中华大学迁至重庆后，附中也随即于 12 月进行了复校和招生工作。之后不久，国民政府为统一战时中学教育起见，以中华大学附中为基础改组成立国立第十二中学，并任命陈时为筹备组主任，陈时任该主任至 1940 年元月止，随之，中华大学附中与中华大学脱钩。抗战胜利后，中学迁回武汉，于武昌后补街另觅校址，改称武昌中华中学，正式变更了与中华大学的附属关系。

第四，中华大学在重庆招生考试科目按教育部的统一指令，考试内容变化不大，不会影响考生报考的准备，不论是普通类招生，还是特殊类如编级生、借读生、保送生、专修科招生等基本如是，只是 1945 年的考试内容有了些微调整。这主要是时势变化，教育部对大学招生有了一些新的要求以及学校招生委员会有了变化。学校对学生修业学分的要求也合理，学校在重庆的几年里学分要求没有变化，都是普通类本科学生 152 学分，专修科学生 90 学分。学生招生人数变化也不大，各年度各学系新生计划都是在

30～40 名左右，编级生、同等学力等招生比例亦控制在 5%～10%之间。这其实只是招生计划数，事实上除了 1946 年超额计划外，其他几年除会计专修科外，各学系招生计划均未满额。

第五，学校 1945 年前学杂费变化不大，即便是在经费异常紧张的情况下，也没有什么变化，学费是一学期 32 元（大洋），杂费有些许微调。刚到重庆的头两年里，考虑到学生困难，学费每学期还只收 27 元，其他费用如图书费 1 元或 1.5 元、报名费 1 元、宿费 3 元等，所有费用一共每学期需 45 元（大洋）左右。到了 1945 年，特别是 1946 年，由于物价的暴涨和国民政府推行的币制改革，中华大学学杂费有较大变动，从数字上看涨幅很大。如 1945 年其学费一学期为 10000 元（纸币），杂费 9000 元；1946 年则更高，学费一学期为 120000 元（新纸币）。

综观中华大学三四十年代（1945 年前），学杂费标准为每学年度为 90 元（大洋）左右，显然高于当时国立、省立大学每学年度 30 元（大洋）左右的标准。考虑到收费较高，中华大学固定为以每学期收费，这显然是为了缓解学生的交费压力。不过相较于同时代的私立南开大学、私立复旦大学、私立大厦大学、私立大同大学每学年 100 元至 120 元左右，中华大学的收费还是比较低的，较之于同时代的教会大学每学年学杂费 150 元左右则又低得更多。

第六章　中华大学在重庆的学籍管理和毕业生工作

一、抗战时期国民政府大学生学籍管理政策

全面抗战爆发不久，大多数沦陷区的高校遭到日寇的疯狂破坏，或停顿，或被迫内迁，失学大学生为继续求学又不愿在沦陷区进入日伪高等教育机构学习，除随校一同迁移了部分学生外，很多则三五成群地向西部等地寻求继续学习。据1938年底有关统计，当时全国失学大学生总数达4万余人。因此，收容、救助这些有志青年继续求学成为战时初期国民政府亟待解决的一个问题。

华中师范大学档案馆中华大学卷1938年、1939年的档案较为完整地保存了国民政府教育部1938年4月颁发的《二十六年度专科以上学校学生学业成绩结束办法》、1938年春颁发的《战区各级学生转学及借读办法》、1938年初颁发的《教育部登记专科以上学校学生分发借读办法》、1939年6月颁发的《抗战期间专科以上学校借读生学籍处理及毕业证发给办法》等。政府颁发的这些战时初期大学生学籍管理政策，对战区流亡大学生的转学、借读等提供了许多方便，尤其为像中华大学这样的私立大学接纳流亡大学生学习提供了良好的政策依靠，这也是战时中华大学在重庆办学中借读生、编级生招考比较踊跃的原因之一。除了政府颁布临时的较灵活的

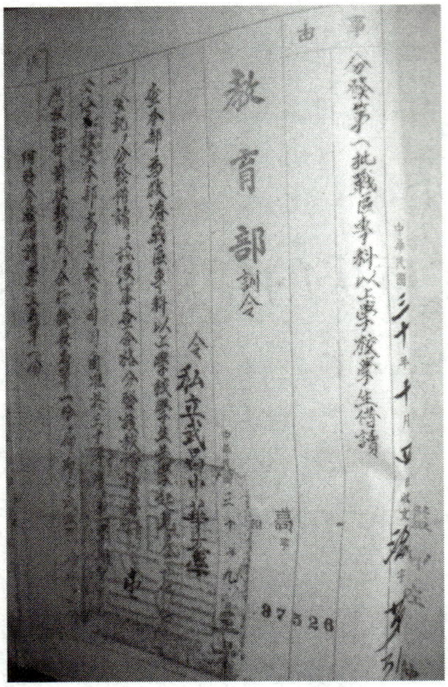
事由 分发第一批战区专科以上学校学生借读
教育部 训令
令 私立武昌中华大学
高字
87526

图 6-1　1941 年，教育部关于分配第一批战区专科以上学校学生借读给中华大学的训令

大学生学籍管理政策，教育部还采取了一些具体措施，如教育部及后方各省教育厅设立登记处，专门收容和安置失学大学生。1938 年 10 月至 12 月，教育部就采取了统一分配的方式，先后分配了三批学生至各公、私立大学借读，其中，中华大学也多次接收分配的学生。1941 年 10 月，国民政府教育部分配第一批战区专科以上学校学生给中华大学（图 6-1）。

1939 年 6 月，教育部颁发的《抗战期间专科以上学校借读生学籍处理及毕业证件发给办法》，是教育部考虑到全面抗战已近两年，国立各高校的统一招生制度正在大力推进，收容和接纳分配战区流亡学生转校、借读工作正进行的背景下颁发的，因而对“学籍处理”和“毕业证件发给”根据形势变化作了更加妥善和周密的考虑。教育部将该“办法”下发给中华大学时是这样的：

教育部训令①

高字 13608 号

查关于专科以上学校收容借读生办法，本部前经制定《战区各级

① 中华大学卷，档案号：LS11-128，华中师范大学档案馆。

学校学生转学及借读办法》《教育部登记专科以上学校学生分发借读办法》及《二十六年度专科以上学校学生学业成绩结束办法》，先后公布施行在案。施行以来，各校尚能遵章办理，惟以战区扩大，借读人数增多，而借读情形亦渐复杂。关于借读生学籍年级之确定，课程之选，以及成绩之核算，改正式生之手续及毕业证件之发给，亟应重行定，兹特订制《抗战期间专科以上学校借读生学籍处理及毕业证发给办法》，颁发各校遵行，除分令外，合行检发该办法一份，令仰该校遵照。此令。

附：抗战期间专科以上学校借读生学籍处理及毕业证件发给办法一份。

部长　陈立夫

为了使读者更加系统全面地了解抗战初期国民政府关于该方面政策的变化，以及随后中华大学在抗战期间大学生学籍管理措施，特别是为研究相关问题的专家提供一些该方面的资料，笔者将以上该几项教育部颁发的政策全文整理如下：

战区各级学校学生转学及借读办法

(1938年初)

第一章　总纲

一、本办法依教育部处理由战区退出之各级学校学生办法大纲甲款第二项乙款第三项及丙款第一项订定之。

二、本办法所指由战区退出各级学校学生以现在公立及已立案之私立学校肄业者为限。

第二章　借读证书及转学证书

三、战区暂行停开之各级学校，应发给学生借读证书或转学证书，此项证书须注明学生姓名、性别、年龄、籍贯、科别、年级等项（专科以上学校之转学证书须附该生各学年各科成绩单）以便学生借读或转学。

四、战区内之初中及小学，虽未停闭，得依学生家长之请求，发给借读证书及转学证书。

五、战区已停闭之中等以上学校因特种原因，未及发给学生借读证书或转学证书者，其原有学生，可持足资证明文件，向各省市教育厅局登记，申请发给借读介绍书，审查合格后，由登记处发给之。

六、各项证书及证明文件，如有蒙混及滥发情事，除开除学生学籍外，并予负责人员以相当之处分。

第三章　借读及转学手续

七、中等以上学校学生持有借读证书或转学证书者，除原校业经指定借读或转学学校外，得各就便利，自向同等学校请求借读或转学。请求转学者，须经入学考试。专科以上学校转学学生学分之认可，依各学校课程编制，分别定之。

八、小学各年级学生，如未领原校借读证书或转学证书者，可将原校最近一学期之成绩单，作为借读及转学之证明。其无原校成绩单者，得以测验编定其班次。

九、中等以上学校学生，如未能觅得借读学校者，得分别向本部及各省市教育厅局登记处请求指定借读学校。

十、转学及解读，均不限年级，但须于学年或学期开始时入学。

第四章　借读生待遇

十一、凡借读生应遵守借读学校之一切规章，并受借读学校之一切考试。

十二、借读生应缴纳之学费及其他费用，依所借读学校之规定，但得因借读期间之长短，由该校依照比例酌定之。

十三、借读生或转学生，如因家庭陷入战区或由战区逃出后，经济确极困难者，专科以上学校学生得以照本部颁布贷金办法处理。中小学学生得向借读学校请求免费或减收各项费用。

十四、各校对于借读学生应与本校学生一律待遇，借读生经学期或学年考试及格者得依借读生之志愿发给借读成绩证明书或认为转学本校学生。

第五章　各级学校收受借读生办法

十五、公立学校均应尽量收受借读生，私立学校由主管教育行政机关考核其办理成绩一切设备及学校环境是否比较安全，经指定后，就规定收容额数收受之。

十六、公立学校及经指定之私立学校，如各级学额已满或教室不能容纳时，应酌量租用学校附近房屋或建盖临时房屋，暂作教室及宿舍，其实验设备，如感不敷，得分组轮流实验。

十七、公私立学校因收受超额借读生，而增加之经费负担，得由各校报告借读生人数及所需经费数，呈请主管教育行政机关核准酌以辅助。

十八、公私立学校因收受借读生而加开之各班，得由各校呈请主管教育行政机关就战区退出之教员中，选聘前往服务。

十九、借读生得以插班或另开特别班之方式编配之。

二十、借读生如因特别原因不能于学年或学期开始时入学者，借读学校得斟酌情形，于学期中收容之。

二十一、各级学校不得无故拒绝收受借读生，如有藉词拒绝者，主管教育行政机关应予以相当之处分。

第六章　附则

二十二、本办法公布后，本部以前所颁法令有关借读办法部分，均暂不通用。

二十三、本办法如有未尽事宜，由教育部随时修正之。

二十四、本办法自公布日施行。

教育部登记专科以上学校学生分发借读办法

(1938年2月)

一、各地登记学生以分发在当地相当学校借读为原则。

二、分发各校借读学生名单确定后，交原办登记之各处分别通知，并办理遣送手续。

三、凡分发借读学校不在原登记地点者，由本部酌量津贴旅费，交给旅费之标准，视路途远近而定。

四、其不愿在分发学校借读而有充足理由者，得请求本部分发志愿借读之学校，但不给旅费。

五、凡经本部指定收容分发借读各生之学校，应即遵办。

六、凡指定受借读生各校，应将各借读生派入相当院系年级肄业，暑假后再行编级试验，一律改为正式生；但遇有试验不及格者，降退年级不得过一学年。

七、分发借读学生，如家在战区，费用来源断绝者，得依公立专科以上学校战区学生贷金办法申请贷金，由所在学校审查合格后，专案代向本部呈请，由本部核给。

八、凡登记各生，应于接到通知后五日内启程赴借读学校报到，迟不到校者，即取消借读资格。

九、分发借读学生除另有规定外，应与所借读学校学生同一待遇。

十、借读生导师服务及待遇细则另订。

二十六年度专科以上学校学生学业成绩结束办法

(1938年4月)

一、凡公私立专科以上学校在二十六年度（以下简称本年度）照常开学者，其学生学业成绩，应照原定规章核算结束。

二、各校学生在本年度具有左（下）引情事之一者，其学业成绩之结束，得变通办理。

(1) 学校由战区迁移他地延迟开学者。

(2) 学校暂行停办，学生转入他校肄业或借读者。

(3) 原校学生籍隶战区或接近战区，受交通之影响，迟期入学者。

(4) 学生因受交通或其他困难之影响，转学或借读他校迟期入学者。

三、本年度变通结束学业成绩之各校学生，其上课时数、及格学分数及学期考试办法规定如左（下）。

(1) 每学期上课时间，须在十二星期以上，或并计全学年上课时间，须在二十四星期以上。

(2) 各学期学期试验，应照常举行，学生每学期须有十个以上学分及格，或并计全学年须有二十个以上学分及格。

(3) 第一学期试验未能举行者，得与第二学期（即本学期）之学期试验合并举行。

(4) 各校第二学期学期试验日期应于举行前一月呈报本部，并应将第一、第二两学期各院科系上课情形（如上课日数及起讫日期、各科系各年级原有学生数、转学生数、借读生数及其合计数等），造具简表，同时呈核；举行后应将各院科系学生成绩核算结束情形（如及格学生数、核准借读学生转学本校人数，应令补习学生数及补习计划等）报部备查。

四、凡经依照前条规定试验及格之各校学生及借读生应一律准予升级，其未合前条（1）（2）两项规定之学生，各校应予补习，其办法规定如左（下）。

(1) 上课时间未达前条规定之变通时数（即全学年二十四星期以上）者，除遵照部令缩短暑假以资补课外，应于第二学期内添设夜班、星期班，或迳不放暑假于学年终了时接开暑期班，给予充分之补修机会。

(2) 学年终了时所举行之学期试验，得延至暑期中或下学年开始时举行。

(3) 试验不及格之科目，应予补考一次。

五、本年度应届修业期满之学生，依照第三、第四两条规定试验及格者除尚有必修科目未经修定，须令补修外，应即准予毕业；其过去成绩记录，确因迁校遗失不能查明核计，经呈准后参加本年度毕业试验成绩及格者，亦得准予毕业。毕业证书之发给方式，如左（下）：

(1) 在原校肄业者，由原校照章发给毕业证书。

(2) 原校与他校联合设立者，得由原校发给毕业证书，其由联合学校发给毕业证书者，须注明原校与原隶院系等字样。

(3) 在他校借读，其原校存在者，由原校发给毕业证书，并得先由借读学校发给临时证明文件，但须注明原校与原隶院系等字样。

(4) 在他校借读，其原校奉令暂行停办者，由借读学校发给毕业证书，得注明由某校某院系借读字样。

六、本办法未经规定各事项，应依照战区各级学校学生转学及借读办法，本部登记专科以上学校学生分发借读办法，学校毕业证书规程，及其他有关之各项法令办理。

抗战期间专科以上学校借读生学籍处理及毕业证件发给办法

(1939年6月)

一、专科以上各学校收容借读生，应以公立或已立案之私立专科以上学校学生缴有借读证明书或原校肄业证明书及原校各科成绩结业者为限。其或因特殊原因缴验证件不全者，应于入校后第一学期内设法补缴。借读生原校停办无法取得前项证件者，得由校呈请本部核办。

二、借读学校对借读生肄业年级之派定，应以原校年级相衔接为原则。借读生所缴证件，各校应详加审核，遇有疑义时，应由校径函原校查明后，再行确定其年级。

三、借读生原校入学资格，未经本部核准，或所缴学籍证件经查明系属伪造者，得分别停止其借读或开除其学籍。

四、借读生入校借读后，除因特殊原因经呈请本部核准者，不得再行转入他校借读。

五、借读生在借读学校选习课程，除遵照借读学校规定修习其派定年级之必修课目外，并应尽量选习原校所列为必修或选修之课目。

六、借读生在借读学校修毕一学期或一学年课程后，除最高年级学生外，由校审查其成绩或举行编级试验，一律改为转学本校学生。其经编级试验不及格者，降退年级，不得过一学年。借读生原校已在后方开学而不愿转学者，应即回原校续学。

七、借读学校对借读生学业成绩应于学期或学年结束时抄送各该生原校登记。其已认为转学本校学生者，应通知原校转移学籍。

八、各校对本校学生，在他校借读成绩除遇有在校已修课目学分，不予计算外，应一律予以承认，并应并入本校成绩平均计算。

九、借读生未在借读学校修业期满，除尚有部订必修课目未经修足，须令补修外，应即准予参加毕业试验。前项必修课目如在借读学校并未设置，或虽设置而因两校课程编制不同，致未修习者，亦准予参加毕业试验。

十、借读生在借读学校修业期满，并修足规定学分数，试验毕业论文。经参加毕业考试及格者，应即准予毕业，其毕业呈报手续，及毕业证书之发给办法如左（下）：

1. 借读生之原校存在者，由借读学校将各项成绩移送原校办理毕业手续，但得先由借读学校发给临时证明文件，除注明原校及原隶属院系外，并须注明在本校借读修业期满，参加毕业试验成绩及格字样（式样另附）。

2. 借读生之原校暂行停办，或原校陷入战区情况不明者，由借读学校发给毕业证书，并注明原校院系暨借读字样。该项证书呈送鉴印手续与本校学生同（式样另附）。

3. 借读生已经借读学校改为转学本校学生者，其毕业呈报手续暨毕业证书式样与本校学生同。

十一、本办法未经规定各事项，应依照战区各级学校学生转学及借读办法，本部登记专科以上学校学生分发借读办法，及其他有关之各项法令办理。

十二、本办法规定各项，其与本部前颁有关借读生法令不同之处，或各校所订处理借读生章则不合本办法之处，应以本办法为准。

二、中华大学在重庆的学生学籍管理工作

目前尚未搜索到中华大学在重庆时学生学籍管理工作的系统材料，但档案中较好地保存了当年国民政府教育部关于该项工作致中华大学的“令”和“电”。从这些当年教育部对中华大学的“指示”中，我们也可以粗略推断中华大学在重庆时的学生学籍管理工作，因为这些“令”和“电”主要是教育部针对当时中华大学关于其学生学籍管理工作“呈”（汇报工作）教育部的回复和指令。现将全面抗战前夕至抗战胜利后中华大学计划迁移和准备复员这段时间教育部致中华大学的部分“令”和“电”整理如下：

（1937 年 1 月）教育部训令（图 6-2）

高字第 000702 号

令私立武昌中华大学：

案查专科以上学校呈报新生事项，早经本部于廿二年第八七三三号训令第一项通饬遵照在案，各校遵限呈报者，固属甚多，延未遵办者亦复不少，间有少数学校迄未呈报，延至毕业时始行补呈，请予审核。或呈报入学资格有所不合，经指令饬查延不呈复，致届毕业发生种种问题。以上各点，非仅妨碍学生学业，抑且有违本部功令。为此通饬，自廿五年度第二学期起，各该校呈报新生，务须遵章如期办理。其已呈报而未经本部核准，或经令饬开除学籍者，不得留校肄业，其入学资格经指令饬即申复者，亦应尽入学后一学期内呈复备核，不得

延至毕业时补报，除分令外，合行令仰切实遵办。此令。

部长　王世杰

中华民国廿六年一月五日

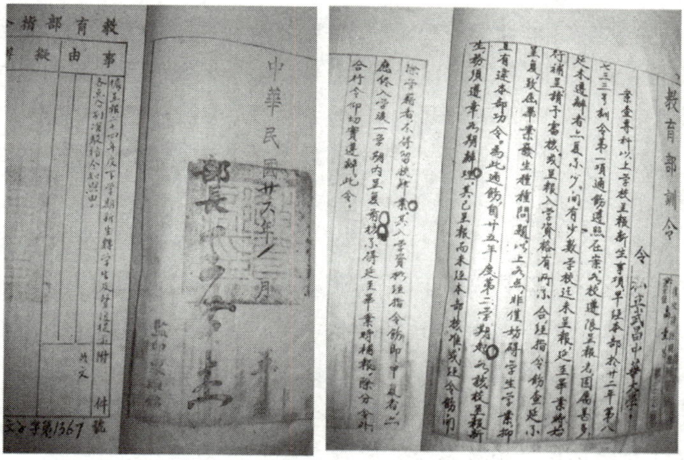

图 6-2　1937 年，教育部就新生毕业生学籍注册问题致中华大学的训令①

（1937 年 2 月）教育部指令②

令私立武昌中华大学：

二十五年十二月二十九日呈一件——呈报二十四年度下学期新生转学生一案，声复奉令提示各点，祈察核备案由。

呈件均悉。查大学专修科学生入学资格与专科学校学生不同，所请依照“修正专科学校规程”以同等学力资格准许郭望清、王禹门、张朴、王有家、肖君倜、蔡光第、夏德修等七名入学肄业一节，确难照准。

夏领云、刘昊若、王少兰、曾云关等四名所缴入学证件，不无可疑之处，应俟查明后另案饬知。该生等证件暂存。

①②　中华大学卷，档案号：LS11-108，华中师范大学档案馆。

蔡光第、夏德修等二名入学资格不符，王有家、张朴等二名系未立案之私立中学毕业生，郭望清、王禹门等二名其毕业证书未经教育行政机关验印追认。以上六名，未便准予备案。

郭远怀、袁进磐等二名，均系师范学校或高中师范科毕业生，并未验服务证明文件或教育行政机关核准展缓服务证明书。夏立云一名服务期间只有半年，且未呈验正式毕业证书。以上三名，亦未便准予备案。

肖君倜、刘觉等二名应俟换呈教育行政机关验印之中学毕业证书到部，再凭审核。

方冀达、王志邃、关为政、税成山等四名，应补呈教育行政机关验印之中学毕业证书到部，再凭审核。

杜成九一名入学年龄应依毕业证书填写“二十三”岁，以代更正。其入学资格准予备案。

程震、冉懋禄、陈中杰、马履才、景文渊、石礼门、杨祥杰等七名所缴入学证件，尚无不合，应准备案。

罗光国、张洪钧等二名，并分别准予复学或转系。

阎希文一名所缴服务证明文件，尚无不合，其入学资格应准补行备案。前存毕业证书发还。刘心炳一名应依去年“私拾陆1020019号”指令办理。

傅文竹、朱大谋、刘凤书、许芝荣等四名所填年龄应依毕业证书所载年岁核算填报。其入学资格，并准予补行备案。

其余缺缴证件各生，应俟补呈证件到部，再凭核查。合令知照，表存。证件分别存还。此令。

附发还证件二十四份。

部长　王世杰

中华民国二十六年二月二日

（1937年5月）教育部训令（图6-3）

普零第9211号

令私立武昌中华大学：

本部前以学生身体智力之统计与年龄有关，曾于十九年四月颁发第三五五号训令，规定各级学校学生年龄生日皆应以国历计算，并用实足年龄以资划一而便统计在案。惟近查多数学校对于学生入学年龄之调查仍填报旧历及虚年龄，以致调查之结果不甚准，确难以用为研究统计之资料。自本学期起，凡在校旧生，一律重新调查，由级任教员或教务主任认真执行，务须填具国历及实足年龄，以求准确。嗣后新生入学并应一律填足年龄及国历生日。合行令知一体遵照办理为要。此令。

部长　王世杰

中华民国二十六年五月十九日

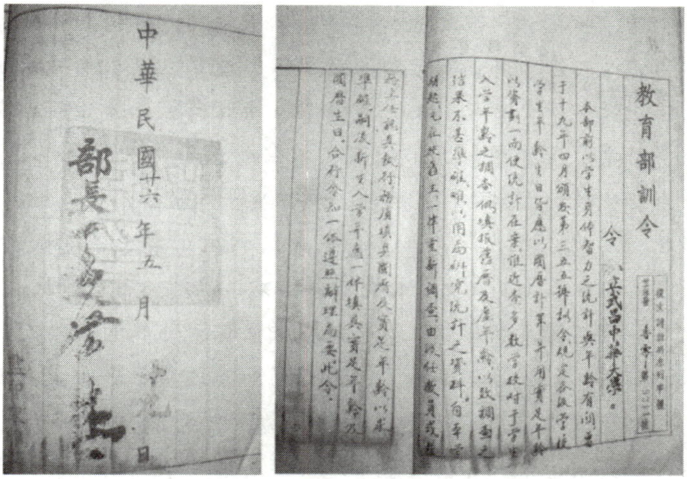
教育部訓令

图 6-3　1937 年，教育部关于学生注册规范问题致中华大学的训令[①]

① 中华大学卷，档案号：LS11-108，华中师范大学档案馆

（1940年3月）教育部指令[①]

高字07008号

中华民国二十九年三月九日

令私立武昌中华大学：

二十八年十二月二十七日呈一件，为呈报二十八年度第一学期各院系新旧生、复学、休学、转院系、借读生暨借读生转正式生等学生表，连同证件相片，祈鉴核备案由。

呈件均悉。该校商学院经济系二年级借读生转正式生王相川一名，应俟补呈考取西南联大证件后，再行核办。

中国文学系一年级新生李振亚、梅尚乐、万文鹤、常克金、王世矩、何淑瑶、王文骏、王克孝、沈继汉等九名；外国语文系一年级新生沈秋葵、杨礼蓉、张文运、邱才弢、王学麟、傅治棠、张雄、李先滨、周绍汉、殷志道、雷世麟、杨翠云、戴华、张承慈、梅松想、朱志宏、饶悦宾等十七名；教育系学系一年级新生杨泽镛、曾德明、谭德海、彭季英、肖树静、张德富、胡宗岐、夏安本、李瑞英等九名；化学系一年级新生苏琏、肖运祥、周良华、郑志芳、杨厚谦、汪礼珍、吕咸臣、郎禹铭等八名；数学系一年级新生张启泉、詹径世、刘康、龚袭龙、汪学谦、夏相尧、杜金祖等七名；经济学系一年级新生王英、杨升环、谭其昌、唐庶怀、骆长德、张汉儒、孙德润、陈宏翰、余开先、左正玉、张笙谷、龙元波、饶辉柏、万文熹等十四名；工商管理系一年级新生郑和笙、孙东政、苏延龄、刘德荣、何丕先、冯名寿、蔡俊纯、蹇俊德等八名在校学籍应俟换呈中等学校毕业证书后再予核夺。杨泽镛、曾德明、胡宗岐等三名并须补呈服务证件。

中国文学系一年级新生徐文仪、教育系一年级新生林颀在校学籍应俟补呈证件后再核。

① 中华大学卷，档案号：LS11-133，华中师范大学档案馆。

教育学系一年新生杨先誉一名应补呈服务证件备核。

化学系一年级新生邓玉华一名，经济学系一年级新生雷仲平一名，工商管理系一年级新生王淑荣、晏士一二名准予在该校试读，应俟补行参加会考及格后，再行呈请改为正式生。

借读生转正式生雷蒲芳二名，教育学系转学生梁祖荫一名，经济学系转学生李莲彩一名，中国文学系一年级新生沈崇禧等十二名，外国语文系一年级新生周同善等十三名，教育学系一年级新生肖学勤等十一名，化学系一年级新生曹贤等十二名，数学系一年级新生谭万鹏等五名，经济学系一年级新生王伯群等十二名，工商管理系新生胡春竹等十九名，借读生张功俊等六名，转院转系学生余楷先等四名，复学生余洪勋等九名，教育学系二年级学生王子英一名学籍均准备案。

文学院各学系各年级旧生余洪勋等二十一名，理学院各学系各年级旧生张雨民等十一名，商学院各学系各年级旧生余传寿等四十名，休学生刘陟望等三十二名准予备查。

经济学系新生田秉阳一名，应在一年级肄业。

表册存，证件发还。此令。

附：发还原缴证件一册，补验证件三纸。

部长　陈立夫

(1940年8月）教育部指令①

高字25277号

中华民国二十九年八月三日

令私立武昌中华大学：

二十九年六月十日呈一件，呈送二十八年度第二学期员生表及新生、转学生、借读生证件，并补缴二十八年度上学期新生郑昌琳等四

① 中华大学卷，档案号：LS11-133，华中师范大学档案馆。

名入学证件，祈鉴核由。

呈件均悉。(一）据呈二十八年度第二学期商学院会计专修科新生叶发义、雷铤、徐有光、杨荣坤、吴振发、刘蕙、张素琰、熊华林、朱兰田、李淑贝、李有贵、雷伯衡、姜云蒸、梁玩素等十四名入学证件，经查尚无不合，其入学资格均应准予备案。（二）朱育瑞、马德修、胡传迪等三名准作为该校二十八年度下学期会计专修科同等学力新生。(三）其余新生薛蕃浩等二十六名，统应换呈或补呈高中正式毕业证书备核。(四）商学院经济学系二年级下学期转学生江远诚前在大夏大学一年级第一学期仅得二十学分，第二学期仅得十六学分，二年级第一学期仅得十五学分，应转学该校二年级第二学期，以前不足学分，应仰令其补修，并应补缴高中正式毕业证书备核。（五）美锡佩、秦德伟、赵毓琦、王峨华等四名，准暂在该校借读，如须改为该校正式生，仍应检同各该生高中正式毕业证书，原肄业学校证明书及成绩单，一并呈候核夺。(六）据呈复学生、转院系生、休学生及各级旧生名册，除入学资格未经本部核准备案各生外，余均准备查。(七）教职员一览表存查。（八）二十八年度上学期新生郑昌琳、孙德润、杨厚谦，转学生王相川入学资格均准补行备案，仰即知照，册及相片存，记录发还。此令。

部长　陈立夫

(1941年3月10日）教育部训令[①]

高字第00201号

中华民国三十年三月十日

事由：各校招收转学生时，必须先呈请本部核准册报录取各生，并须注明由何校转来及转学原因，于未经核准前，只准随班旁听，仰即遵照。

---

① 中华大学卷，档案号：LS11-137，华中师范大学档案馆。

令私立武昌中华大学：

查各校招收转学生时，必须先呈请本部核准，业经令饬在案，册报录取各生，除依式注明原肄业学校外，并须注明转学原理，各该生学籍未经核准以前，只准随班旁听，仰即遵照。

部长　陈立夫

（1941年8月）教育部训令①

高字第30501号

中国民国三十年八月九日发

事由：专科以上学校学生借读，以原校陷入战区或停办者为限，转学应由学生自行报考，通饬遵照。

令私立武昌中华大学：

案查本部年来办理专科以上学校学生登记分发借读系以原校陷入战区或停办者为限，至已在后方开学之专科以上学校学生，照章不得呈请分发借读，又学生转学向由各校自行办理，必需转学他校者，应俟志愿学校招收，转学时自行报考，不得呈请本部分发转学，乃近来有一部分学生不明此种规定，径行呈请核准转学，或原校不在战区或未停办者，亦纷请分发借读，殊属不合，事后各该校学生如径行呈请转学或借读者，概不批复，除分令外，合行令仰转饬在校学生一体遵照。

部长　陈立夫

（1941年9月30日）教育部训令②

高字37526号

中华民国三十年九月三十日

①② 中华大学卷，档案号：LS11-137，华中师范大学档案馆。

事由：分发第一批战区专科以上学校学生借读。

令私立武昌中华大学：

查本部为救济战区专科以上学校学生失学起见，本年仍由部经办登记，分发借读。兹经审查合格，分发该校借读者计有壹人，发给该生本部高等教育司函，准于三十年度第一学期开学时持原校证件前往报到外，合行检发名单一份，仰即予以收容为要。此令。

部长　陈立夫

附发分发借读学生名单一份。

分发私立武昌中华大学借读学生名单：

苏志新　国立东北大学化学系一年级

（1941 年 10 月）教育部训令①

高字第 40992 号

中华民国三十年十月二十四日发

事由：分发第二批战区专科以上学校学生借读由。

令私立武昌中华大学：

查本部为救济战区专科以上学生失学起见，本年仍举办战区学生登记并分发借读，兹经审查合格分发该校借读生乙人，除饬该生持同本部高等教育司司函及原校证件于三十年度第一学期开学时前往分发学校报到外，合行检发名单一份，仰即予以收容为妥。此令。

部长　陈立夫

附分发借读学生名单一份。

分发私立武昌中华大学借读学生名单（一名）：

王应銮　持志学院国学系二年级

---

①　中华大学卷，档案号：LS11-137，华中师范大学档案馆。

（1941 年 10 月）教育部训令[①]

高字 40407 号

中华民国三十年十月二十一日

事由：据上海私立新中国大学学生李宏道呈请分发借读，姑准分发该校借读，令仰遵照。

令私立武昌中华大学：

案据上海私立新中国大学理学院化学工程系一年级生李宏道呈称，以不堪屈于敌伪压迫之下，请分发内地大学商学系或经济系借读等情，查该大学尚未完成立案手续，姑念该生来自战区准予分发，该生入该校受甄别试验及格后编入相当年级借读。除饬该生于本学期开始时持同批文及原校证件赴校报到外，合行令仰遵照。此令。

部长　陈立夫

（1942 年 4 月）教育部训令[②]

高字 16385 号

中华民国三十一年四月三十日

令私立武昌中华大学：

案准香港私立广州大学政治系三年级学生曹美成呈称，港地弃守，闯关来渝，请予分发借读等情，姑念该生来自战区，准予分发该校借读，除饬该生赴校报到并饬其补缴证件外，合行令仰遵照。此令。

部长　陈立夫

（1942 年 5 月）教育部训令（图 6-4）

高字 06773 号

中华民国三十一年五月四日

① 中华大学卷，档案号：LS11-137，华中师范大学档案馆。

② 中华大学卷，档案号：LS11-141，华中师范大学档案馆。

令私立武昌中华大学：

案据香港华侨工商学院政经系二年级生刘开瑞、周家庆呈称，香港弃守逃入后方，请予分发借读等情，姑念该生等来自香港，准予分发该校受甄别试验后编入相当年级借读，除饬各该生赴校报到外，合行令仰遵照。此令。

部长　陈立夫

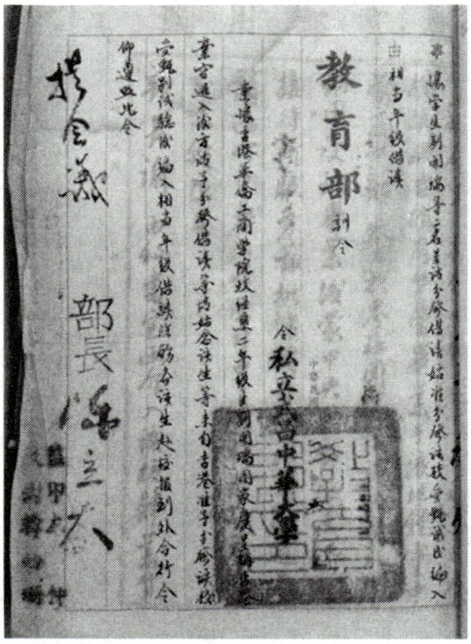
教育部
训令
部長

图 6-4　教育部关于分发战区学生借读事宜致中华大学的训令①

（1942 年 8 月）教育部训令②

高字第 32309 号

中华民国三十一年八月十二日

令私立武昌中华大学：

案处香港大学临时协济委员会呈略称，关于香港大学在各校借读学生之借读年级暨甄别试验两项，请在可能范围内，略予优容等情，

①②　中华大学卷，档案号：LS11-141，华中师范大学档案馆。

查该会所请各节，应予照准。该校收容香港大学学生，准入原年级肄业，如必须举行甄别试验，得展缓至明年暑假时举行。合行令仰遵照。此令。

部长　陈立夫

(1941年8月) 教育部训令①

高字33742号

中华民国三十一年八月二十二日

令私立武昌中华大学：

查各校历年招考新生均须呈缴像片以凭核对，现因照像材料缺乏，照像价格上涨，报考学生所费不赀，兹为体念学生并节省物资起见，凡本年各校报考新生其未经录取者，所缴像片应检还，仰即知照。此令。

部长　陈立夫

(1942年10月) 教育部代电（图6-5）

高字43866号

中华民国三十一年十月三十日

私立武昌中华大学：

案据南开大学文学院政治系三年级生张恩田呈称：经济艰窘，难返原校复学，请分发该校借读等情，经查该生原校学籍核准有案，姑予照准。除饬该生持同证件径洽外，电仰知照。

教育部　高滔 印

① 中华大学卷，档案号：LS11-141，华中师范大学档案馆。

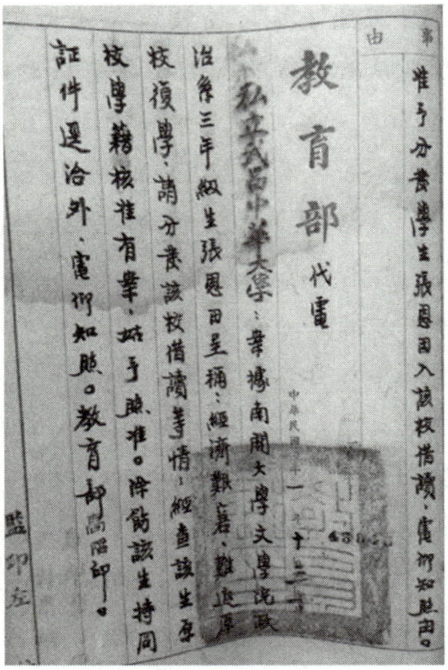

事由　准予分發學生張恩田入該校借讀，電仰知照。

教育部代電

私立武昌中華大學：案據南開大學文學院政治系三年級生張恩田呈稱：經濟艱窘，難返原校復學，請分發該校借讀等情。經查該生原校學籍核准有案，姑予照准。除飭該生持同證件逕洽外，電仰知照。教育部高滔印。

監印

图 6-5　教育部关于战区学生借读事宜致中华大学的电文①

（1942 年 10 月）教育部代电②

高字 63039 号

中华民国三十一年十月十三日

私立武昌中华大学：

兹分发北平私立辅仁大学外国语文系学生李鼎元该校受甄别试验后编入相当年级借读，除饬该生持同证件赴校报到外，电仰知照。

教育部　高滔 印

（1943 年 9 月）教育部训令③

高字 47000 号

①② 中华大学卷，档案号：LS11-141，华中师范大学档案馆。

③ 中华大学卷，档案号：LS11-146，华中师范大学档案馆。

中华民国三十二年二十五日

令私立武昌中华大学：

查自太平洋战争发生以来，平津沪一带专科以上学校学生多不避艰险跋涉内来，爱国热诚志趣可嘉，本部为实施中央既定国策，自应予以救济，俾免失学，本年暑期在本部及战区学生指导处登记之战区学生，现已达四百余人，亟宜办理分发，俾于三十二年度第一学期得以入学，兹经审查合格，分发该校借读学生共计五人。该项学生于报到时，凡持有原校证件者得验证后编入相当年级借读，其因故障一时不克取到原校证件或所持证件非原校发给者，均须由校予以编级试验，暂准借读，于入学后仍令补缴原校证件，至在伪组织学校肄业之学生，须由校予以甄别试验后编入相当年级肄业，仍须呈验原证件，至编级及甄别试验科目，均由该校参照、入学试验及转学试验科目酌量办理，除饬令该生持同证件及本部高等教育司司函前来报到外，合行检发名单一份，务仰体念时艰，遵照收容为要。此令。

附发分发借读学生名单一张。

部长　陈立夫

分发中华大学借读生名单：

王化徵：中国学院政经系

欧阳坤：上海健行大学[①]（资格不予承认，由校甄试后编入相当年级）

池文坚：上海健行大学（资格不予承认，由校甄试后编入相当年级）

吴冰：东吴大学文学院

平洋生：鲁苏豫皖边区政治学院

---

① 编者注：上海健行大学可能为当时尚未立案之私立大学，故以上该校两学生资格教育部高教司审核时未予承认，但考虑到是战区学生，教育部仍分发中华大学借读，并要求中华大学甄试编级。

(1943年3月) 教育部训令[①]

高字11100号

中华民国三十二年三月九日

令私立武昌中华大学:

顷据本部高等司转呈杜君载君致该司函称:“径复者,顷准本月二日贵司05112号笺即开学生陈曦缴呈台端所出具之上海吴淞滨海中学生高中毕业证明书一纸,证明其学历属实,究竟有无根据等语。查陈曦一名与载向未谋面,亦无任何友谊,该滨海中学校址更不知在吴淞何处,载何能出具证明文件,似此该陈曦盗用虚名,捏造伪证,实干法纪,务请贵司严加追究为荷!”等情。据此,查该生伪造学历证明文件,既经查明属实,应即开除并不得发给任何学历证件,以儆效尤。合行令仰知照。此令。

部长　陈立夫

(1945年6月) 教育部训令[②]

高字30905号

中华民国三十四年六月十一日

令私立武昌中华大学:

案查该校前呈学生肖运第一名证件,经令据湖北省教育厅查复系伪造,该生伪造证件及官厅印鉴,触犯刑法,除令知该厅移送法院依法究办外,该校应即开除该生学籍,并不得发给任何证件,以儆效尤,合行令仰遵照。此令。

部长　朱家骅

① 中华大学卷,档案号:LS11-146,华中师范大学档案馆。

② 中华大学卷,档案号:LS11-159,华中师范大学档案馆。

（1945年9月）教育部训令[①]

高字040210号

中华民国三十四年九月十二日

令私立武昌中华大学：

案查该校学生邓觉非前呈入学证件业经函准江苏省政府驻渝办事处查系伪造，除函请该处将该生移送法院依法究办外，该校应即开除该生学籍，以示惩儆，仰即遵照。

部长　朱家骅

（1945年9月）教育部训令[②]

高字48205号

中华民国九月二十二日

令私立武昌中华大学：

案查该校前呈三十三年度第一学期新生刘仲诩一名高中毕业证件，业经令据浙江省教育厅查系伪造，除令饬该厅将该生移送法院依法究办外，该校应即开除该生学籍，以示儆惩，仰即遵照。此令。

部长　朱家骅

从以上可查到的中华大学西迁重庆期间有关学生学籍事宜，教育部给中华大学的训令、回函等（未查到中华大学对相关问题致教育部呈请文件），可知教育部战时对大学生学籍管理政策落实到中华大学的具体要求，以及中华大学在执行教育部相关政策的同时，结合自身情况的学生学籍管理措施。

第一，自全面抗战开始至抗战胜利，国民政府教育部历任三位部长，他们是王世杰、陈立夫、朱家骅，其中陈立夫任职时间最长，几乎为整个

①② 中华大学卷，档案号：LS11-159，华中师范大学档案馆。

抗战时期。在他主政之下，其时的高校大学生学籍政策，既延续了战前之严肃性，又因战时变化而推出了一系列灵活应变措施。所谓严肃性，对学生而言，就是对进入大学学习的学生，都须经过严格的审核，尤其要审核学生根据高校招生要求所提供的各类证明文件的真实性，一旦发现有造假等行为，轻则开除学籍，重则移送司法机关处理。对学校而言，就是要求各学校必须将所招收之各类学生的情况按规定时间送交教育部审核备案，一旦发现问题，必严加训诫并令其修正再报。所谓灵活性，主要是指对待战区流亡学生的处理以及对港生、澳生、侨生等安排上，教育部通令各校克服困难，尽量帮助那些失学青年能“借读”或“转学”。随着战区的扩大和太平洋战争的爆发，流亡内地或不堪奴性教育而投奔内地的青年学生越来越多。据有关资料记载，仅 1943 年暑假到教育部登记之流亡大学生就达 400 余人，对此教育部则采取了直接分配学生进入内迁高校借读的办法，以努力满足他们的求学愿望，更由于这些学生大多断了经济来源，教育部则饬令各校免收这些学生的各项费用，并对收容流亡学生较多的学校给予相应补贴，如图 6-6 所示为国民政府教育部当时致中华大学的训令。还有，教育部对各大学学籍管理中的一些细节问题也很注意，如要求全国高校学生年龄登记时一律以其公历实足年龄计算登记，以便全国一致。还考虑到战时学生报考登记相片费用高和器材缺乏等问题，1942 年教育部又通饬各高校应将未录取学生的相片一律退还给学生等。

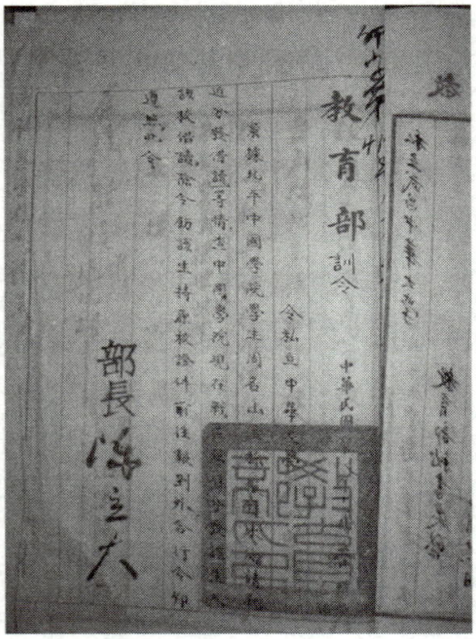

图 6-6　教育部关于分发借读生事宜致中华大学的训令

第二，中华大学西迁至重庆后，为保证学校的发展和规模，招生形式以及层次较多，更由于战时各专业各层次招收了不同地区、不同学校的流亡学生入校，学生的求学时间又不一致，因此，学籍管理事务较多，也很复杂。如每学期招收新生、毕业生（专修科）各一次，临时性的收容生、转学生、转院系生等都得按要求按时向教育部呈报，如遇不顺利时还需向教育部多次呈报。为此，中华大学一方面在组织上加强学生学籍管理工作，增强注册股的力量，一方面又将该管理工作中的些许职能分发给学校事务股、训育股。从现有的一些档案材料可以看到，当时的注册股主任汪缉熙为此做了大量的工作，文书股和事务股的周保伟、周振训、陈庆普也做了不少细致的工作，他们每次呈报教育部的学生报表都做得比较详细、明晰。此外，各报表每次报教育部前，教务长严绂苹都要认真审核，校长陈时还要批阅，如此这般，层层负责，以保证学校学生学籍管理工作不出纰漏、规范有序（全面抗战前夕，如1937年2月，学校呈报教育部有关事项中有些纰漏，遭驳回不少，是为教训）。中华大学迁重庆后，由于各方努力，学校影响越来越大，一时有“南岸区”直追“沙坪坝学区”之声誉，因而除了教育部将多批有影响的大学如香港大学、南开大学、辅仁大学等的流亡学生分配至中华大学借读外，还有诸如东北大学等名校流亡学生主动联系，希望来中华大学借读。

第三，1943年、1945年中华大学有几位学生因为相关学历证件造假被开除学籍和移送司法机关，这可能是一些学生法律意识淡薄，以为战争期间政府不会严格审查而造假，企图蒙混过关。这再次证明，国民政府战时对学生诚信要求是非常严格的，对违反诚信要求的处理是非常严厉的，即便是战争时期也一样。

三、中华大学在重庆的毕业生工作

(一) 关于毕业生工作教育部给中华大学的指令

(1938年1月) 教育部指令[①]

第8603号

令私立武昌中华大学：

二十六年十二月二十五日呈一件——为呈报第七届师范专修科毕业学生一览表并遵章组织毕业考试委员会，开具委员名单、考试科目表并检同学生照片请核备俯准照聘由。

呈件均悉。查该校二十六年度第一学期师范专修科应届毕业生准予一体参加毕业试验，惟周家琮、毛际唐、夏立云、曾唯、张祖荫等五名入学时资格均未核准备案，应即分别补呈入学证件或转学成绩单；欧阳恺一名前作欧阳诚，是否笔误，并应查明，申复备核。至应届毕业之大学各院系借读生，姑准变通，随同师专学生参加毕业试验。所拟本届考试委员名单，尚无不合，准由该校照聘，并会知照。证件发还，余件存。此令。

附发还证件六张。

部长　陈立夫

中华民国二十七年一月

(1938年1月) 教育部指令[②]

二十七年私拾陆00098号

令私立武昌中华大学：

二十六年十二月二十五日呈一件——为本校二十四年度法律学系

①② 中华大学卷，档案号：LS11-121，华中师范大学档案馆。

毕业生遵令补修缺修课目学分造具成绩表，祈鉴核，俯准备案，印发证书由。

呈件均悉。查高鸿纂一名，现报籍贯核与入学时册报，尚属相符，姑予免验中学毕业证书。该生及其余各生缺修课目，既经补及格，其毕业资格准予补行备案。惟杨守成一名尚缺宪法及法院组织法成绩，仍应查复，以凭核备。又张家铎毕业证书未盖院长名单，应予发还补盖送核。其余各生毕业证书验印发还。表存。此令。

附发还验印毕业证书二十九张，不盖印毕业证书二张。

部长　陈立夫

中华民国二十七年一月十七日

(1938 年 7 月) 教育部指令①

二十七年私拾陆 02681 号

令私立武昌中华大学：

二十七年六月十五日呈一件——为造具第七届师范专修科毕业学生成绩一览表并缮正毕业证书暨申复奉令提示各点，祈鉴核备案，验印发还由。

呈件均悉。查周家琼、毛际唐、夏立云、曾唯、张祖荫等五名入学资格，姑予承认。该五生及其余各生毕业资格，一体准予备案。毕业证书验印，连同补呈之入学证件一并发还。表册存。此令。

附发还验印毕业证书二十九张，入学证件三纸。

部长　陈立夫

中华民国二十七年七月六日

(1940 年 1 月) 教育部指令 (图 6-7)

高字 546 号

① 中华大学卷，档案号：LS11-121，华中师范大学档案馆。

中华民国二十九年一月六日

令私立武昌中华大学：

二十八年十二月十四日呈一件——呈报本校师范专修科二十四年度第一学期毕业生胡之平，二十七年度第一学期杨宜河及二十五年度第二学期理学院化学系毕业生范中造等成绩表连同毕业证书，祈鉴核备案，验印发还由。

呈件均悉。查胡之平一名，该校前报应届毕业生名册及此次呈报成绩表，该生年龄均系二十三岁，惟毕业证书填为二十六岁，应予发还改正，再行送部核办；其余杨宜河、范中造二名毕业资格准予补行备案，毕业证书验印发还，成绩表存。

此令。

附发还验印毕业证书二张，不验印毕业证书一张。

部长　陈立夫

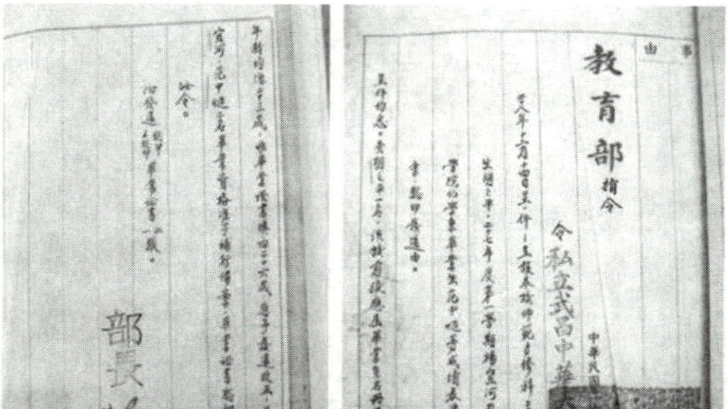
教育部
指令
令私立武昌中華大學
部長 陳立夫

图 6-7　1940 年教育部关于毕业生工作致中华大学的指令①

① 中华大学卷，档案号：LS11-134，华中师范大学档案馆。

（1940 年 2 月）教育部指令[①]

高字 4003 号

中华民国二十九年二月六日

令私立武昌中华大学：

二十九年一月二十五日呈一件——为申复借读毕业生给证原因及改正胡之平证书年龄，祈鉴核验印由。

呈件均悉。借读生刘宏干、张菊华二名，应依照本部前须抗战期间专科以上学校借读生学籍处理及毕业班发给办法第十条第一项之规定，由该校将各项成绩移送原校办理毕业呈报手续，前送毕业证书不验印发还，胡之平一名毕业资格准予补行备案。毕业证书验印发还。仰即知照。此令。

附：发还验印毕业证书一张，不验印毕业证书二张。

部长　陈立夫

（1941 年 4 月）教育部训令（图 6-8）

高字 13035 号

中华民国三十年四月四日发

令私立武昌中华大学：

查该校二十八年度第一学期毕业生王靖国一名在他校借读情形，业经本部查明属实，其毕业资格，准予补行备案。仰即知照。此令。

部长　陈立夫

（1941 年 5 月）教育部代电[②]

电饬本年度严行改订之毕业考试办法由。

---

① 中华大学卷，档案号：LS11-134，华中师范大学档案馆。

② 中华大学卷，档案号：LS11-137，华中师范大学档案馆。

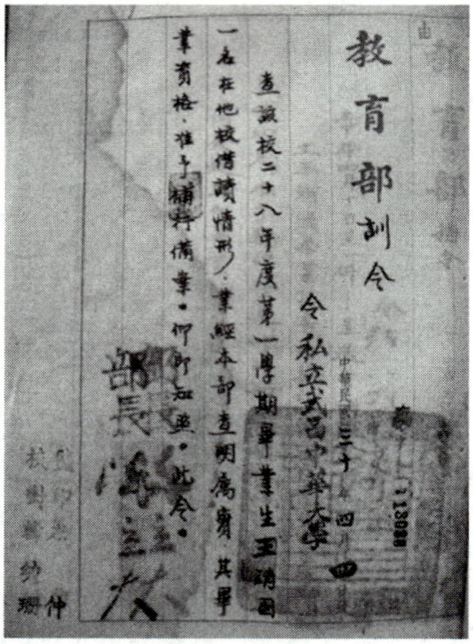
教育部訓令

令私立武昌中華大學

查該校二十八年度第一學期畢業生王靖國一名在他校借讀情形，業經本部查明屬實，其畢業資格，准予補行備案。仰即知照。此令。

部長

图 6-8　1941 年教育部就毕业生王靖国事宜致中华大学训令①

高字 20160 号

中华民国三十年五月十六日发

私立武昌中华大学：

迭准军事委员会调查统计局密报：近月不法分子煽惑少数学生发起反对总考，鼓动学潮，希图扰乱后方秩序等语，已经密令注意在案查，严行学校考试曾奉六中全会决议，而设学校毕业总考制早经第一、二、三次全国教育会议及本部学术会议委员会议决，曾由部通饬于去年实施，除少数学校因奉令较迟未及实行外，余均遵办，本年复重申前令，务饬遵行总考，所加考试科目仅就二、三年级专门主要科目中指定三种，较之欧美各国已属简易，乃少数学生不明此意，受人利用，擅行反对，实属别有用心，各校将届毕业各生应恪守纪律，遵令办理，倘有拒考情事，应不予毕业，情节重大者，应由校查明，开除其学籍，

① 中华大学卷，档案号：LS11-137，华中师范大学档案馆。

并依法严办，须知国家战时对于学生待遇原极优厚，考试为学生应尽之责任，何得规避。仰即遵办，并切实告诫各生遵照为要。

教育部（寝）印

(1943年4月）教育部训令①

事由：为订定专科以上学校毕业生选送服务办法，令仰知照，迅将本届应行毕业学生造册报部以便办理选送手续由。

高字第21421号

中华民国三十二年四月□日发

令私立武昌中华大学：

案查本部历届办理专科以上学校毕业生选送服务，旨在使社会人才之供求得有合理之适应，藉使教育成果对于建国事业克尽功能，中央及地方各机关亦能考体特旨，尽量协助与容纳。惟查本案办理以来，各校选送服务学生对于需用人才机关得有适当之供应者固多，而因公文辗转或条件不合，未能获得优良结果，亦复不少。兹以三十一年度即将结束，所有最高年级学生即将于本年暑假毕业，关于各该生就业问题亟应依据已往办法先事妥筹，并谋改进，俾能补救以往之缺陷，而宏今后之事功。兹经本部订定专科以上学校毕业生选送服务办法一种，自本届起各院校毕业生服务除师范学院及医药牙科学生另依规定办理外，均照本办法办理。除分令外，合行令发上项办法一份，令仰遵照。并尽于本年五月以前将本届应行毕业生名册依式详填报部，以便办理选送服务手续为要。此令。

附发专科以上学校毕业生选送服务办法一份。

部长　陈立夫

① 中华大学卷，档案号：LS11-147，华中师范大学档案馆。

专科以上学校毕业生选送服务办法

第一条　专科以上学校毕业生服务除法令别有规定者外，依本办法办理。

第二条　专科以上学校学生每届毕业时，得由教育部就中央及地方暨各公私企业机关需要情形予以统筹分配，俾谋供求之适应。

第三条　教育部办理上项毕业生统筹分配服务事宜得于每年度结束前五个月（即每个年度二月）调查各机关在本年内需用此项毕业生人数及科别情形，各机关如接得该项调查之后，应请尽于一个月内填送教育部以便统筹办理分配手续（调查表式如附表）。

第四条　专科以上学校应于每届学生毕业四个月（即每年三月及十月）就应届毕业生册报填列各生服务志愿（此项应具体填明志愿服务机关工作项目及希望工作地点等，如志愿在一种以上并分列为第一、第二、第三名志愿，希望待遇及已往各学校毕业成绩、平均分数操行等，第暨毕业前后联络通讯处等项，各生排列名次应依成绩先后为序）呈部作为分配服务时之参考。

第五条　教育部办理专科以上学校毕业生统筹分配服务得就各机关所送需用此项毕业生调查表内容情形参照，各院校所报各生成绩及其服务志愿予以甄别选送，其选送办法依照下列标准办理：

（一）选送毕业生按其志愿服务机关工作项目依照成绩顺序分配；

（二）选送毕业生志愿服务机关工作服务项目已额满者分配于其他机关相同性质之工作，仍以成绩先后为序；

（三）选送毕业生志愿服务机关及工作项目均已分配额满时，由部参酌其所习学科分配其他机关之相当工作；

第六条　专科以上学校毕业生由部选送服务以一次为限，其经选送而有特殊困难不克前往报到，经部核定者得予另行分配服务，但以一次为限。

第七条　专科以上学校毕业生经部分配决定后除由部列本选送毕

业生服务表函送各机关查照外，并由部通知各校转饬各生前往报到，各校于接得上项通知书之第二联黏贴选送学生相片加盖钢印连同该生历年各科详细成绩表一并交付被选送学生以为前往服务机关报到之凭证（通知书式如附表）。

第八条　上项学生如接得选送服务通知书后，应即遵照前赴指定地点报到，其因事实困难不克前往者，应于文到一周内申明理由呈部复核，其无故不前往分发机关报到或逾期不申复者由部通知其自行就业之服务处所停止其服务。

第九条　各机关对于教育部依照原机关所开需用选送服务之毕业生除有特殊情形者外，应一律予以任用并在可能范围内予以优待，以示激励。

第十条　专科以上学校毕业生经部统筹分配服务者其到职旅费依照任用机关之规定，酌予发给，其在战区学校毕业来后方服务者其旅费由教育部酌量核给或补助之。

第十一条　选送服务之毕业生应遵守服务机关之一切规定。

第十二条　选送毕业生之毕业生服务成绩，教育部于必要时得函请各机关调查之。

第十三条　教育部办理专科以上学校毕业生选送服务事宜暂订每年办理一次，并以每年三月至十月为选送期间，逾期并入下届办理。

第十四条　专科以上学校毕业生除由部分分配服务外得由学校介绍工作或自行就业，惟须于造报应届毕业生名册时报部备查，但必要时仍得由部并入其他各生统筹分配服务，其属于应届毕业生名册内呈明者，仍以申请由部分配服务论。

第十五条　本办法不适用于师范学院及医药牙科毕业生。

第十六条　本办法自公布之日施行。

以上从战时教育部部分关于毕业生工作致中华大学的训令看，整个抗战期间，国民政府对高等教育之政策的“战时须如平时看”的态度，甚至在某些方面的管理要求更严于战前。就毕业生工作而言，有如下四个方面：

第一，关于高校毕业生的毕业考试。教育部三令五申，要求所有高校毕业生的毕业考试必须认真对待，各校要成立毕业生毕业考试委员会，该委员会及毕业考试科目、要求等一并在考试前报教育部审核备案。更甚者，教育部要求所有高校在1940年全部执行毕业生毕业统考制度，即毕业生的毕业考试，各个学校必须进行统一考试，考试内容必须是大学二、三年级主干科目中的三种以上，不单只考毕业年级所学内容。该措施还经国民政府第一、第二、第三次教育会议及教育部学术委员会通过。1941年5月，国民政府教育部再次重申全面实施“毕业统考制”以提高高等教育质量的重要性，并对一些学生企图反对该制度的实施提出了严厉警告。

第二，关于毕业生身份、成绩的甄别以及上报审核、备案。这项工作教育部要求严格，过程严谨而细致，即各校在毕业生离校前夕，必须将所有毕业生的信息，包括毕业生姓名、性别、年龄、籍贯、学历文件（含高中毕业证件或借读、转学或同等学力证明等）、毕业考试成绩列表造册报教育部一一审核，对不符要求的将一一批回各校。通过上面列举的教育部发给中华大学的指令来看，中华大学1938年、1939年、1940年等都有因上报毕业生的文件存笔误、学生年龄差错等问题被教育部批回的。

第三，关于毕业证的盖印和颁发。高校毕业生毕业证须由各高校校长和所学专业归属学院的院长盖印后再提交教育部审核，审核过关后才由教育部盖印、编号备案后发还学校。该流程教育部审核亦非常仔细，如中华大学在重庆办学层次较多，毕业生类型较复杂，每年就需多次报教育部办理毕业生、肄业生证书等事宜。

第四，关于毕业生就业工作。据有关统计，从1938年至抗战胜利的1945年，全国共有专科以上学校141所，学生总数80646人。从大学总数和学生总数来看，大学生是稀缺的和社会急需的人才，毕业生就业应该不成问题，但由于战争的残酷和战区的扩大，各行业被破坏及就业信息和就业需求不对称，致使人才不能尽其用。为此，教育部于民国三十二年四月专门下发《专科以上学校毕业生选送服务办法》，要求各高校将毕业生情况于每年的五月份前造册报教育部，再由教育部根据各方需求将毕业生直接“派遣”。

（二）中华大学在重庆的毕业生工作

重视毕业生工作亦是中华大学一贯之传统。早在学校成立之初，当1915年6月大学预科第一班70人毕业、政治经济别科一班144人毕业、法律别科145人毕业时，学校就分别举行了隆重的毕业典礼仪式，陈宣恺、陈时父子及学校负责人和教师都盛装出席，并给毕业生一一颁发毕业证书。随后，这些毕业生组织成立了“中华大学校友会”，政治经济别科毕业生陈启天当选为首届校友会主席。隆重礼送毕业生离校传统，中华大学一直保持到学校停办，中途未有间断，即便是在异常艰苦的重庆办学岁月里。

中华大学迁至重庆后，由于战乱，学生人数锐减，但毕业生相关工作却未有减少，甚至还有加强，如中华大学在重庆时对毕业生的成绩、操行进行登记(图6-9)。这主要是战时国民政府教育部对高校学生学籍管理和毕业生管理工作要求更加严格，尤其对私立大学更甚，不间断的造表、造册、登记、呈报工作十分频繁，加之学校办学层次较多，专业中途停办、新办，学生借读、转学、转系、插班、收容、休学等使毕业生的层次更为复杂。

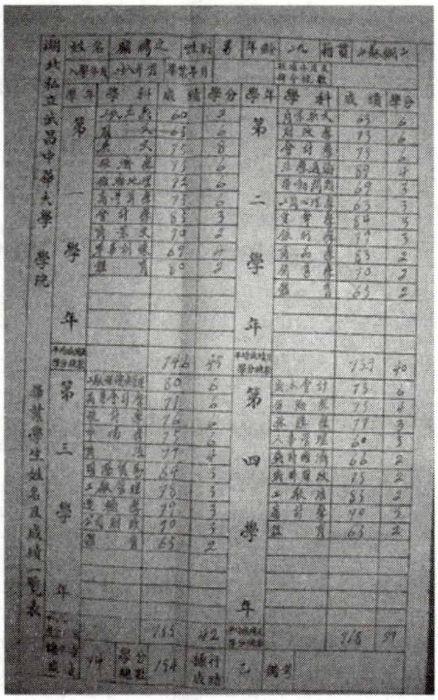

图6-9　中华大学在重庆时毕业学生成绩、操行登记表

因此，重视毕业生工作、细致做好该项工作既是政府的要求，也是学校对各毕业生的高度负责。在重庆，中华大

学主要做法为：

一是学校在组织机构和人员安排上加强了毕业生工作。每年度校务会专题研究部署该项工作，学校办公室、教务处具体负责，由校长陈时任主任，由教务长严绂苹任副主任，主要工作内容包括组织毕业生毕业总考，登记、甄别各类毕业生情况，分类造册、呈报教育部审查备案等。毕业考试委员会由校长陈时任主任委员，教务长严绂苹以及各学系院长任委员，另外还有教育部官员和外校教授为特聘委员，考试科目由统考委员会会议议定后公布。由教务处下属之注册股负责毕业生的甄别、登记、造册工作，由学校办公室下属之文书股负责审核报告并呈教育部。华中师范大学档案馆中华大学卷有中华大学民国二十九年度（1940 年）关于此项工作致湖北省教育厅（抗战期迁至湖北恩施）、教育部呈文草稿，抄录如下，以便进一步了解中华大学彼时该项工作的概况。

私立武昌中华大学为呈报二十九年度各院系应届毕业生名册统计表并遵章组得毕业考试委员会，开具委员名单及考试科目表，检同学生相片，祈鉴核备案由。

送达机关：教育部、湖北省教育厅

附件：册表四份，相片十七张

拟稿人：周振训

核稿人：严绂苹

校长：陈时

拟稿时间：四月二十一日下午三时

查本校二十九年度各院系四年级学生修业已届期满，规定学程学分亦次第完竣，应于本年暑假前考试毕业，兹特遵章造具各院系应届毕业学生名册及统计表、参试科目表，连同各生相片，除检同各册表暨相片（分）径呈湖北教育厅核查、教育部核备外，理合检同各册表，备文赍呈钧部、大厅鉴核备案。

各院系毕业考试依章应组得毕业考试委员会，主持办理，理合造具委员会名单，赍呈鉴核，俯准照聘。

毕业考试采用总考制，本校已于二十八年度起遵令实施，呈报立案，理合时最后一学期考试科目及通考以前各年级主要科目编造考试科目表，赍呈鉴核。再本校毕业生成绩表，无列报通考成绩专栏，是项试绩应再造报，并祈核示。

本年度文学系应届毕业生胡翠英一名，其学籍奉钧部二十七年五月四日（私）拾陆第一四五四号指令，应换呈正式证书在案，查该生中学毕业考试尚有一部不及格，已于去年经河南教育厅移送重庆市社会局补考及格，是项及格证明书，应俟河南教育厅发下后再行补请核验资格。工商管理系借读生刘钟麟一名，拟俟其参加毕业考试后，将成绩移送省立河南大学办理毕业证书，合并呈明。谨呈：

教育部部长　湖北省政府教育厅

附呈应届毕业生名册统计表、毕业考试科目表、委员会名单各一份。相片十七张（部用）

私立武昌中华大学

二是积极推荐毕业生就业。在重庆，中华大学延续了过去一贯传统，较好地利用学校董事会、校友会之关系推荐毕业生就业，中华大学历届董事会校董均由社会闻达和国民政府党、政、军、商等各界高级要员担任，董事会的人脉和资源为学生就业起到了重要的作用。如，1942 年 7 月 1 日国民政府粮食部就有有关毕业生就业事宜致中华大学的公函，即是典型的一例，该公函①称：

奉部长交下：贵校三十一年六月二十四日渝字第二四六号公函一

① 中华大学卷，档案号：LS11-142，华中师范大学档案馆。

件，为介绍本届经济系毕业学生杨汝兴嘱予委用一案，相应函请。查照转知杨君先来康宁路三号本司一谈为荷。此致。

湖北私立武昌中华大学

粮食部人事司启

七月一日

时隔不久，粮食部又“为函复杨汝兴、尹孟婧二员已来部报到，至于提高职场名义，以后再行酌办。请查照由”事复函[①]中华大学：

案准。贵校三十一年八月五日渝字第二七三号公函，以介送本届商学院毕业生杨汝兴、尹孟婧二名已转知来部报到，并嘱将该生等职务名义，酌予提高等由，查该员等现已来部报到，刻因本部会计处限于缺额，其名义一时未能提高，以后考察工作情形，再行酌办。相应函复，即希查照为荷。此致。

湖北私立武昌中华大学

粮食部部长　徐堪

该档案意思是：1942 年 6 月 8 日，中华大学两次推荐了商学院应届毕业生去国民政府粮食部工作，并请求粮食部在职务上“关心”所荐毕业生。从粮食部的复函看，他们也很重视中华大学之推荐，不仅很快安排了两毕业生工作，而且以部长名义回函对相关问题作了解释。该事不仅说明彼时中华大学重视毕业生就业工作，还说明中华大学毕业学生素质不错。该工作中是否有董事会成员或校友相助，未见相关材料，但当时确有中华大学校友孙中岳任粮食部干事，粮食部次长刘航琛任中华大学董事。

中华大学除向粮食部推荐毕业生外，也向其他在重庆的政府机关等单位大力推荐，如向财政部机关推荐是又一例，即 1942 年 7 月 9 日财政部直

① 中华大学卷，档案号：LS11-142，华中师范大学档案馆。

接税务处致中华大学的公函（图 6-10）[1]，也是谈毕业生就业事：

贵校本年七月六日渝字第二五四号大函，为介绍本届毕业生王锡明、刘澧芬、杨文祥、卢集熊、尹孟婧等五名请予录用由。查各该生等志愿服务本税，自所欢迎，除女生请另候通知来处外，所有男生请转知于本月十六日前来报到，以便参加财务人员训练所受训，准函前由相应复请。此致。

私立武昌中华大学

处长　高秉坊

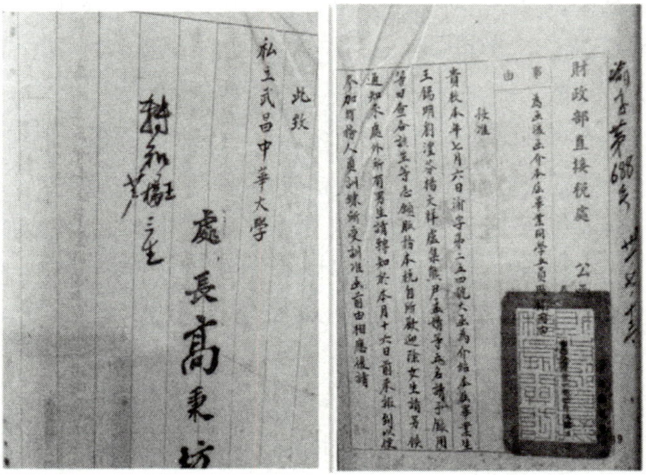
財政部直接稅處　公函
事由
敬復者
貴校本年七月六日渝字第二五四號大函為介紹本屆畢業生王錫明劉澧芬楊文祥盧集熊尹孟婧等五名請予錄用由查各該生等志願服務本稅自所歡迎除女生請另候通知來處外所有男生請轉知於本月十六日前來報到以便參加財務人員訓練所受訓准函前由相應復請
此致
私立武昌中華大學
處長　高秉坊

图 6-10　中华大学在重庆时，财政部就录用毕业生就业事宜致中华大学的函

还有如 1942 年 8 月 10 日财政部盐务总局致中华大学的公函[2]：

贵校渝字第二六九号大函以前次保送学生孙明衍等二人均志愿从

---

①② 中华大学卷，档案号：LS11-142，华中师范大学档案馆。

事盐务工作未另谋就业，嘱查照前案仍准受训等由。查该训练班报名系以七月十五日为截止日期，贵校保送公文递到较迟，因即另遴他员递补以致无法容纳准函前由。兹已将本局调训名额加以调整，所有前送之孙明衍等二人请即转于八月二十三日开学前三日内随带最近二寸半身免冠照片十二张前往渝郊金刚坡本局人事处报到，相应函复即希查照办理为荷。此致。

中华大学

总办　徐秋杰

以上两例财政部税务处、盐务总局致中华大学的公函进一步说明，当时中华大学向社会推荐毕业生非常努力，还用了“普遍撒网”的方式，即向多单位同时推荐毕业生，以让用人单位按需所取。如女生尹孟婧被财政部婉拒后，粮食部却向她伸出了橄榄枝。

三是无论届期毕业生多少，学校都要举行毕业典礼仪式，全体校领导、任课教师与毕业生合影留念，如条件允许，必印制毕业生纪念册，请名流题词题字，以志勉励和纪念，这也是中华大学一直保留之传统。抗战前学校毕业生纪念册就多有贤达名流题词，尤其是1933年第二十二届毕业生纪念册为最甚，分别有于右任、蔡元培、孙科、冯玉祥、蔡廷锴、王正廷、马寅初、黎照寰、王世杰、王晓籁、吴国桢、吴铁城、熊式辉、何成濬、徐源泉、马相伯等。以1935年毕业同学录为其次，是届为之题词的有张学良、居正、张群、蒋梦麟等，可见当时中华大学的影响力和校长陈时的活动能力。抗战期间，由于时势变化和许多客观条件的限制，中华大学毕业同学纪念册上名人题词明显少见，现可查到的是1943年毕业同学录上有国民政府主席林森的题词、校长陈时的题词等。林森的题词为“同心救国”，他勉励同学们在抗战时期要齐心协力，共同挽救国家民族于生死危亡之中。陈时校长的题词为“成德达材，合作进取”。这是中华大学校训“成德达材，独立进取”的时代解释，他将“独立”二字以“合作”取代，喻为抗战时期国人均须团结一心，共同对付外敌。

在重庆，1939 年至 1946 年中华大学各届毕业生人数大致如下：

1939 年 6 月，文学院中国文学系 9 人、教育系 11 人，理学院化学系 2 人，商学院工商管系 8 人，共计 30 名学生毕业。

1940 年 6 月，文学院中国文学系 5 人、教育系 4 人，理学院化学系 4 人，商学院工商管理系 4 人，共计 17 名学生毕业。

1941 年 6 月，文学院中国文学系 2 人、教育系 2 人，理学院化学系 2 人，商学院工商管理系 11 人，共计 17 名学生毕业。

1942 年 6 月，文学院中国文学系 1 人、教育系 2 人，理学院化学系 2 人、数学系 2 人，商学院经济系 9 人、工商管理系 8 人，师范专修科 1 人，共计 25 名学生毕业。

图 6-11　中华大学 1943 年毕业生证书

1943 年 1 月，商学院会计专修科 29 名学生毕业，如图 6-11 为毕业生段伊三的毕业证书；7 月，文学院中国文学系 1 人、外国语文系 4 人、教育系 10 人，理学院化学系 4 人、数学系 1 人，商学院经济系 9 人、工商管理系 4 人，共计 33 名学生毕业。

1944 年 1 月，商学院会计专修科 31 名学生毕业；7 月，文学院中国文学系 5 人、外国语文系 4 人，理学院化学系 4 人，商学院经济系 9 人、工商管理系 4 人，共计 26 名学生毕业。

1945 年 2 月，商学院会计专修科 48 人毕业；6 月，文学院外国语文系 9 人,理学院数学系 3 人、化学系 8 人，商学院经济系 18 人、工商管理系 20 人，如图 6-12 为毕业生刘德文的毕业证书，共计 58 名学生毕业。12 月，商学院会计专修科又 17 名学生毕业。

畢業證書
學生劉德文係四川省江津
縣人現年二十三歲在本校
商學院工商管理學系修業期
滿成績及格准予畢業依照
學位授予法第三條之規定
授予商 學士學位此證
中華民國三十四年

图 6-12　中华大学 1945 年毕业生证书

1946 年 6 月，文学院中国文学系 16 人、外国语文系 10 人，如图 6-13 为毕业生刘宗福的毕业证书，理学院数学系 2 人、化学系 7 人，商学院经济系 22 人、工商管理系 15 人，共计 72 名学生毕业。

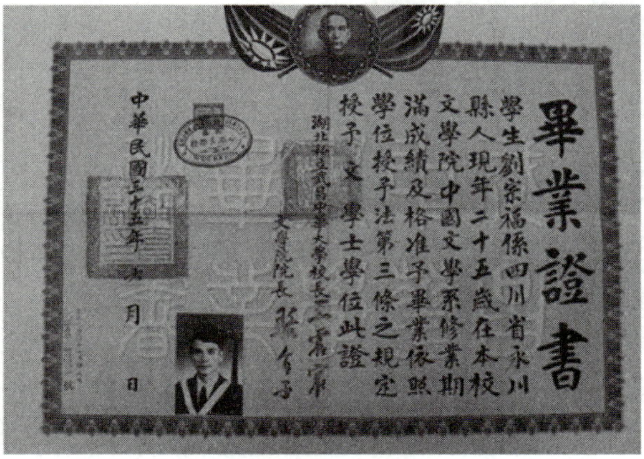
畢業證書
學生劉宗福係四川省永川
縣人現年二十五歲在本校
文學院中國文學系修業期
滿成績及格准予畢業依照
學位授予法第三條之規定
授予文學士學位此證
中華民國三十五年

图 6-13　中华大学 1946 年毕业生证书

需要说明的是，1939 年 6 月中华大学于重庆南岸米市街禹王庙举行了迁至重庆后的首次毕业生毕业典礼，如师范专修科第八届毕业生的毕业合影（图 6-14）。1946 年 6 月于重庆米市街学校新大门前举行了迁至重庆后的最后一次毕业生毕业典礼，该次毕业典礼众师生心潮起伏，百般滋味难以言表，纷纷于大门前面向长江，背靠涂山拍照留念。

图 6-14　中华大学师范专修科第八届毕业生 1939 年于重庆合影

1946 年 9 月，中华大学全部复员武昌，并于武昌原址举行了复员后新学年的开学典礼。

第七章　中华大学在重庆的校园文化活动

一、中华大学西迁前的校园文化活动

中华大学自创办始，学校的校园文化活动就十分活跃，声名远播，有些活动甚至可以说推动了武汉乃至湖北社会的变革。这与中华大学的创办者陈时之思想以及20世纪初中国社会文化大开放、大碰撞的背景有关。陈时曾留学日本，先后就读于东京弘文学院、私立庆应大学、早稻田大学、东京中央大学等校，1911年获中央大学法学士学位。其间他在日本加入了孙中山领导的同盟会，庆应大学创办人福泽渝吉的教育思想对他影响最大，其独立性、包容性、开放性的办学理念一直伴随于中华大学整个办学过程。辛亥革命前后，社会动荡，新旧文化激烈冲突，以北京大学为中心掀起的新文化运动声势浩荡，以东南大学为中心的旧文化守旧保护运动日渐式微。而此时，留学英美的一大批知识精英大量引进介绍西方文化，甚至直接邀请西方文化大家来中国巡回演讲，宣扬和传播西方文明。这使处在文化激荡中的中国社会又掀起一次波澜，比如英国哲学家罗素、美国哲学家杜威就是受邀在这个时期来中国进行巡回演讲的，他们所到之处都受到热烈拥趸。正是在这样的大背景下，中华大学又招有一批批富有理想、关注社会、敢于创新的热血青年教师和学生，所以校园文化活动想不掀起波澜都难。

（一）报刊活动

报刊是传播新文化、新思想的重要载体。1915 年 5 月 1 日，即中华大学刚成立三年，学校就创办了《光华学报》，这也是中国私立大学的第一份学报，其办刊宗旨为“研究学术，导扬国光”。陈时校长亲自为该刊撰写了发刊词：“黄金世界，学术造之也；铁血精神，学术教之也；蛮族之淘汰，学术挤之也；白皙之雄长，学术拥之也；学术足以铸文明，而思想又适以母学术。居今世界，智力进一步，个人生活、国家势力俱发奋进。”该刊先由教员刘树仁主编，1917 年 2 月，还是中华大学学生的恽代英被陈时委任接手《光华学报》。恽代英立即对杂志进行改良，倡导学术争鸣，宣传新思想、新文化，刊登了一批针砭时弊、谋求救国救民的好文章，反响强烈，受到北方的陈独秀、胡适等新文化代表人物的表扬和鼓励。更为重要的是，一大批有志青年通过《光华学报》这个阵地聚拢在恽代英周围，如林育南、铁诚、黄负生、肖云鹄、沈光跃、冼震等。这些人一边写文章，一边公开宣传新文化，反帝反封建，使《光华学报》成为武汉地区新文化运动的一块招牌和旗帜。1917 年底，恽代英又与黄负生、梁绍文、冼震等创办了油印杂志《道枢》，在学生中广为散发，宣传新思想、新文化。

1918 年，中华大学又创办了以新闻信息为主要内容的报纸《中华周刊》。该报以教师为主编，主要编辑人员多为热爱写作和喜欢报刊的学生，一周一期，4 开本，全部铅字印刷，每期依内容或 4 版或 8 版，主要栏目有“特纪”“文艺”“讲坛”“通讯”等，大到学校校政变革、教学计划，小到校友工作变动、学生放假归校等，信息很全面。在抗战前夕，《中华周刊》还刊登和转载了大量宣传抗战、鼓舞国人士气的文章（图 7-1），也登一些关于抗战自救的小知识。如 1937 年 9 月 18 日的《中华周刊》就载有黄季宽的演讲稿《战时个人应有之修养及行政之共同方针》，9 月 25 日载有郑独步的演讲稿《民族的战争》，11 月 6 日载有陶希圣的演讲稿《科学的战争》等。可惜，该报在中华大学西迁后因经济条件和印刷条件的限制而停刊，更遗憾的是目前该报只断断续续地保存下来了几十期。五四运动中，中华大学又创办了《学生周报》《新声周刊》等，宣传爱国主义思想。此外，中华大学抗战前夕还创办有《中华季刊》，该刊不仅发表教师的学术文章，也发表师生互相讨论之学术观点，如1936年第二卷第二期上就载有中华大学教师如张安国的《师范教育改革之新顷向》、刘大勋的《劳动契约之性质论》、余之奎的《四度空间对于近世算学的贡献》、文经华的《文纳特卡制之理论与实行》、李骅括的《读楚辞》、周智的《改进小学班级教学之我见》、许敬六的《消费之性质范围历史及其重要性》等学术文章。学校西迁重庆后，该刊亦被迫停办。

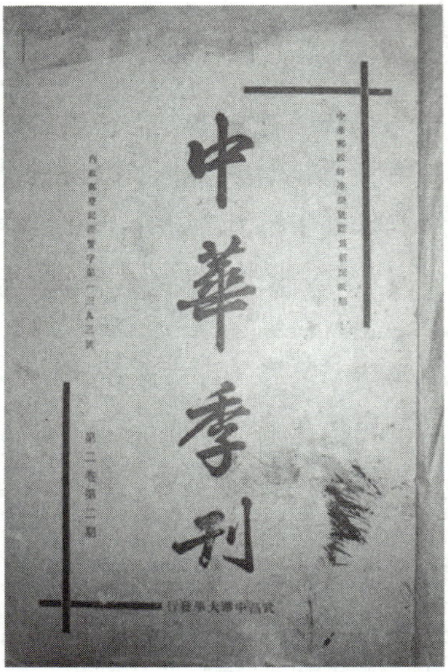

图7-1　中华大学创办的《中华季刊》封面

（二）社团活动

学生社团活动是中华大学影响最大的校园文化活动，如1917年1月24日，中华大学学生恽代英与同班同学冼震等拟成立一个学生俱乐部组织，并将该俱乐部宗旨定为：别致的，哲学的，俭约经济的，合理科学的。起初这个社团只有中华大学的6名同学，不久，已毕业成为教员的黄负生也加入进来。10月8日，恽代英、梁绍文、黄负生、冼震等决定在“俱乐部”的基础上成立一个小团体，定名为互助社。至年底，互助社已发展了19名会员，互助社是一个具有强烈爱国主义精神的团体，社员们具有“立志救国”之思想，他们每次开会必诵“互励文”：“我们应尽我们之力量，做我们应做的事情，我们不是没有能力，国家的事情不是没有希望！”互助社是武汉地区新文化运动的第一个重要社团组织。在互助社的影响和带动下，武昌外国语学校成立了学生军团，这是武汉的第二个学生进步社团组织。1918 年 4 月 27 日，中华大学学生恽代英、冼震、余家菊在武昌青年会的基础上成立了“以群策群力之功，达成已成人之鹄”为宗旨的仁社，这是武汉地区第一个跨学校的社团组织。同年 5 月，中华大学学生刘仁静（后为中共一大代表）等成立了辅仁社，林育南等发起成立了黄社、云梦同志会等，他们相互鼓励，以不同方式宣传新思想，寻找救世之良药。这些团体组织的成立表明武汉新文化运动进入了一个新的阶段，为武汉五四运动的开展培养了一批骨干。这其中最有影响的是恽代英等 1920 年 2 月成立的利群书社。利群书社不是一个书店，而是一个社团组织。之所以说利群书社的影响大，是因为它不仅仅是一个跨校区的大学生社团组织，还有社会人士已认识到其进步意义并加入进来，他们以半工半读、互帮互助的形式进行试验，以谋社会改良，他们代售《新青年》《新潮》《少年中国》等进步刊物，把新思想、新知识撒播到社会各阶层。1920 年初，在湖南长沙的毛泽东率驱逐军阀张敬尧的代表团北上，在武汉停留半月就住在利群书社。受之启发，1920 年 9 月，毛泽东在长沙创办了长沙文化书社。

（三）社会活动和体育活动

如果说早期中华大学进步师生开展的一些社团活动其触角已渗入社会文化阶层，那么随之由中华大学掀起的湖北平民教育活动，则可以看作中华大学早期开展社会活动的典型案例。五四运动之后，中国的先进知识分子已认识到打倒几个军阀是远远不够的，必须唤醒广大民众，而唤醒民众，首先要使民众都有受教育的机会。1920 年 2 月 29 日，武汉商学界举行会议，讨论组织平民学校，施洋大律师为临时主席，恽代英、施洋、李书渠等 113 人积极筹备湖北平民教育社，恽代英、刘功辅等起草了《湖北平民教育社宣言》，并在武汉的《国民新报》上连载。1923 年春，武汉发展平民学校达 10 余所。11 月，湖北平民教育促进会成立，中华大学校长陈时任总干事。11 月 25 日，湖北各团体集合欢迎陶行知、晏阳初及中华平民教育促进会会长朱其慧。28 日，在陈时等人的主持联络下，武汉举行了声势浩大的平民教育运动大游行，中华大学师生高举“平明之光”“光明之路”“全民教育”“教育建国”等旗帜、标语，高呼口号，散发传单，走在队伍当中，这次活动被称为武汉平民教育运动的高潮。1924 年 4 月，中华大学开办了平民教育试验学校和平民夜校。

校园体育活动也是中华大学自开办以来一直保持的优良传统。早期由于各方面的条件所限，中华大学大、中、小学学生课余多开展中国传统的叠罗汉、郊游、散步、摔跤等体育活动。随着学校的发展和条件的改善，尤其是现代体育运动的不断兴起，中华大学先后成立了田径队、篮球队、排球队、足球队等。20 世纪二三十年代，中华大学的球队闻名武汉高校(图 7-2、图 7-3)，篮球队、排球队还经常与华中大学、武昌高师等大学球队一决高下。1924 年 5 月 22 日至 24 日，第三次全国运动会在武汉举行，中华大学校长陈时任筹备委员会主任，中华大学师生为此次运动会的筹备及竞赛过程中的各项保障工作作出了重要贡献，并有多位运动员参与竞赛，取得较好成绩。第三次全国运动会意义非凡：它是第一次由中国人组织举办，第一次在正规的体育场地比赛，第一次设有女子竞赛项目，第一次裁判语言用华语的国家运动会。

图 7-2　中华大学男子球队

图 7-3　中华大学女子球队

二、中华大学在重庆的校园文化活动

优良的校园文化传统一直伴随中华大学西迁至宜昌、重庆，在重庆南岸米市街上、禹王庙里谱写了一曲曲不屈不挠的爱国主义颂歌。

（一）文艺抗战，激励自我，鼓舞民心

1938 年 12 月，中华大学刚在重庆南岸禹王庙“安顿”下来，同学们就投入抗日救亡活动中，他们发挥自己的特长，组织抗日宣传队，课余走到南岸街头，散发传单，高唱抗日救亡歌曲，很受市民欢迎。这使同学们认识到，成立比较专业一些的文艺团队进行抗战宣传意义会更大，不仅可以锻炼自己的能力，更重要的是可以更加广泛、更加深入地鼓动民众坚定信心，奋起抗战。当时的在校生和文艺社团积极分子杜寿琛、罗秀菘、吴汉雄 50 多年后还记忆深刻：

> (我们)经常组织抗日宣传队，活跃在南岸街头。唱抗日救亡歌曲，演激励抗日热情、鼓动全民抗战的街头剧。如《放下你的鞭子》一剧，演出到最后，演员与观众打成一片，大大激发了同胞们同仇敌忾的情绪，当时剧中饰演老汉的是杨文祥，饰演香姐的是尹孟婧。又如《文德民曲》一剧，引起场内外共鸣，演员观众一起声讨日本军国主义的罪行。剧中饰演赵大爷的是罗秀菘，扮演唱小曲的有尹孟婧、陈佩芹等，姚钟汉操琴。
>
> 此后，由李世春、尹孟婧、俞成椿、杜寿琛、彭厚荣、李远统等发起，组织大地合唱团，李世春任团长兼指挥。参加者中，女高音有徐佩兰、刘俊先、胡宗政、胡纯敏、胡纯惠、袁宝珍等，女中音有尹孟婧、刘礼芬、秦巧云等；男高音有吴克万、李远统、范鸿元、郑昌琳等；男低音有雷世麟、项本仁、徐汉保、邓正等。全团有40多名成员。为了宣传抗日，当时大量选唱了爱国救亡歌曲，如《中国不会亡》《打回老家去》《义勇军进行曲》等。同时，合唱团也选唱一些曲调高雅、难度较大的曲子，如《黄河大合唱》《嘉陵江上》《我住长江头》《佛曲》《念故乡》《哈里路亚》等。每周集中练歌一次，主要练合唱。至于独唱、小合唱，自找时间练习。李世春最热心，到了集中活动时间，他到处联系通知，他还和彭厚荣一起事先进行选歌，将五线谱改成简谱以便教唱。大家出钱买纸，刻蜡板，印歌片。①

中华大学的文艺社团不仅以艺术活动支持抗战，他们还以实际行动参与抗战。1942年5月13日是中华大学成立30周年纪念日，为把校庆日变成抗战纪念日，中华大学各文艺团体骨干成员组织了一次大的支持抗战联合义演。同学们义演努力，观众踊跃，最终募得一架滑翔机，起名“中华大学号”，捐于重庆抗战部队。由于中华大学文艺抗战活动掀起了整个校园同仇敌

---

① 杜寿琛、罗秀菘、吴汉雄：《抗战时期中华大学重庆校园的文体活动》，娄章胜、郑昌琳：《陈时教育思想与实践》，华中师范大学出版社，2001年，第206—207页。

忾的氛围，1944 年 2 月国民政府军事委员会征召大学生学生服务队从事抗战译员工作，中华大学学生报名踊跃，同年，学校响应政府一致抗日号召，如陈时校长 1944 年参加译员训练委员会扩大征调学生服务谈话会（图 7-4），一些三年级同学提出肄业，积极入伍，参加青年远征军开赴印度。

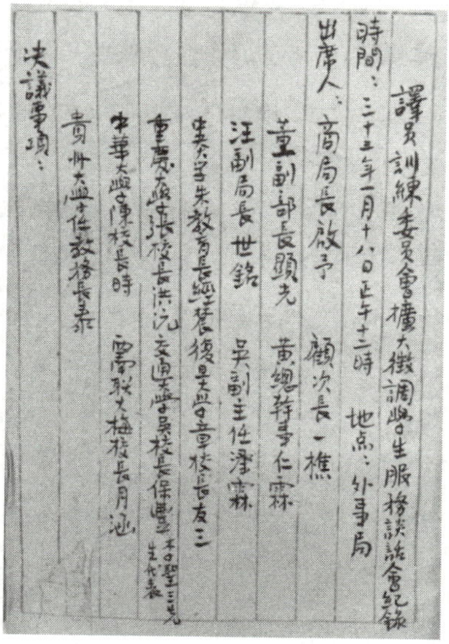
譯員訓練委員會擴大徵調學生服務談話會紀錄
時間：三十三年一月十八日正午十二時　地点：外事局
出席人：商局長啟予　顧次長一樵
董副部長顯光　黄總幹事仁霖
汪副局長世銘　吳副主任澤霖
復旦大學章校長友三
重慶大學張校長洪沅　交通大學吳校長保豐
中華大學陳校長時
決議事項：

图 7-4　1944 年 1 月 18 日，陈时校长参加译员训练委员会扩大征调学生服务谈话会记录

（二）文娱社团活动

活跃校园文化，弘扬民族精神，凝聚振奋人心。中华大学在重庆时的学生文艺社团除大地合唱团以外，还有沧浪话剧社、平剧社、国剧研究社、英文俱乐部等团体，这些文艺团体一方面积极宣传抗战，激励民气；一方面经常开展演剧、聚会等活动，活跃校园文化氛围，给炮火中的校园增添了勃勃生机。

大地合唱团在校内不定期地作汇报演出，每当海报贴出，晚餐后师生们均踊跃地聚集一堂听演唱；台上尽情演唱，台下安静欣赏，每当歌罢一曲，大家报以热烈掌声，情景感人。每次演出，有男女声独唱、小合唱、大合唱等。杜寿琛在演唱会上，曾担任过花腔、女高音独唱。她唱过中文歌《玫瑰三愿》，也唱过英文歌《One Day When We Were Young》，电影《翠堤春晓》主题歌和《I'm The Echo》等，极受师生欢迎。

陈时校长曾写了一首校歌，请大地合唱团为其谱曲。李世春乃委托当时22岁的彭厚荣代劳。彭厚荣谱曲后，严士佳教务长还送至江津武昌艺专进行核定。该校专家盛赞此曲谱得好，从此中华大学有了校歌。

文学院外语系的邹昌炽老师，除了亲自任教语言学、外国文学史、英语诗等课，认真进行教学外，为了调动学生学习积极性，提高学生的英语水平，并丰富学生课外文娱生活，还亲自出面组织一个专唱英语歌曲的Glee Club，由杜寿琛负责召集。邹老师不顾自己年事已高及授课任务繁重，还亲自教学生唱歌。当时唱过的歌曲有《马赛曲》《美国之歌》《老人河》《老黑奴》等世界名曲。每周集中练唱一次，每次参加演唱的有30多人。邹老师和学生都不是基督教徒，但邹老师常组织学生到教堂唱圣歌。每逢圣诞节，学生均以歌咏形式表示庆祝，1943年圣诞之夜，由吴汉雄扮演圣诞老人，由一队女同学扮演天使，挨个到男女宿舍门口送圣歌，祝愿同学们幸福快乐。当时邹老师因病住仁济医院，同学们在男女学生宿舍送圣歌后，还一起到医院病房门口送圣歌，祝愿老师早日康复。最令人难忘的是1944年冬天，邹老师亲自辅导学生排练大型英语歌剧《基督耶稣的降生》。扮演圣母玛丽亚的是徐桂明，吴汉雄扮演约瑟夫。报喜讯的天使是袁宝珍等，杜寿琛担任领唱。那次演出，震撼了整个校园，获得师生广泛好评。

抗日战争期间，电影、话剧编导、演员云集重庆，因而掀起了一股话剧热。各大剧场争相上演名剧，《虎符》《棠棣之花》《雷雨》《上海屋檐下》《法西斯细菌》等对激励士气、宣传抗日起了积极作用。

我校万国权、许桂珍、袁宝珍、项本仁、梅少乐、余自强等，在校组织了话剧社，由他（她）们担任主角，先后演出了《野玫瑰》《柳暗花明》等大型多幕话剧。搞后台工作的如布景、灯光、效果等，主要人员是邓正、陈子香、徐汉保等。这些话剧不仅在校内演出，还被一些工厂、学校请去公演。这个话剧社在重庆大专院校中颇有影响。

当时在渝有名演员曾来校指导过排演。话剧社的同学也到过弹子石，影剧演员驻地参观过。记得有一次在重庆“麦利”咖啡厅还和白杨、黄宗英、陈天放等名演员进行过交流座谈。项本仁同学的反派角色表演技术还得到他们的辅导真传。许桂明同学以后竟进入了电影圈。那时话剧社还经常组织同学到抗建堂、国泰、银社等大型剧场进行观摩，观摩后在励志社等处组织座谈跳舞。

在重庆时，万国权已列在渝京剧名票之林，工花脸。为了弘扬京剧这一中华瑰宝，扩大它在大学生中的影响，同时也为了丰富校园文娱生活，在老万带动下，成立了国剧研究社。当时在校参加京剧活动的积极分子，担任演员的有魏国光、周同善、刘世楷、王序玉、吴汉雄、陈自成、梅莉君、刘贞模、饶辉杨、蔡任之、王光宇等；担任文武场面的有蒋祖兴、梁正铭、刘竹平、舒庆元、陈超等，经常在一起活动的有30多人。吊嗓、排戏均在龙门浩街上，每当开展活动，门窗外面伫立观听的戏迷很多，文学院中文系主任鲁润玖夫子也常在墙角倾听。那时经常演出的节目有《黄鹤楼》《捉放曹》《二进宫》《打严嵩》《梅龙镇》《汾河湾》《春秋配》《金玉奴》《起解会审》《其峰寨》《天坝科山》等。每逢校庆、教师大寿或其他节目在校演出，陈时校长、严士佳、鲁润玖等老师常到场看戏。余家菊、傅佛崖老师夫妇还携家带眷前来欣赏。当时也常到工厂、学校、大剧场演出。重庆名票不时参加学校演出活动。我校票友在大剧场演出时也常请他们参加。我们和一些名票有时在一起切磋技艺，像名票曹曾禧、陈沂与我们经常来往，不分彼此，国剧社的有些票友，毕业后或离校后，还经常活跃在各大城市甚至国外舞台上。万国权同学在天津工作时，联系很多京剧爱好者搞起了一个业余剧团，演员40多人，当时有人取名为“万剧团”。他调往北京，特别是担任全国政协副主席后，公务繁忙，国事活动多，很少公开演出了。有一次在全国政协礼堂与梅葆玖合唱了一曲《霸王别姬》，嗣后丁关根部长一见老万，就说：“我们的‘霸王’

来了!”在京津地区，凡有振兴京剧的大活动，如纪念演出、大奖赛等，他必亲临指导。其他票友，如梅莉君在上海与一群程（砚秋）派艺术爱好者组织了程派艺术研究小组，定期开展研究、演出活动。吴汉雄在武汉组织了武汉市教工业余京剧团，常到大中学校慰问演出，有时还到大剧场演出，颇受群众欢迎。蔡任之、王光宇、陈自成等分别在成都、重庆、大连等地，经常参加京剧演出活动。蒋祖兴同学在渝时已是京剧名票，旅居法国后，常被邀请操琴伴奏。1944 年校庆，在重庆校园里曾与吴汉雄同学合演《梅龙镇》的刘贞模同学，把一个带乡土气息的天真活泼小家碧玉李凤姐演得惟妙惟肖，因而轰动全校，谁也未曾料到刘贞模同学以后竟有非凡的艺术成就。1948 年她去台湾从事教鞭工作，先是以名票身份经常演出，两年后竟下海并组织刘贞模评剧团，在台湾各地区领衔演出，先后 20 年，红遍台湾全省，时人称她为方帽名伶（因她是大学毕业生，取得学士学位)。刘贞模对梅、程、荀、尚四大名旦艺术都能得其奥妙，兼收并蓄。她的戏艺集众家之所长，熔于一炉。她有一副扮相和天赋的嗓音，加上勤学苦练，的确是京剧界不可多得的人才。后来她又遍访名师益友，专攻程派，曾两次来北京访问程砚秋夫人梁素英女士，拜程派真传弟子赵荣琛为师，成为程派再传弟子。刘贞模定居美国洛杉矶 13 年，在洛市组织了秋谷传声剧社（程砚秋曾组织秋声社，并领衔主演)，研究、宣传程派艺术，经常公演程派名剧。1989 年、1990 年分别演出《锁麟囊》《文姬归汉》两台大型剧，动员了美国南加社、中华社、海联社等票房通力合作。演出时，观众爆满，有些侨胞从美国四面八方驱车前来欣赏，盛况空前。①

一次 Glee Club 活动在中华大学还引出了一点风波，这也算是当年值得

① 杜寿琛、罗秀菘、吴汉雄：《抗战时期中华大学重庆校园的文体活动》，娄章胜、郑昌琳：《陈时教育思想与实践》，华中师范大学出版社，2001 年，第 207—210 页。

回忆的一段小插曲。事情经过是这样的：1943 年圣诞节前夕，外国语文系组织了一次较大型的化装舞会，他们请了学校合唱团为舞会伴奏，舞会进行得很是热烈，同学们兴致也很高。这时中国文学系一位教中国古典文学老师看不下去，直呼“不成体统”“礼崩乐坏”，当着陈时校长的面要求学校制止，并威胁如果不制止他将罢教以示抗议。陈时校长左右为难，只好以节约用电为由，在舞会中途亲自拉闸关了电灯。邹昌炽老师为此气极，第二天他就称病不来上课，陈校长和其他老师一起劝他以大局为重，不要怄气。但邹老师的气一时难以消除，不仅不来上课，而且闭门谢客。但邹老师毕竟还是一个以学生为重的老师，在学生的劝说和要求下，几天后，“消了气”的他似无事发生一样，走进教室潇洒地上起课来。

除了合唱活动、演剧活动，演讲比赛等也是当时学生组织多和参与多的活动，当时重庆市每年都举行演讲比赛，中华大学每次都选派学生参加，这其中还举办了四次大专院校的专场演讲比赛，中华大学都取得了前四名的好成绩。当年商学院经济系郑昌琳同学有这样的回忆：

1942 年 11 月 12 日，孙中山先生诞辰纪念，抗战时期的陪都重庆组织大专院校演讲比赛，每个大学选派一名代表参加。当时我读中华大学经济系三年级也参加了学校里的选赛，而与另一名女同学（姓名忘了）得分相等，并列第一。老校长陈时先生以为教育部规定每校只能选派一代表参加，决定亲自再审查名次，叫我们两人当面再试讲一次。

一个金秋下午的教室里，就只有老校长、女同学和我三人，一个讲，两人听，老校长聚精会神地听我们两人讲完，看着笔记本沉思后，决定派我出席，并安慰女同学，还要我呈交讲稿，经过修改后交我再熟背。青年时的聆教，使我记忆犹新，记得我选的题目是“国父诞辰与世界和平”，内容中有这样几句话：用显微镜观察抗战时期的困难，要做到“知耻近乎勇”；用望远镜展望光明的前途，“国难可以兴邦”。

最后的结论是："有了孙中山先生的诞辰及其终生的努力，才能推翻清朝，建立亚洲第一个民主国家；有了民国的建立，才能有亚洲的和平；有了亚洲的和平，才能有世界的和平。"

这些话是58年以前的旧话了，现在还是切合时宜的。经过老校长修改的定稿，讲起来铿锵有力、条理清晰，他还个别指导我演讲时的语气、声调、手势和临场必须保持镇静。等我背熟了定稿，还要我最后在办公室试讲一次，才放了心。

正式比赛是在重庆市内一个礼堂里举行。灯光明亮，万头攒动，我确实有些慌，但想到老校长的教导，装着若无其事，"目中无人"，从容登上台，有礼貌而又谦虚地进行演讲，刚好是规定时间的"五分钟"，下台后还听到不少掌声。最后由评判员开会研究，宣布结果和发奖品，在三十几所大专院校中我被评为第四名，为学校赢得了荣誉。实际上这种荣誉是老校长的教导有方。[①]

业余体育活动也是中华大学在重庆时校园文化活动的重要内容，陈时校长、严绂苹教务长非常重视体育，刚到重庆时学校连一个像样的活动场地也没有，1939年当学校"化缘"得到了第一笔款子后即修建学生简易宿舍和平整清理觉林寺旁边的一块空地用作操场，有了操场后，学生必每天锻炼，体育老师朱重明先生以校为家，他年近60岁，还能翻筋斗，他教学经验丰富，善因陋就简，花样出新，很受学生喜爱，他有时下午下课后还组织一些体育活动。中华大学曾与棉花山、海棠溪、弹子石等地工厂、学校进行篮球友谊赛。1941年在夫子池举办过重庆市运动会，1944年在沙坪坝组织大专院校运动会，中华大学的田径队、球队均取得较好名次（图7-5），特别是女子团体操表演、男子叠罗汉表演获得表演奖。

---

① 郑昌琳：《回忆老校长的语言和文字》，娄章胜、郑昌琳：《陈时教育思想与实践》，华中师范大学出版社，2001年，第231—232页。

图 7-5　中华大学在重庆的女子篮球队

（三）走出校园，募捐赈灾，勤工俭学，锻炼意识，自食其力

中华大学的合唱团、话剧社、国剧社水平已相当专业，这些社团还常常受邀同一些专业文艺剧团共同演剧，正是这一优势，他们就经常联络剧院进行商演活动，为学校筹措办学经费。如 1942 年春节前夕，部分剧社组织到重庆万福麟公馆为学校募捐义演，效果不错。当时进行各演出活动必须到重庆市社会局备案，因而重庆市档案馆中华民国全宗中还有些许当时中华大学学生为了演剧募捐报备重庆市社会局的函件。如 1945 年 3 月学校沧浪剧社为安徽灾区人民祈福赈灾，安徽同学会致重庆市警察局的函即是其一①：

① 中华民国全宗，中华大学卷，档案号：00600015002450000098，重庆市档案馆。

径启者：本会为筹赈皖灾，特请本校沧浪剧社于本月二十八九两日下午七时，假南岸下浩觉林寺猪鬃厂公演话剧《柳暗花明》，经呈准中央图书杂志审查委员会暨市政府社会局各在案，理合函请查照，并希届时派员指导为荷。此致。

重庆市警察局行政科

中华大学安徽同学会

三月二十七日

说到同学会，这也是中华大学迁至重庆后校园文化活动的一个重要方面。在当时的条件下，中华大学的同学来自四面八方，有家难回，同学会可以给大家一个相互依靠、相互帮助的“家园”。如前所述，非常时期，开展各种团体活动都必须向重庆市社会局、警察局等备案审批，成立同学会组织更是要这样，重庆市档案馆中华民国全宗有关于 1941 年武昌中华大学成立旅渝毕业同学会的记录，其中往来重庆中国国民党直属执行委员会、重庆市社会局、重庆市警察局的函件就达四五份，通过这些材料，我们得知是年 8 月组成的中华大学旅渝同学会组成如下[①]：

表 7-1

职务	姓名	年龄	工作情况
总干事	颜悉达	30	军委政治部秘书
	陶尧阶	35	国立十二中学校长
	周智	31	重庆市社会局督学
主任干事	陶骞	28	军委政治部秘书
	陈仲骧	30	涪都空袭救济会会计室专员
	程元藩	29	本校生活组主任
	文经华	31	本市社会局

① 中华民国全宗，中华大学卷，档案号：0060007000790000005，重庆市档案馆。

续表

职务	姓名	年龄	工作情况
干事	周振训	33	中华大学秘书
	郑泽藻	36	粮食部专员
	孙中岳	32	粮食部参事
	周子益	37	中央警官学校教员
	陈苍麟	34	经济部会议处
	江涛	32	军委会特别党部上校干事
	陈声铎	36	中国农业银行
后补干事	范中憒	32	中华大学助教
	童朗蒙	34	中国农民银行
	洪志春	28	粮食部购运处
	郑元贞	27	中国图书馆杂志审查委员会
	谢珈航	26	中国农民银行

据悉，这批年轻的校友同学会经常到南岸米市街参加学校的校园活动，为学校师弟师妹们排忧解难。

和其他内迁大学一样，战时许多学生断了经济来源，中华大学不少学生就利用周末或寒暑假开展勤工俭学活动，既补贴学习费用，还可以了解社会，锻炼自己，是一个一举多得的好方式。当时迁往重庆的大学尽管较多，但学校多在郊区，学生兼职勤工俭学往返麻烦，也需花费，而中华大学在市内，出行较方便，这又给中华大学学生勤工俭学提供了便利，所以到了四年级，学生兼职几乎普遍，他们按自己学习专业或在中小学代课，或充当家庭教师，或在银行或在企业兼做会计等，商学院川籍学生干脆合伙在南岸的觉林寺正街开了一家“龙门餐厅”，因服务好，价格合理，深受师生、市民欢迎，也是学习工商管理的学生一个很好的实践锻炼。而中华大学群力周报社社员干脆于抗战胜利前夕在学校附近办起了暑期补习学校。重庆市档案馆中华民国全宗中有一份他们呈报重庆市社会局的函以及招生简单，这是当年中华大学学生自食其力、学以致用的又一证明。档案文件如下：

中华大学群力周报社呈

民国三十四年七月一日于重庆南岸下浩觉林寺街六十五号

事由：为辅导各级学生升学就业起见，特由中华大学群力周报社主办群力补习学校呈请鉴核备案由

窃维教育为立国之基，文化为进化之本，故教育之良窳关系国家之兴衰，是以积极推进各级教育，亦为抗战建国重要国策之一，然究以学校有限，未竟普及教育之全功，而既以入学受教育者间以程度不齐，受教所获效果未达标准，以致升学时难于应试，就业时力不称职。本社同仁有见及此，特创办群力补习学校，藉以辅助各级学校所不及，经月余之筹备，一切已具端倪，校址觅定南岸下浩觉林寺街六十五号并推定本社社长寿逌菜为校长，各科教师延聘专门人材担任，现以暑假届临，为顾全学生时间计，拟自即日起开始招生上课。理合备文，检同招生简单一并赍呈钧局鉴核备案。谨呈

社会局局长　龙

附呈：招生简单一份

中华大学群力周报社

中华大学群力社主办

群力补习学校招生广告

一、宗旨：本校利用暑假时间延聘专门教师讲授各门学科，用以辅助学生升学及就业为目的。

二、班次：本校暂设：（甲）高中补习班、（乙）初中补习班、（丙）小学补习班等三班，如有学生请求补习特别学科者，本校当酌量情形另聘专门教师讲授之。

三、名额：每班暂定二十名。

四、性质：男女兼收。

五、科别：（甲）高中补习班——国文、英文、数学、理化、史地、生物；（乙）初中补习班——国文、英文、数学、理化；（丙）小学补习班——国文、算术、常识、初级英文。

六、期限：本校补习期以二月为限。

七、纳费：每月每科暂收学杂费壹仟伍百元，全期一次缴清。

八、报名手续：凡曾在高中、初中、小学肄业或具有同等学力者均可向本校报名处填写报名单，缴纳报名费壹佰元及学杂各费，按所填之学科分别编级上课。

九、报名地点：

十、报名日期：自即日起至额满为止。

十一、报名时间：每日上午八时至十一时，下午一时至三时止。

十二、开学日期：

十三、校址：

附注：本校为救济贫寒学生及抗战军人家属子弟，特设免费名额十名，持有该项证明文件，经本校调查属实者准予入学上课。

校长　寿迺棻

中华民国三十四年七月□日

以上中华大学学生在重庆种种校园文化活动说明：中华大学虽为本土之私校，但办学者思想及办学模式上多有借鉴欧美之先进教育内容和教育方法，对学生课余文化活动多予支持、鼓励，甚至教师直接参与指导；学校虽然多借欧美开放办学理念，但对中华传统文化则多加继承推广，即便在经济十分困顿、条件极端艰苦的情况下，亦不停顿；中华大学学生始终关心国家、民族命运，能在民族生死存亡之秋，尽一己之力积极宣传抗战，不屈不挠，抗战到底，也体现了中华大学师生在困难面前，没有自怨自艾、悲天悯人，而是以积极乐观、奋发向上的态度含笑面对，这是中华民族在困难面前愈挫弥坚之民族志气在他们身上的体现。

后　　记

1937年七七卢沟桥事变爆发，日寇大举入侵我中华，血腥屠杀所到之处，必以我文化教育机构为主要毁灭之对象。为了保存中华教育血脉及根基，粉碎敌人妄图毁我中华文明之图谋，中国的教育机构，尤其是高等教育机构纷纷迁往中国各边远地区，其内迁过程之复杂、路线之遥远、沿途之艰辛、代价之惨重，为人类教育史之唯一。然而，令敌人意想不到的是，内迁的100多所大学战胜各种艰难险阻，排除一切困难，没有气馁，反而愈挫愈坚，以昂扬的斗志，弦歌不辍，为抗战建国培养了一大批杰出人才。

在这众多的内迁高校中，位于武昌的中华大学便是其中之一。中华大学乃中国第一所设立本科学历的私立大学，其发展与影响紧随私立南开大学之后，时中国高等教育有"北张南陈"之称，"北张"指的是南开大学的张伯苓，"南陈"指的是中华大学的陈时。南开大学培养了中国共产党杰出的领导人周恩来，中华大学培养了中国共产党早期的革命家、理论家、青年运动的领袖恽代英。尤其值得称道的是，中华大学自成立以来，其生动活泼、始终贯穿爱国主义主题的校园文化活动是其校史上熠熠生辉的一页。

党的十九大标志着中国特色社会主义进入新时代，如何扎根中国大地办学，培养社会主义建设的合格人才是时代赋予大学人新的使命和责任，党和政府审时度势，启动了"双一流"建设工程，这又给大学顺应时代发展提供了新的契机，在国际化、信息化以及科技发展日新月异、人工智能时代愈来愈近的关键时刻，特别需要大学人提振精气神，以昂扬的斗志迎接时代的各种挑战。

中华大学是华中师范大学的前身之一，它的精神品质也已融入华中师范大学的血液之中。在一百多年的办学过程中，历代华中师范大学人筚路蓝缕，励精图治，取得了不少辉煌成绩，为国家共培养十多万人才。站在新的历史起点上，努力建设“双一流”，华中师范大学将肩负党和国家的重大使命，我们觉得，抗战时期中华大学的西迁精神是一笔非常宝贵的精神财富，是需要整理挖掘、继承和弘扬的。

感谢黄永林教授为这本书出谋划策，感谢原科研部把这一选题作为“中央高校基本科研业务费专项资金”予以立项支持，感谢科技处王海副处长对该项目的关心。为了不辜负大家的厚爱支持，两年来，我们赴重庆，下南京，到重庆市档案馆查阅档案，到中华大学重庆旧址寻访故人，到华中师范大学档案馆抄阅档案，虽然有些累，但无不为中华大学当年不屈不挠的办学精神所感动。在该书即将出版之际，我们也要感谢责任编辑张华老师，为本书的出版出了不少好的主意。

由于水平有限，加之中华大学所存档案较少，且有些档案因年久变质、字迹模糊，故定会有不少错讹和缺憾之处，敬请读者诸君批评指正。

编著者
2019 年 5 月